Gramscis politisches Denken

Ohne diese Menschen wäre dieser Text nicht entstanden oder nicht dieser Text geworden:
Olatz Ribera Almandoz, Ursula Apitzsch, Max Bohm, Paula Bohm, Ian Bruff, Michael Fütterer, Jon las Heras, Moritz Hoffmann, Jörg Hunger, Anna Chiara Mezzasalma, Maria Luisa Righi, Max Pichl, Paul Sandner, Willi Schwarz, Mathias Söhn, Johanna Staats, Gerhild Steinbuch, Christoph Stolz, Lea Tornow, Kathy Vester, Dagmar Weiss, Janosch Witte

Johannes Bellermann

Gramscis politisches Denken.
Eine Einführung

Reihe
theorie.org

Schmetterling Verlag

Bibliografische Informationen der Deutschen Nationalbibliothek
Die Deutsche Nationalbibliothek verzeichnet diese Publikation in der Deutschen Nationalbibliografie; detaillierte bibliografische Daten sind im Internet über http://dnb.d-nb.de abrufbar.

Schmetterling Verlag GmbH
Libanonstr. 72A
70184 Stuttgart
www.schmetterling-verlag.de
Der Schmetterling Verlag ist Mitglied von aLiVe,
der assoziation Linker Verlage.
ISBN 3-89657-679-8
1. Auflage 2021
Printed in the Czech Republic

Satz und Reproduktionen: Schmetterling Verlag
Druck: EuroPB, Príbram

Inhalt

1 Vorwort 6

2 Vor dem Gefängnis 12
2.1 Jugend auf Sardinien (1891–1911) 12
2.2 Die ersten Jahre in Turin (1911–1918) 17
2.3 Die roten Jahre und *L'Ordine Nuovo* 1919–1921) 28
2.4 Gründung der *Partito Comunista Italiano* 38
2.5 Der italienische Faschismus 45
2.6 Führung der Partei und das Verhältnis zur Komintern (1924–1926) 62
2.7 Verhaftung, Gefängnis und Tod Gramscis (1926–1937) 75

3 Die Gefängnishefte 82
3.1 Über die Gefängnishefte 82
3.2 Die Philosophie der Praxis 90
3.3 Hegemonie und Hegemonien 110
3.4 Kultur, Alltagsverstand und Subalternität 139

4 Rezeption 162
4.1 Bemerkungen zur Veröffentlichungsgeschichte von Gramscis Werk 162
4.2 Rezeption in der Politischen Theorie 164
4.3 Stuart Hall und die Cultural Studies 172
4.4 Postkoloniale Theorien 176
4.5 Neogramscianische Theorie 189
4.6 Die Neue Rechte 195

Literatur 205
Werke Antonio Gramscis 205
Sekundärliteratur 206

1 Vorwort

«Hegemonie und Demokratie. Unter den zahllosen Bedeutungen von Demokratie kann man meines Erachtens die realistischste und konkreteste im Zusammenhang mit dem Begriff der Hegemonie gewinnen. Im hegemonialen System existiert Demokratie zwischen der führenden Gruppe und den geführten Gruppen in dem Maße, in dem [die Entwicklung der Ökonomie und daher] die Gesetzgebung [die eine solche Entwicklung ausdrückt] den [molekularen] Übergang von den geführten Gruppen zur führenden Gruppe begünstigt. Im Römerreich gab es eine imperial-territoriale Demokratie in Gestalt der Einräumung des Bürgerrechts für die eroberten Völker usw. Im Feudalismus konnte es keine Demokratie geben aufgrund der Bildung geschlossener Gruppen usw.»
(Gramsci, GH, Bd. 5, H 8, § 191, S. 1049)[1]

Antonio Gramsci ist beliebt. Auch Jahrzehnte nach seinem Tod reißt das Interesse an seinem Werk und seiner Person nicht ab. Er ist fester Bestandteil linker Subkultur und Referenzpunkt in wissenschaftlichen Debatten. Seine Beliebtheit führt allerdings auch dazu, dass Gramsci öfter zitiert als gelesen wird. Und das liegt unter anderem daran, wie Gramsci sein Denken hinterlassen hat. Sein Werk besteht aus den journalistischen und politischen Arbeiten, die bis zu seiner Inhaftierung durch die Faschisten 1926 entstanden sind, sowie den Gefängnisheften, die als sein Hauptwerk gelten, aber in ihrer Form als Notizen nicht zur Veröffentlichung gedacht waren.

Das Universelle an Gramscis Arbeit sind derweil nicht die theoretischen Konzepte, wie Hegemonie, geschichtlicher Block, der integrale Staat oder organische und traditionelle Intellektuelle, für die er heute steht. Das eigentlich dauerhafte, weswegen sein Denken nach wie vor aktuell ist und sich einer immer

1 Diese Zitierweise hat sich für die Gefängnishefte (GH) durchgesetzt. Wo Gramsci zu einem späteren Zeitpunkt etwas hinzugefügt hat, wird dies durch eckige Klammern angezeigt (vgl. GH, Bd. 1, Technische Erläuterungen und Hinweise zur Benutzung, S. 43f).

breiteren Rezeption erfreut, ist seine Herangehensweise. Das heißt, wie er diese Konzepte entwickelt hat. In seiner Auseinandersetzung mit und in Abgrenzung von Karl Marx und Friedrich Engels, aber auch mit Benedetto Croce und George Sorel sucht er stets nach dem Permanenten und unterscheidet es von dem Gelegentlichen und historisch Beliebigen. In Bezug auf Marx argumentiert er, dass die Betonung bei Historischem Materialismus auf dem ersten Teil, dem Historischen, liegen müsse. Indem die konkrete Situation, in der sich beispielsweise eine Gruppe von Menschen, mit ihren spezifischen ökonomischen, politischen und kulturellen Bedingungen innerhalb einer Gesellschaft befindet, als historisch verstanden wird, ist einerseits analysierbar, wie diese Situation entstanden ist, andererseits wird sie veränderbar. Diese Denkbewegung, von der Verortung und historischen Herleitung zur Perspektive auf den Menschen als fähiges und handelndes Wesen, macht die große Anziehungskraft von Gramscis Theorien aus.

Einen Zugang zu Gramscis Werk zu bekommen und zu vermitteln, ist seit jeher Thema seiner Rezeption und Teil der Reflexion, wenn über Gramsci gesprochen oder geschrieben wird. Wie der einflussreiche Gramsci-Forscher Joseph A. Buttigieg bemerkt (vgl. 1990: 79–80) und Peter Thomas (2009: 42–43) aufgegriffen hat, gibt es in jedem Werk, das sich mit Gramsci intensiver beschäftigt, einen Verweis auf den «fragmentarischen Charakter» der Gefängnishefte. So werden die Gefängnishefte mit manchmal treffenden, manchmal pathetischen und manchmal auch entlarvenden Metaphern beschrieben, zum Beispiel als «Textlabyrinth» (Buttigieg 1993), «Werkstatt» (Francioni 1984), «spiralförmige Struktur, als Netzwerk oder Labyrinth» bzw. «Vorläufigkeit eines sich entwickelnden Organismus» und «Fluss» (Baratta 2003), «Hieroglyph» (Anderson 1976), «Steinbruch» (Borg 2001), «Materialblöcke» (Barfuss/Jehle 2014) oder auch ein «nahezu beliebig anwendbaren Zitatenschatz» (Berger 2007). Buttigieg vertritt indes die Meinung, dass das Fragmentarische der Gefängnishefte nicht nur mit den Arbeitsbedingungen im Gefängnis, sondern auch mit seiner philologischen Arbeitsweise zusammenhängt, auf die ein paar Zeilen weiter unten eingegangen wird. Buttigieg argumentiert zu recht, dass Gramscis Notizen zu einem gewissen Grad im Interesse eines lesbaren Texts gruppiert werden müssen, aber man sich gleichzeitig nicht der Illusion hingeben sollte, dass die Überwindung der Fragmentierung durch Rekonstruktion den «wahrhaftigen» Gramsci zum Vorschein bringen würde.

Die wissenschaftliche Literatur über Gramsci variiert stark in ihrer Zielsetzung und unterliegt – wenig überraschend – politischen und inhaltlichen Konjunkturen. So finden sich unter den einführenden Werken eine Reihe von Büchern, die Gramsci einem orthodoxeren Marxismus unterordnen (z.B. Bischoff 1981, Schreiber 1982, Losurdo 2000), wenig ausführlich und dadurch etwas thematisch unausgewogen sind (z.B. Neubert 2000, Jehle/Barfuss 2014) oder spezielle thematische Zuschnitte haben (z.B. Kebir 1979, Votsos 2001, Opratko 2012). Dazu kommen einige nützliche Sammelbände der letzten Jahre (z.B. Buckel/Fischer-Lescano 2007, Merkens/Diaz 2007) und Reader (z.B. Gramsci 2004, Gramsci 2013). Selbstverständlich sind im Laufe der Jahre eine ganze Reihe allgemeiner und differenzierter Monographien über Gramsci erschienen. Positiv hervorzuheben sind insbesondere: «Gramscis Philosophie der Praxis» (Roth 1972), «Gramsci und der Staat» (Buci-Glucksmann 1981), «Gramsci e la filosofia» (Frosini 2003), «The Gramscian Moment» (Thomas 2009) sowie «Antonio Gramsci» (Santucci 2010).

Auch das hier vorliegende Buch wird nicht den wahrhaftigen Gramsci zum Vorschein bringen. Die Einführung geht von Gramscis Schriften selber aus und behandelt das gesamte Werk Gramscis, inklusive der Frühschriften. Diese liegen bisher nur in Auszügen in deutscher Sprache vor (Gramsci 1967; Gramsci 1980; Gramsci 1987; Gramsci 1991). Die Frühschriften spielen in fast allen, auch italienischsprachigen Einführungen und Monografien, wenn überhaupt, eine untergeordnete Rolle. Der historisch-rekonstruktive Ansatz dieser Einführung erlaubt einerseits die inneren Bezüge seines Werkes offenzulegen und andererseits Gramscis Schriften mit ihren jeweiligen historischen Bezügen zusammenzubringen und zu kontextualisieren. Dieser Text ist daher als Einladung gedacht, zum Lesen von Gramscis Werk zurückzukehren.

Im Zentrum von Gramscis Denkens steht die Philosophie der Praxis, die man als Weiterentwicklung marxistischer Theorien und nicht als identisch mit «dem» Marxismus betrachten sollte. Theoreme wie Hegemonie, die prominent mit Gramsci verbunden werden, erfreuen sich einer enorm breiten Rezeption und sprechen für die praktische Aktualität von Gramscis politischer Theorie. Denn die grundlegenden Dynamiken, die bereits zu

Gramscis Lebenszeit im damals vorrangig industriellen Norden Macht- und Herrschaftsverhältnisse bestimmt haben, nämlich die kapitalistische Wirtschaftsweise und Besitzverhältnisse sowie die damit korrespondierenden staatlichen Strukturen, haben sich in der Zwischenzeit zwar verändert, aber nicht aufgelöst. Gramscis Philosophie der Praxis ist also weniger als ideologische Perspektive, wobei Ideologie bei Gramsci keine negative Bedeutung hat, sondern vielmehr als eine Methode zu verstehen ist. Gramsci spricht in den Gefängnisheften von Philologie. Buttigieg sagt in Bezug auf die Methoden der Kritik und Philologie: «These methods, as they are employed in the notebooks, also function simultaneously as a weapon and a shield against all forms of dogmatism and mystification.» (Buttigieg 1990: 81) In Bezug auf Marx, über den Gramsci hier als Begründer des Historischen Materialismus spricht, und den Umgang mit seinem Werk schreibt Gramsci in den Gefängnisheften:

«Wenn man die Entstehung einer Weltauffassung studieren will, die von ihrem Begründer niemals systematisch dargelegt worden ist (und deren wesentliche Kohärenz nicht in jeder einzelnen Schrift oder Schriftfolge zu suchen ist, sondern in der gesamten Entwicklung der vielförmigen intellektuellen Arbeit, in der die Elemente der Auffassung impliziert sind), muss man vorab eine minutiöse philologische Arbeit verrichten, die mit größter Gewissenhaftigkeit hinsichtlich Exaktheit, wissenschaftlicher Redlichkeit, intellektueller Loyalität, ohne jedes Vorurteil und Apriorismus oder vorgefasste Meinung durchzuführen ist. Es gilt, zuallererst den intellektuellen Entwicklungsprozess des betreffenden Denkers zu rekonstruieren, um die Elemente festzustellen, die stabil und ‹dauerhaft› sind, die also als eigenes Denken angenommen worden sind, unterschieden von und übergeordnet dem zuvor studierten ‹Material›, das als Anregung gedient hat; nur diese Elemente sind wesentliche Momente des Entwicklungsprozesses.» (GH, Bd. 8, H16, § 2, S. 1794)

In der gleichen Notiz schägt Gramsci vor, dass eine solche Arbeit wie folgt vorgehen sollte:

«1. Die Rekonstruktion der Biographie, nicht nur, was die praktische Tätigkeit betrifft, sondern besonders die intellektuelle Tätigkeit; 2. das Verzeichnis aller, auch der unwichtigsten Werke in zeitlicher Abfolge, eingeteilt nach inneren Motiven: der intellektuellen Bildung, der Reife, des Besitzes und der Anwendung der neuen Weise, das Leben und die Welt zu denken und auf-

zufassen. Die Suche nach dem Leitmotiv, nach dem Rhythmus des in Entwicklung befindlichen Denkens muss wichtiger sein als die einzelnen beiläufigen und herausgelösten Aphorismen.» (ebd., S. 1795)

Wie Peter Thomas (2009: 128) hellsichtig bemerkt hat, ähneln diese Kriterien denen, die Gramsci für «Einige allgemeine methodische Kriterien zur Kritik der Philosophie Croces» dem Themenheft zur Philosophie Croces voranstellt. (vgl. GH, Bd. 6, H 10 II, S. 1253)

Das hier vorliegende Buch bemüht sich diesen Kriterien im Rahmen des Formats einer Einführung gerecht zu werden. Das Anliegen dieser Einführung ist eine möglichst allgemeinverständliche Darstellung des Lebens und des Werkes von Gramsci zu leisten, um Zugänge zu den Originalen zu schaffen und das durchaus nicht leicht zugängliche Werk für eine breite Leser*innenschaft zu öffnen. Der Aufbau des Buches funktioniert grundsätzlich chronologisch-historisch, bündelt allerdings an bestimmten Stellen Themen, um sie im jeweiligen Kontext darstellen zu können. Dabei werden immer wieder auch längere Zitate aus den Schriften vor dem Gefängnis und aus den Gefängnisheften wiedergeben, kommentiert und kontextualisiert.

Der erste Teil des Buches beschäftigt sich mit der Biographie und den politischen Schriften bzw. Frühschriften Gramscis aus der Zeit vor seiner Verhaftung 1926 und der Gefängniszeit. Von diesen Frühschriften sind bis dato nur eine geringe Anzahl ins Deutsche und auch wenig in andere Sprachen übersetzt worden. Hierfür wurden für den vorliegenden Text Übersetzungen aus dem italienischen Original gemacht, wo es bisher noch keine deutschsprachige Übersetzung gab oder sich die existierenden als unzureichend erwiesen. Dieser erste Teil des Buches gliedert sich in die Abschnitte: Jugend auf Sardinien (1891–1911), Die ersten Jahre in Turin (1911–1918), *Die roten Jahre* und *L'Ordine Nuovo* (1919–1921), Gründung der *Partito Comunista Italiano*, Der Italienische Faschismus, Führung der Partei und das Verhältnis zur Komintern (1924–1926) und Verhaftung, Gefängnis und Tod Gramscis (1926–1937). Gramsci entwickelte sich von einem jungen Sarden mit akademischen Ambitionen zu einem aktiven Sozialisten, einem profilierten Journalisten und Redakteur, zum Mitbegründer der Kommunistischen Partei Italiens (*Partito Comunista d'Italia, PCI*), zum italienischen Vertreter der *Komintern* in Moskau, zu einem Abgeordneten und Vorsitzenden der Partei und allem voran zu einem der wichtigsten europäischen Theoretiker des 20. Jahrhunderts.

Der zweite Teil des Buches ist den Gefängnisheften gewidmet, die als Gramscis Hauptwerk gelten und die aus einigen hundert längeren und kürzeren Abschnitten bestehen. Gramsci, der während des faschistischen Regimes unter Mussolini aus politischen Gründen von 1926 bis 1937 in Haft war und an den gesundheitlichen Folgen dieser Haft starb, hatte vorgehabt, diese Notizen zu einem späteren Zeitpunkt auszuarbeiten. Dazu kam es allerdings nicht mehr und nach dem Ende des Zweiten Weltkriegs erscheinen die Gefängnishefte zunächst auf Italienisch und werden dann auch in andere Sprachen übersetzt. Die deutschsprachige kritische Gesamtausgabe erscheint ab 1991 im *Argument Verlag* in Hamburg. Die Gefängnishefte haben im Vergleich zu den Frühschriften eine deutlich analytischere Ausrichtung und ein konzeptionelles Abstraktionsniveau. Dieser zweite Teil des Buches über die Gefängnishefte, ist in vier Abschnitte gegliedert: Über die Gefängnishefte, Die Philosophie der Praxis, Hegemonie und Hegemonien sowie Kultur, Alltagsverstand und Subalternität. Darin werden die theoretischen Kernkonzepte Gramscis, wie geschichtlicher Block, integraler Staat und eben Hegemonie und Subalternität aus den Gefängnisheften nachvollzogen und diskutiert.

Im abschließenden und dritten Teil des Buches werden einige der grundlegenden Rezeptionen von Gramscis Werk nach seinem Tod thematisiert und dargestellt. In der Rezeption von Gramscis Werk wird diskutiert, wie anschlussfähig sein Denken im Heute ist. So hat Gramsci viele der heutigen politischen und wissenschaftlichen Diskurse, wie etwa zu Postkolonialismus, Intersektionalität und Marginalisierung beeinflusst. In der Rezeption zeigt sich allerdings auch, dass die Auffassung von Gramscis Werk zuweilen verzerrt ist bzw. Gramsci als Etikett benutzt wird. Dieser Teil gliedert sich in die Abschnitte Bemerkungen zur Veröffentlichungsgeschichte von Gramscis Werk, Rezeption in der politischen Theorie, Stuart Hall und die Cultural Studies, Postkoloniale Theorien, Neogramscianismus sowie die Neue Rechte. Das Augenmerk liegt in diesem Kapitel darauf, Überblicke über die Weiterverwendung von Gramscis Gedanken anzubieten und wie diese Theorieströmungen Anhaltspunkte geben, welche Schwerpunkte in der Rezeption zu erkennen sind.

2 Vor dem Gefängnis

2.1 Jugend auf Sardinien (1891–1911)

«[I]ch bin seit meiner Kindheit durch das einsame Leben gewohnt, meine Seelenzustände hinter der Maske der Härte und einem ironischen Lächeln zu verstecken, das ist der Unterschied. Es hat mich lange Zeit geschmerzt: meine Beziehungen zu den anderen Menschen waren äußerst schwierig, jedes echte Gefühl habe ich siebenmal aufgebläht oder heruntergespielt, die anderen sollten nicht merken, was ich wirklich fühlte. Was hat mich davor bewahrt, vollends innerlich auszudörren? Der Instinkt der Rebellion, der sich von Kind an gegen die Reichen richtete, weil ich nicht studieren konnte, obwohl ich in der Volksschule in allen Fächern beste Noten hatte, während es aber der herausgeputzte Sohn des Fleischers, des Apothekers, des Kaufmann konnten. Das übertrug sich dann auf alle Reichen, die die Bauern Sardiniens unterdrückten, und ich dachte damals, daß man für die nationale Unabhängigkeit Sardiniens kämpfen müsse: ‹Ins Meer mit denen vom Festland!› Wie viele Male habe ich diese Worte wiederholt. Dann lernte ich die Arbeiterklasse einer Industriestadt kennen und verstand, was die Sachen von Marx, die ich zunächst aus intellektueller Neugier gelesen hatte, wirklich bedeuteten. So habe ich mich am Leben, für den Kampf, für die Arbeiterklasse begeistert. Aber wie viele Male habe ich mich gefragt, ob es möglich sei, sich an eine Masse zu binden, wenn man nie jemanden geliebt hat, nicht einmal die eigenen Eltern, ob es möglich sei, eine Gemeinschaft zu lieben, wenn man nie einzelne menschliche Wesen tief geliebt hat.»

(Brief von Gramsci aus Wien an seine Frau Giulia vom 6. März 1924, in: Gramsci 1992: 175f)

Antonio Gramsci wurde am 22. Januar 1891 in Ales auf Sardinien geboren und verbrachte die ersten zwanzig Jahre seines Lebens auf der sardischen Insel. Sein Vater, Francesco Gramsci entstammte einer gutsituierten süditalienischen Familie vom Festland. Francesco Gramsci hatte in Neapel Jura studiert bis sein Vater – Antonio Gramscis Großvater – starb und er das Studium nicht weiterführen konnte. Daraufhin nahm er eine Stelle beim Registeramt in Ghilarza auf Sardinien an, wo er Guiseppina Marcias, Gramscis Mutter, die von dort stammte, kennenlernte. Antonio Gramsci verbrachte den größten Teil seiner Jugend in Ghilarza. (vgl. Fiori 1979: S. 7f.) Zwischendurch wurde Gramscis Vater versetzt, die Familie zog erst nach Ales und dann nach Sòrgono, bevor sie sich 1898 wieder in Ghilarza ansiedelte. Allerdings waren die Umstände der Rückkehr nach Ghilarza keine glücklichen. Gramscis Vater hatte durch eine Kombination politischer Entwicklungen und Nachlässigkeit in der Amtsführung seine Stellung verloren. Wenige Monate nach der Rückkehr wurde Francesco Gramsci aufgrund dessen in Oristano wegen Unterschlagung im Amt in Haft genommen und im Jahr 1900 wurde ihm in Cagliari der Prozess gemacht. Trotz Anwendung der Mindeststrafe wurde er zu 5 Jahren, 8 Monaten und 22 Tagen Gefängnis verurteilt. (vgl. Fiori 1979: S. 11f.)

Der Verlust der Stelle und die Inhaftierung von Gramscis Vater bedeutete für Giuseppina Gramsci und die sieben Kinder einen großen Einschnitt und ein Leben in großer Armut. Die Kinder waren noch zu jung, um zu arbeiten. Gennaro, das älteste Kind, war erst 14 Jahre alt. Fortan musste Gramscis Mutter nicht nur den Haushalt führen und sich um die Kinder kümmern, sondern sorgte gleichzeitig für ein, wenn auch geringes Einkommen, indem sie selbstgenähte Kleidung herstellte und verkaufte. (vgl. Fiori 1979: S. 14) Antonio Gramsci wuchs nicht per se in ärmlichen oder bäuerlichen Verhältnissen auf. Die materielle Armut seiner Familie kam erst mit dem Schicksal seines Vaters. Jenseits dieser Umstände waren seine Eltern überdurchschnittlich gebildet. Sein Vater hatte Abitur und ein Studium begonnen und seine Mutter konnte lesen und schreiben, was in der ländlichen und armen Provinz Sardinien eher eine Ausnahme war, insbesondere für eine Frau. Aus späteren Briefen Antonio Gramscis geht hervor, dass sie tatsächlich Zeit fand, ihm bei den Schulaufgaben zu helfen oder Gedichte auswen dig lernen ließ. Die Briefe geben generell Zeugnis von seiner Verbundenheit mit seiner Mutter und der Bewunderung ihrer Willenskraft.

Schon während seiner Kindheit zeichnete sich eine körperliche Beeinträchtigung Gramscis ab. Was zuerst als Schwellung auf seinem Rücken von seiner Mutter bemerkt wurde und einem Sturz zugeschrieben wurde (vgl. Fiori 1979: 13), führte später zu einem Buckel und zu Verwachsungen auf der Brust. Gramsci blieb zeitlebens klein – seine Körpergröße betrug ca. 1,50 Meter. Auch sonst war Gramsci als Kind häufig krank und seine körperliche Verfassung zwang ihn als Erwachsener immer wieder zu längeren Erholungs- und Ruhephasen. Die körperliche Entwicklung Antonios bereitete der Familie Sorgen, so dass er zur Untersuchung sogar zu einem Spezialisten auf das Festland nach Caserta gebracht wurde. Die Behandlungen mit einem Streckkorsett blieben allerdings erfolglos. Gramsci selbst versuchte z.B. mit aus selbstbehauenen Steinen gefertigten Hanteln und regelmäßigen Übungen seinen Körper zu stärken. (vgl. Fiori: 1979: 15)

In den vorliegenden Biographien und Zeugnissen von Menschen, die Gramsci als Kind und Heranwachsenden kannten, wird er als verschlossen, aber der Gesellschaft durchaus zugeneigt beschrieben. Möglicherweise durch den teilweisen Ausschluss aus den physischen Spielen der Gleichaltrigen bedingt, beschäftigte sich der junge Gramsci unter anderem mit Streifzügen durch die nähere Umgebung und beobachtete besonders gerne Tiere. (vgl Fiori 1979: 16f) Vor allem aber las Gramsci gerne. Im Unterschied zu vielen anderen Kindern in seiner Klasse konnte er Italienisch lesen und schreiben, er war in der Grundschule ein eher guter Schüler. In Ghilarza gab es kein Gymnasium und für einen Schulbesuch in einer der weiter entfernten Städte fehlten den Gramscis die Mittel, was in den ländlichen Gebieten Sardiniens und Süditaliens kein Einzelfall war. Ab den Sommerferien 1902 begann der elfjährige Gramsci im Registeramt von Ghilarza auszuhelfen, wo sein Bruder Gennaro als erstes der Kinder Arbeit gefunden hatte. Statt also eine weiterführende Schule zu besuchen, verdiente Gramsci im Registeramt der Familie etwas dazu. Die Arbeit war körperlich anstrengend und setzte ihm zu, außerdem litt er daran, nicht weiter zur Schule gehen zu können. (vgl. Fiori 1979: 20–22) Anfang 1904 kam Francesco Gramsci aufgrund einer Begnadigung drei Monate früher als vorgesehen frei. Dadurch besserte sich die Situation der Familie ein wenig. Obwohl er zunächst ohne Arbeit blieb, gelang es Gramscis Vater schließlich durch das Wohlwollen der Leute in Ghilarza wieder kleinere Anstellungen zu finden. Dadurch und verbunden mit weiteren Entbehrungen konnte Gramsci eine Schule besuchen und startete ab dem Schuljahr 1905/1906 im dritten Jahrgang einer kommunalen Mittelschule in Santu Lussurgiu, einer 16 Kilometer von Ghilarza entfernten Ortschaft. (vgl. Fiori 1979: 33f) Von nun an fuhr Gramsci montags mit einem von Pferden gezogenen Wagen nach Santu Lussurgiu und blieb die Woche über bis samstags bei einer Bäuerin sowie ehemaligen Haushaltshilfe des Dorfarztes, die zusammen mit ihrer Mutter gegen Bezahlung für ihn sorgte. (vgl. Fiori 1979: 35f)

Der Zustand der Räumlichkeiten und die Bedingungen an der Schule waren schlecht, so dass Gramsci, der in den zwei Jahren ohne Schulbesuch eigenständig weitergelernt und einige Privatstunden bekommen hatte, als er 1908 schließlich auf das *Liceo Giovanni Maria Dettori*, einer Oberschule in der Stadt Cagliari, gehen konnte, merkliche Startschwierigkeiten hatte. (vgl. Fiori 1979: 47) Sein Bruder Gennaro hatte sich in der Zwischenzeit auf Wunsch der Familie von Ghilarza ins Registeramt von Cagliari versetzen lassen, nahm aber bald darauf eine Stellung bei einer Eisfabrik an und wurde zugleich für die *Camera del Lavoro* in Ghilarza tätig (vgl. Davidson 1977: 39). Als auch Antonio Gramsci nach Cagliari kam, zogen die beiden Brüder zusammen in eine ärmliche Unterkunft. Gennaro versorgte Antonio durch sein geringes Gehalt im Rahmen seiner Möglichkeiten mit. Es fehlte an Geld für Kleidung, weswegen er sich an seine Familie wendete. Lebensmittel, die er wiederum teilweise gegen Bücher eintauschte, bekam er auch von zu Hause geschickt. (vgl. Fiori 1979: 46f; 49) Gennaro Gramsci hatte seinen Militärdienst in Turin abgeleistet und war als überzeugter Sozialist nach Sardinien zurückgekehrt. Durch ihn kam Antonio Gramsci schon früh mit sozialistischen Schriften und Zeitungen des Festlandes in Kontakt, darunter *Il Marzocco*, *La Voce*, in der u.a. Artikel von Gaetano Salvemini und Benedetto Croce erschienen, und *Il Viandante*, die regierungskritisch, aber auch nationalistisch war. Durch die Tätigkeiten seines Bruders bei der *Camera del Lavoro* kam er manchmal mit dessen sozialistischen Freunden zusammen. Gennaro weiß später zu berichten: «Wir hatten Unmengen von Propagandamaterial.» (Fiori 1979: 50f)

Während Gramsci im ersten Jahr in Cagliari noch darum bemüht war, die Lücken, die durch die Unterbrechung seiner Schulzeit und die Bedingungen der vorangegangenen Schule entstanden waren, zu schließen, wurden seine Noten schon bald besser. Unter anderem unterrichtete ihn Francesco Maccarone – ein Freund von Gennaro und ebenfalls ein Sozialist – in Physik. Im zweiten Jahr der Oberstufe bekam er mit Raffa Garzia einen Italienischlehrer, der Gefallen an Gramsci und seinen Leistungen fand. (vgl. Fiori 1979: 49f) Garzia hatte sich mit literarischen Veröffentlichungen einen gewissen Namen gemacht, vor allem leitete er die meistgelesene sardische Zeitung «*L'Unione Sarda*», die ihm auch gehörte. Garzia war radikal antiklerikal und in seiner Zeitung fanden rechte wie linke Positionen Platz, die auf die Situation in Sardinien aufmerksam machten und sich besonders in den Jahren 1910 und 1911 gegen den damals amtierenden italienischen Premierminister Luigi Luzzatti und seine Regierung richteten. (vgl. Fiori 1979: 50; Davidson 1977: 41f) Garzia begegnete Gramsci mit derartigem Wohlwollen, dass er ihm sogar Bücher lieh und zusammen mit Mitarbeitern der *L'Unione Sarda* in sein Büro einlud. Nach Ende des zweiten Jahres am *Liceo Dettori* bat ihn Gramsci als Korrespondent für seine Zeitung schreiben zu dürfen. Daraufhin erschien kurze Zeit später sein erster Artikel[2]: ein kurzer, humorvoller Bericht über einen Polizeieinsatz während der kommunalen Wahlen in Aidomaggiore, einem Dorf bei Ghilarza.

1911 bestand Gramsci im Alter von 21 Jahren mit guten Noten, insbesondere in Italienisch, sein Abitur. Er hatte von einem Stipendium für angehende Studierende aus den ehemaligen Provinzen des Königreich Sardiniens gehört, das ihm ein Studium am Carlo-Alberto-Kolleg der Universität Turin ermöglichen würde. Für die zehn mit monatlich siebzig Lire dotierten Stipendien waren erneute Prüfungen im weit entfernten Turin notwendig. Nach den Jahren in Cagliari und der damit verbundenen unzureichenden Ernährung war Gramsci geschwächt, so dass er das Angebot seines Onkels Serafino Delogu annahm, nach Oristano zu kommen und dessen Sohn Delio Nachhilfestunden zu geben, um sich auf die Prüfungen vorzubereiten.

2 Der Artikel erschien am 26. Juli 1910 in L'Unione Sarda, für eine deutsche Fassung siehe: Fiori 1979: 53f. Dort sind außerdem Teile eines Schulaufsatzes zu finden (Fiori 1979: 61), die Zeugnis von Gramscis ganz frühem Schaffen geben.

Die Betreuung seines Neffen beanspruchte ihn jedoch mehr als angenommen und er brach den Aufenthalt – noch immer geschwächt – vorzeitig ab. (vgl. Fiori 1979: 63) Die Prüfungen fanden im Oktober 1911 statt und brachten Gramsci zum ersten Mal nach Turin, dem industriellen Zentrum Italiens. Mit mehr als 400.000 Einwohnern war Turin schon damals eine Großstadt, die den in der südlichen Provinz groß gewordenen Gramsci zuerst einschüchterte.

2.2 Die ersten Jahre in Turin (1911–1918)

Tatsächlich bestand er die mündlichen und schriftlichen Prüfungen und bekam daraufhin das Stipendium, übrigens ebenso wie Palmiro Togliatti (1893–1964), so dass sich die beiden späteren politischen Mitstreiter und führenden Köpfe der italienischen kommunistischen Partei schon zu diesem Zeitpunkt flüchtig begegneten.

Doch das Leben in Turin war teuer und das gewährte Stipendium gering. Besonders in den ersten Monaten, in denen Gramsci sich bemühte von diesem Stipendium zu leben, aber im Grunde genommen die gesamte Zeit, litt er physisch unter den Konsequenzen dieser ökonomischen Position und den gleichzeitigen akademischen Anforderungen, die er zu erfüllen hatte, um das Stipendium zu behalten. Die Suche nach einem Quartier, gestaltete sich anfangs schwierig, aber nach kurzer Zeit fand er ein Zimmer, das nur 500 Meter von Palmiro Togliattis Unterkunft entfernt lag. Nach dem Sommer 1912, den Gramsci in Sardinien verbrachte, zog er in die Nähe von Angelo Tasca (1892–1960), in dieser Zeit einer seiner engsten Freunde, und im November 1913 sogar in dasselbe Haus. (vgl. Germino 1990: 31f.) Aus den aufgezeichneten Erinnerungen von Andrea Viglongo (1900–1986), der mit Gramsci befreundet war, an diese frühen Turiner Jahre geht hervor, dass sich Gramsci gerne und ständig mit Menschen umgab und sich angeblich selbst beim Kauf von Zigaretten Begleitung wünschte. (vgl. Viglongo 1977: 21–29; Germino 1990: 31–33)

Gramsci schrieb sich an der Fakultät für Neuere Philologie ein und entwickelte bald ein ausgeprägtes Interesse für historische Linguistik, das besonders von Prof. Matteo Bartoli gefördert wurde. Zu den anderen Lehrenden, die in seinen Studienjahren

Einfluss auf ihn ausübten, zählten Umberto Cosmo, Professor für Literatur, und Annibale Pastore, Professor für Philosophie. Während seines Studiums und innerhalb der sozialistischen Bewegung freundete sich Gramsci mit Angelo Tasca und Palmiro Togliatti an, mit denen er zusammen mit Umberto Terracini später die Zeitschrift *L'Ordine Nuovo* gründete. Besonders Tasca übte zu Beginn von Gramscis Studienzeit einen erheblichen Einfluss auf ihn aus. Tasca war schon früh in der sozialistischen Bewegung aktiv und hatte 1909 die *Federazione Giovanile Socialista Italiana* (*FGSI*), die Jugendorganisation der *Partito Socialista Italiano* (*PSI*), mitgegründet.

Den Sommer 1913 verbrachte Gramsci in Sardinien, um seine Familie zu besuchen und sich zu erholen, da er krankheitsbedingt nicht in der Lage war Prüfungen abzulegen. Er wurde dort Zeuge der ersten Wahlen in Sardinien nach dem allgemeinen Wahlrecht und damit der Teilnahme der Bauernschaft, was einen tiefen Eindruck bei ihm hinterließ. (vgl. Davidson 1977: 63) Nach seiner Rückkehr nach Turin begann Gramsci sich in der *FGSI* zu engagieren und wurde zudem Mitglied der *PSI*.

Als im August 1914 der Erste Weltkrieg ausbricht, verhält sich Italien zunächst neutral. Schon vier Tage zuvor hatte die PSI ein Anti-Kriegsmanifest veröffentlicht – das auch Benito Mussolini, seit zwei Jahren Funktionär der *PSI* und seit eineinhalb Jahren Chefredakteur des Parteiorgans *Avanti!*, unterschrieben hatte – und damit Neutralität als offizielle Linie der Partei ausgegeben. Mit seinem Artikel «Von der absoluten zur aktiven und wirksamen Neutralität»[3] vom 18. Oktober 1914 brach Mussolini offen mit der offiziellen Linie der PSI, indem er sich für die Verteidigung Italiens aussprach. Mussolini wurde daraufhin zunächst der Posten als Chefredakteur des *Avanti!* entzogen, bis er im November ganz aus der Partei ausgeschlossen wurde. (vgl. Tasca 1950: 5–7) Mussolini gründete bald darauf seine eigene Zeitung *Il popolo d'Italia* und polemisierte weiter für den Kriegseintritt Italiens. Tasca verurteilte Mussolini kurz danach in einem eigenen Artikel und auch Gramsci griff mit seinem Artikel «Aktive und wirksame Neutralität»[4] in die Debatte ein. Darin nahm er

3 Mussolini, Benito 1953: «Dalla neutralità assoluta alla neutralità attiva ed operante», in: Opera omnia di Benito Mussolini, Firenze, S. 393–403.

4 «Neutralià attiva ed operante», «Il Grido del Popolo», 31. Oktober 1914, in: Scritti Giovanili, S. 3–7.

Mussolinis Formulierung der «aktiven und wirkungsamen» Neutralität auf und argumentierte für die Notwendigkeit, dass die *PSI* eine aktive Haltung im Sinne der Fortführung des Klassenkampfes entwickeln müsse.[5] Gramscis Artikel wurde als Unterstützung von Mussolinis Position gewertet und noch viele Jahre später von seinen parteiinternen Gegnern wegen seines «Interventionismus» kritisiert. (vgl. Fiori 1979: 89) Danach begann eine Phase der Isolation Gramscis, die sowohl von einer Verschlechterung seines gesundheitlichen Zustands geprägt war, als auch von seinen gleichzeitigen Bemühungen die Studienleistungen aufrechtzuerhalten. Er schaffte es letztlich nicht, alle notwendigen Prüfungen abzulegen. Die Stiftung, die Gramsci in seinem Studium förderte, nahm dies zum Anlass, Gramsci für vier Monate das Stipendium zu entziehen, trotz der Fürsprache seines Professors Bartoli. Zwar lernte Gramsci weiter und legte im April 1915 noch eine Prüfung in italienischer Literatur ab, aber es sollte seine letzte sein, bevor er das Studium aufgab. Allerdings ließ ihn noch eine ganze Zeit lang der Wunsch nicht los, doch weiterzustudieren. (vgl. Fiori 1979: 89–91; Davidson 1977: 69) In einem Brief von 1916 schreibt Gramsci an seine ältere Schwester Graziella rückblickend über diese Zeit:

«Ich lebte ein paar Jahre lang außerhalb der Welt, ein bisschen in einem Traum. Ich ließ alle Fäden, die mich mit der Welt und den Menschen verbanden, einen nach dem anderen abreißen. Ich lebte ganz für das Gehirn und gar nicht für das Herz. Vielleicht lag es daran, dass ich viel im Gehirn gelitten habe, mein Kopf war immer voll von Schmerzen, und ich fing an, nur an ihn zu denken. Und nicht nur Angelegenheiten, die Euch betreffen. Sondern mein Leben lang. (Jahrelang habe ich nur für meinen Egoismus gelebt, für mein egoistisches Leiden). Ich habe mich selbst zum Bären gemacht, nach innen und nach außen. Es war für mich, als ob es keine Menschen gäbe, und ich war ein Wolf in seinem Bau. Vielleicht zwei Jahre lang habe ich nicht gelacht, genau wie ich nie geweint habe.» (zitiert nach Bergami 1977: 149; übers. JB)

Mehr als ein Jahr nach seinem ersten Artikel für *Il Grido del Popolo* (Der Ruf des Volkes) erschien im Dezember 1915 ein

Eine englische Übersetzung findet sich in: Gramsci, Antonio (1977) Selections from political writings 1910–1920, S. 6–9.

5 Siehe hierzu: Bergami, Giancarlo (1977) Il Giovane Gramsci e il Marxismo 1911–1918, S. 73.

zweiter Beitrag von Gramsci; diesmal über den 10. Parteitag der Sozialistischen Partei Spaniens. Im gleichen Monat wurde er ständiges Mitglied der Turiner Redaktion des *Avanti!* und begann Anfang 1916 mit der Kolumne «Sotto la Mole», in der er vor allem über den Turiner Alltag, kulturelle Themen und Theater schrieb. (vgl. Fiori 1979: 93f) Kurz darauf erschien mit «Sozialismus und Kultur»[6] einer der prägnantesten Artikel der frühen journalistischen Arbeiten Gramscis. Der Artikel nimmt Bezug auf eine Debatte zwischen Amadeo Bordiga (1889–1970), der sich später zur zentralen Figur der Gründungsjahre der kommunistischen Partei Italiens entwickeln sollte, und Angelo Tasca über den Stellenwert des Lernens für die sozialistische Jugend. Bordiga betont die praktische Erfahrung der Klassenzugehörigkeit, während Tasca die Notwendigkeit einer intellektuellen und kulturellen Erneuerung des italienischen Sozialismus hervorhebt. Gramsci kritisiert das positivistische Verständnis von Kultur, man müsse aufhören, Kultur «als enzyklopädisches Wissen zu begreifen, wobei der Mensch nur wie ein Gefäß betrachtet wird, das gefüllt und befrachtet werden muß mit empirischen Daten, rohen und zusammenhangslosen Fakten» (Gramsci 1987: 8). Dagegen entwirft er ein Programm von Kultur, das sich aus der Auseinandersetzung mit den vorgefundenen Bedingungen des Seins und der menschlichen Geschichte speist und bezieht sich dabei unter anderem auf Novalis, Giambattista Vico und Romain Rolland.[7] Diese aktive Herausbildung von Kultur sieht Gramsci als Vorbedingung für die Revolutionen der Vergangenheit:

«Das heißt, jeder Revolution ging eine intensive kritische Arbeit der geistigen Durchdringung, der Ausstrahlung von Ideen auf Menschengruppierungen voraus, welche, zuerst widerstrebend, nur darauf bedacht waren, für den Tag und die Stunde das eigene ökonomische und politische Problem für sich selbst, ohne solidarische Verbindung mit anderen in gleicher Lage, zu lösen.» (ebd.: 9)

Als Beispiel dient ihm die Französische Revolution:

«Jedes neue Stück von Voltaire, jedes neue Pamphlet war wie ein Funke, der von Staat zu Staat, von Gebiet zu Gebiet durch

6 «Sozialismus und Kultur», «Il Grido del Popolo», 29. Januar 1916, in: Gramsci 1987: 7–11.

7 Das oft Gramci als Motto zugeschriebene «Pessimismus des Verstands, Optimismus des Willens», das schon 1920 in seinen Artikeln vorkommt, schreibt Gramsci Romain Rolland zu. (vgl. hierzu den kritischen Apparat in GH, H1, A 63.)

die bereits gespannten Drähte lief und überall und gleichzeitig auf dieselben Befürworter und dieselben Widersacher stieß. Die Bajonette von Napoleons Armeen fanden den Weg bereits geebnet durch ein unsichtbares Heer von Büchern und Broschüren, die seit der ersten Hälfte des 18. Jahrhunderts von Paris um die Welt ausgeschwärmt waren und Menschen und Institutionen auf die notwendige Erneuerung vorbereitet hatten.» (ebd.: 10)

«Sozialismus und Kultur» gibt nicht nur Aufschluss über einige der intellektuellen Bezugspunkte Gramscis während des Ersten Weltkriegs. Die darin formulierten Gedanken sind in gewisser Weise auch mit seinen politischen Tätigkeiten dieser Zeit verbunden. Neben seiner journalistischen Arbeit engagierte sich Gramsci im Rahmen der *FGSI*, wo er mit jüngeren Genossen diskutierte. Außerdem hielt er Vorträge in den Freizeitclubs der proletarischen Viertel am Rande Turins. (vgl. Fiori 1979: 96) Zwischen 1915 und 1917 war Gramsci also der Praxis in den Fabriken und den Erfahrungen der sozialistischen Arbeiterschaft weitestgehend fern. Seine Tätigkeiten waren vorwiegend intellektuell-praktischer Natur, daher blieb er vor allem von den Ideen Croces, Salveminis, Gentiles und ihrer idealistischen Moral beeinflusst. (vgl. Davidson 1977: 75f) Allerdings ist schon in einigen frühen Artikeln Gramscis die Notwendigkeit der Herausbildung einer eigenständigen Kultur der revolutionären Bewegung, die es gelte diszipliniert herauszuarbeiten, enthalten.

Durch die Vermittlung seines Freundes Andrea Viglongo wurde Gramsci mit der ersten und einzigen Ausgabe des Piemontesischen Jugendverbands der PSI, *La Città futura*[8], betraut. Für die vier Seiten umfassende Zeitung war Gramsci inhaltlich alleinverantwortlich. Sie erschien am 11. Februar 1917 und kann als Aufruf an die sozialistische Jugend verstanden werden, intellektuell und politisch aktiv zu werden. In *La Città Futura* macht sich der Einfluss Benedetto Croces (1866–1952) Idealismus' auf das Denken Gramscis in dieser Zeit besonders bemerkbar. Zwar hatte Gramsci in seinen Studienjahren begonnen, Marx' Schriften zu lesen, die vor allem durch Antonio Labriola (1843–1904) und seinen Übersetzungen zugänglich gemacht worden waren, aber zunächst war Croce ein zentraler Bezugspunkt.[9] So enthielt

8 Mehr zu *La Città Futura* bei Davidson 1977: 77–81 und Cammett 1967: 43–47.

9 In den Gefängnisheften erinnert sich Gramsci zu dieser Zeit «tendenziell eher Croceaner» gewesen zu sein (GH, Bd. 6, H10, §11, S. 1247).

La Città Futura u.a. die gekürzten religionskritischen Texte «Religione e serenità» (Croce) und «Che cosa è la cultura» (Salvemini) – beide erschienen später noch einmal in *L'Ordine Nuovo* (vgl. Bergami 1977: 79–80; 96) – sowie einen Auszug aus «Avviamento allo studio della filosofia» von Armando Carlini. Den Wiederabdrucken stellte Gramsci eigene Beiträge zur Seite. In seinem Leitartikel «Tre principi, tre ordini» (Drei Prinzipien, drei Ordnungen) vergleicht er die aktuelle Situation Englands, Deutschlands und Italiens in Bezug auf die Ausprägung ihrer zu Grunde liegenden staatsethischen Prinzipien, die sich aus historisch-politischen Kämpfen heraus entwickelt haben. England und Deutschland dienen dabei als Beispiele entwickelter kapitalistischer Staaten, von denen der eine nach dem Prinzip des Liberalismus (England) und der andere (Deutschland) durch Autorität gepaart mit Vernunft bestimmt sei. Die Revolutionäre der Französischen Revolution hätten, so Gramsci, nicht für eine kapitalistische Ordnung gekämpft, sondern für Menschen- und Freiheitsrechte, die letztlich im bürgerlichen Staat verwirklicht wurden.

Diese bürgerlichen Prinzipien, trotz fortschrittlichen Charakters, stellten für das Proletariat nur ein Minimum des zu Erreichenden dar. In Italien dagegen gebe es, bedingt durch seine Rückschrittlichkeit, noch keine etablierte, ethische Ordnung. Für die Sozialisten gehe es folglich nicht darum, eine Ordnung durch eine andere zu ersetzen, sondern darum, überhaupt erst eine Ordnung zu etablieren. Diese neue, sozialistische Ordnung werde alle bestehenden Privilegien abschaffen und die komplette Verwirklichung der eigenen menschlichen Persönlichkeit aller Staatsbürger ermöglichen. Als wichtigste Maxime, aus denen sich alle weiteren sozialistischen Grundsätze ableiten lassen, nennt Gramsci, dass Reichtum allen gehören soll und Zugang zu Schulbildung frei sein muss. Der Artikel schließt mit: *«Dieses Programm ist keine Utopie. Es ist universal und konkret und kann durch den Willen in die Tat umgesetzt werden. Es ist das Prinzip der Ordnung, der sozialistischen Ordnung, die unserer Meinung nach in Italien früher als in anderen Ländern verwirklicht werden wird.» (Fiori 1979: 99).*

In «Tre ordini, tre principi» verbinden sich Gramscis Kritik des Positivismus mit seiner Ablehnung des Geschichtsdeterminismus des reformistischen Flügels der *PSI* und hebt die Notwendigkeit der Organisation der sozialistischen Bewegung hervor. Neben den philosophischen Standpunkten Gramscis zu dieser

Zeit kondensiert *La Città Futura* zudem Themen, die er z.B. in seiner Kolumne «Sotto la Mole» aufgeworfen hatte. Die Betonung persönlicher Verantwortung und des eigenen Willens ziehen sich durch die gesamte Publikation und findet sich am prägnantesten in dem etwas bekannteren Artikel «Indifferenti»[10] («Die Gleichgültigen»):

«Ich hasse die Gleichgültigen: Wie Friedrich Hebbel glaube ich, dass ‹leben heißt, parteiisch zu sein›. Menschen können nicht nur existieren, als Fremde in der Stadt. Diejenigen, die wirklich leben, können nur Citoyen sein und Partei ergreifen. Gleichgültigkeit ist Ohnmacht, sie ist Parasitismus, sie ist Feigheit, sie ist kein Leben. Deshalb hasse ich die Gleichgültigen. [...] Ich bin parteiisch, ich lebe, ich spüre im lebendigen Bewusstsein derjenigen, die auf meiner Seite stehen, bereits das Pulsieren der Aktivität der zukünftigen Stadt, die wir am Errichten sind. Und in ihr lastet der gesellschaftliche Zusammenhalt nicht auf einigen wenigen, in ihr ist alles, was geschieht, nicht dem Zufall, dem Schicksal geschuldet, sondern intelligente Arbeit der Bürger. Ich lebe, ich bin parteiisch. Also hasse ich diejenigen, die nicht teilnehmen, ich hasse die Gleichgültigen.»[11]

Tatsächlich brach die Revolution kurz darauf aus, allerdings in Russland. Die Berichte durchliefen die Zensur und waren nicht eindeutig. (vgl. Fiori 1979: 100) Gramscis erste Artikel zur Situation in Russland nach dem Sturz des Zaren spiegeln die ungenaue Informationslage. Er zeigte sich allerdings früh optimistisch, dass aus der bürgerlichen Februarrevolution 1917 eine sozialistische werden würde.

Zunächst aber veränderte sich Gramscis Rolle innerhalb der Bewegung und innerhalb der *PSI*. Während eines von den Ereignissen in Russland inspirierten Aufstandes gegen den Krieg und die durch die Kriegsproduktion bedingten Verhältnisse in den Fabriken wurde das Parteibüro besetzt und ein großer Teil der führenden Mitglieder der Turiner Sektion der *PSI* verhaftet. Daraufhin wurde ein provisorischer zwölfköpfiger Vorstand gebildet,

10 «Indifferenti», in: «La Città Futura», S.13–15; übers. JB. Ein halbes Jahr zuvor, am 26. August 1916, erschien ein Artikel von Gramsci in seiner Kolumne «Sotto la mole» mit dem Titel «L'indifferenza», der zwar nicht identisch ist, aber einige Gedanken vorwegnimmt. Der Artikel in *La Città Futura* ist allerdings deutlicher und schärfer.

11 Das Wort «partigiano» (= u.a. parteiisch, Partisan, Parteigänger) macht mehr politische Wortfelder auf, als die Grundbedeutung «(an)teilnehmen» im Deutschen.

dem auch Gramsci angehörte. (vgl. Fiori 1979: 101f) Außerdem übernahm er de facto die Leitung der Zeitung *Il Grido del Popolo*, die er bis zu ihrer Einstellung im Oktober 1918 führen sollte und die er nach seinen Vorstellungen veränderte. (vgl. Cammett 1967: 55) Im Anschluss wurde er unter anderem zusammen mit Togliatti Redakteur der Turiner Ausgabe des *Avanti!*, der sozialistischen Parteizeitung, deren Auflage in den folgenden Monaten von 16000 auf 50.000 anstieg. (vgl. Santucci 2010: 66)

Nachdem die russischen Maximalisten bzw. Bolschewiki im Zuge der Oktoberrevolution gewaltsam die Macht übernommen hatten, veröffentlichte Gramsci mit «Die Revolution gegen ‹Das Kapital›» am 24. November 1917 einen Kommentar in der nationalen Ausgabe des *Avanti!*. Er interpretiert darin die Russische Revolution als Lektion für den Westen, der sich deterministisch an den Worten von Marx und die angenommene Notwendigkeit eines entwickelten Kapitalismus vor einer Revolution orientiert. Gramsci beschreibt das Verhältnis der Bolschewiki zur Marx'schen Theorie wie folgt:

«Sie sind keine ‹Marxisten›, das ist alles; sie haben über die Werke des Meisters keine äußere Doktrin dogmatischer und unbestreitbarer Aussagen aufgestellt. Sie leben das marxistische Denken, das nie stirbt, das die Fortsetzung des italienischen und deutschen idealistischen Denkens ist, und das bei Marx mit positivistischen und naturalistischen Verkrustungen verseucht war. Und dieser Gedanke stellt stets als wichtigsten historischen Faktor nicht die rohen ökonomischen Tatsachen heraus, schonungslos, sondern den Menschen, sondern die Gesellschaft der Menschen, der Menschen, die aufeinander zugehen, einander verstehen, durch diese Kontakte (Zivilisation) einen sozialen, kollektiven Willen entwickeln und die wirtschaftlichen Tatsachen verstehen und beurteilen und sie ihrem Willen anpassen, bis sie zum Antrieb der Ökonomie wird, die Gestaltung der objektiven Wirklichkeit, die lebt und sich bewegt, und den Charakter einer siedenden irdischen Materie annimmt, die kanalisiert werden kann, wohin der Wille möchte.» («La rivoluzione contro il ‹Capitale›», Avanti!, 24. November 1917, in: Scritti Giovanili, S. 149–153; übers. JB)

Die Russische Revolution, so Gramsci, habe *Das Kapital* widerlegt. Aus dem Kontext dieses Zitats geht nicht eindeutig hervor, dass Gramsci die idealistischen Strömungen dem historischen Materialismus vorzieht. Vielmehr fordert Gramsci die ständige Erneuerung der «Art» von Marx' Denken im Angesicht der Praxis, der tatsächlichen Bedingungen der Menschen und eine Bekämpfung der «positivistischen Verkrustungen». Der Positivismusvorwurf bezieht sich auf den abgeleiteten positivistischen Schluss, einer sozialistischen Revolution müssen erst die Entwicklung der Produktivkräfte, ein reifer Kapitalismus und eine bürgerliche Gesellschaft vorangehen. Allerdings greift Gramsci damit nicht nur die mechanistische Marxauffassung der *II. Internationale* an, sondern auch Marx selber. (vgl. Santucci 2010: 66f.) Ähnlich wie Croces Idealismus, der von Labriola und Marx beeinflusst und von Gramsci für sein kritisches Potential geschätzt und benutzt wurde, dient hier die Kritik an der Interpretation von Marx dazu, daran zu erinnern, dass radikale Veränderung einer konkreten Form und Bedingungen bedarf, die nicht vorherzusagen sind[12]. Gramsci begrüßte selbstverständlich die Russische Revolution. Er wies allerdings auch auf die Missstände, die aus der politischen und ökonomischen Umstellung, auch nach Friedensschluss, zu erwarten wären, hin.

Mit Beginn des Ersten Weltkrieges 1914 war ein Riss durch die internationale sozialistische Bewegung gegangen, da Teile der französischen Sozialisten sich hinter die Regierung und ihre patriotische Mobilisierung stellte und vor allem durch die deutschen Sozialdemokraten, die ihre pazifistische Haltung aufgaben und der Gewährung von Kriegsanleihen zustimmten. Diese «Burgfriedenspolitik» bzw. im französischen Falle «Union sacrée» widersprach der Politik der Internationalen Solidarität der *II. Internationale*. Die Konferenzen von Zimmerwald und Kiental in der Schweiz im September 1915 und im April 1916 waren der Versuch der verbleibenden internationalistischen und pazifistischen Sozialisten, sich auf einen Kurs zu verständigen. Schon in Zimmerwald zeichnete sich ein linker, revolutionärer Flügel ab, dem Lenin und Trotzki angehörten und später zur Gründung der *Kommunistischen* bzw. *III. Internationale* führen würde. Auch innerhalb der italienischen sozialistischen Bewegung kam es während und nach dem Krieg zu internen Auseinandersetzungen. Zwar behielt die *PSI* ihre pazifistische Position auch nach dem Kriegseintritt Italiens auf der Seite der Entente am 23. Mai 1915 bei, aber die Frage nach der strategischen Ausrichtung und Zielsetzung der Partei führte zur Etablierung

12 Zu Gramsci und der Oktoberrevolution vergleiche auch: Cammett 1967: 58–62, sowie Davidson 1977: 82f.

mehrerer Flügel, die sich bis zur Spaltung der Partei in Livorno 1921 weiter ausdifferenzierten.

Im November 1917 nahm Gramsci an einem geheimen Treffen der «Intransigenten Revolutionären Fraktion» («Frazione Intransigente Rivoluzionaria») in Florenz teil, die sich im August gegründet hatte, um sich dem Reformismus der *PSI* und der Kollaboration mit der Bourgeoisie entgegenzustellen. Das Treffen wurde nach der militärischen Niederlage von Caporetto und als direkte Reaktion auf den daran anschließenden Aufruf Turatis, den Krieg zu unterstützen, einberufen. Gramsci traf dabei auf Amadeo Bordiga, der während des Treffens die These vertrat, dass nun die Zeit für eine sozialistische Revolution gekommen sei. Gramsci stimmte mit Bordiga zumindest überein, dass das Proletariat sich mit der «Eroberung des Staates» in Anbetracht der Krise auseinandersetzen müsse.

Wie erwähnt, hatte Gramsci begonnen Marx während seines Studiums zu lesen, vermittelt durch die Lektüre Labriolas, Croces und Gentiles.[13] In den Monaten nach der Russischen Revolution wurden die Verweise auf Marx bei Gramsci häufiger und es erschien eine Reihe von Artikeln, die weiteren Aufschluss über Gramscis Verhältnis zu Marx und seinen Interpreten gibt. Der wohl programmatischste unter ihnen, «Unser Marx»[14], ist eine Würdigung von Marx' Arbeit und erschien zu Marx' 100. Geburtstag. Gramsci wendet sich darin erneut gegen ein deterministisches Verständnis und beschreibt Marx als Historiker, dem eine Geschichtsschreibung des Menschen anhand der ökonomischen Realität gelungen sei, in einer Zeit, in der Geschichte «nur Herrschaft der Ideen» war. In «La critica critica» (Die kritische Kritik)[15] reagierte Gramsci auf den reformistischen Sozialisten Claudio Treves, der gegen die jüngere Generation italienischer Sozialistinnen und Sozialisten polemisiert hatte. Gramsci erklärt bissig ironisch, dass die Jüngeren auch die frühen Schriften von

---

13 Siehe hierzu: Adamson 1980: 32. Ferner findet sich bei Adamson (1980: 34f; 253 FN 81) ein Hinweis auf die von Gramsci gelesenen Marx'schen Schriften: «According to Leonetti, Gramsci had read the following works by Marx and Engels by 1918: The Communist Manifesto, Revolution and Counterrevolution in Germany, The Holy Family, The Poverty of Philosophy and the preface of Critique of Political Economy.»

14 «Il nostro Marx», «Il Grido del Popolo», 4. Mai 1928, in: «Scritti Giovanili», S. 217–221. Eine deutsche Übersetzung findet sich in Gramsci 1991: 36–40.

15 «La critica critica», «Il Grido del Popolo», 12. Januar 1918, in: «Scritti Giovanili«, S. 153–155.

Marx und Engels gelesen haben und zurückkehren wollen zur echten Marx'schen Lehre, während Treves seine Lehre zu einem Naturgesetz reduziert habe.

«Die neue Generation scheint zu der echten Lehre von Marx zurückkehren zu wollen, für die der Mensch und die Wirklichkeit, das Instrument der Arbeit und des Willens nicht entkoppelt sind, sondern sich im historischen Handeln verkörpern. Sie glauben daher, dass der Kanon des historischen Materialismus nur im Nachgang gültig sei, um die Ereignisse der Vergangenheit zu analysieren und zu verstehen, und nicht zu einer Hypothek'auf die Gegenwart und die Zukunft werden sollte.» (ebd.: 154; übers. JB)

In «Utopia»[16] wird dieses Thema variiert und anhand der Russischen Revolution ausgeführt. Gramsci verwendet einen negativen Begriff von Utopie, als Kritik an der schematischen Auffassung der Welt und dieser Auffassung als Grundlage von Politik. So sind die Bolschewiki und ihre Organisation in Sowjets als anti-utopisch zu verstehen, da die Revolution nicht nach einem vorgefertigten Plan abgelaufen sei und somit nicht als starres Gebilde auf einer ewigen Wahrheit basiere, sondern Spontanität, Initiative und Teilnahme der Arbeiterschaft zulasse. (vgl. Germino 1990: 70–73) Oder wie Gramsci es zusammenfasst: «Denn der Sozialismus lässt sich nicht auf ein festes Datum festlegen, sondern er ist ein ständiges Werden, eine unendliche Entwicklung in einem von der Mehrheit der Bürger oder vom Proletariat organisierten und kontrollierten Regime der Freiheit.» (ebd.: 287; übers. JB) Mit dieser Interpretation verteidigt Gramsci nicht nur die Russische Revolution gegenüber Skeptikern, die den Sozialismus dort (noch) nicht verwirklicht sahen. Indem er sein Verständnis der Revolution an die Ereignisse in Russland bindet, vertritt Gramsci auch, ganz im Sinne des obigen Zitats aus «La critica critica», einen nicht-kanonischen Marxismus.

16 «Utopia», «Avanti!», 25. Juli 1918, in: «Scritti Giovanili», S. 280–287.

2.3 Die roten Jahre und *L'Ordine Nuovo* 1919–1921)

Bei Kriegsende hatte Italien, dass sich aufgrund der Gebietsversprechungen des Londoner Vertrags sowie durch die interventionistische Propaganda Mussolinis und D'Annunzios auf Seiten der Entente kämpfte, hoch verschuldet und ökonomisch erschöpft. Es kam zu Ressourcenknappheit sowie Nahrungsmittelengpässen und, wie in vielen anderen westlichen Staaten nach dem Ersten Weltkrieg, zu starker Inflation. Während die italienische Industrie durch die Kriegsproduktion hohe Profite verzeichnete, wurde die arbeitende Bevölkerung zu Disziplin und Verzicht angehalten. Zu diesem Zweck begannen in den Fabriken des Nordens interne Ausschüsse («Commissioni Interne») zu arbeiten, mit denen Gewerkschaften wie *FIOM*, die Gewerkschaft der italienischen Metallarbeiter, kollaborierten, um die alltägliche Disziplin sicherzustellen. Gleichzeitig organisierten sich immer mehr Arbeiter und Arbeiterinnen. Die Gewerkschaften, wie auch die PSI, erfuhren in den Jahren nach dem Krieg einen rasanten Mitgliederzuwachs und sowohl Anzahl als auch Intensität der Arbeitskämpfe nahmen deutlich zu.[17] Die Jahre 1919 und 1920 werden heute als die «roten Jahre» bezeichnet.

Am 1. Mai 1919 erschien die erste Ausgabe von L'Ordine Nuovo.als Wochenzeitung für sozialistische Kultur («Rassegna settimanale di cultura socialista»). In einem Kasten links unter dem Titel der ersten Ausgabe stand: «Bildet euch, denn wir brauchen all eure Klugheit. Bewegt euch, denn wir brauchen eure ganze Begeisterung. Organisiert euch, denn wir brauchen eure ganze Kraft.» Tasca hatte das dafür notwendige Geld bereitgestellt. Mit *L'Ordine Nuovo* starteten Gramsci, Togliatti, Tasca, Terracini sowie die anderen Mitglieder der Redaktion den ambitionierten Versuch, eine Erneuerung der sozialistischen Arbeiter*innenbewegung und ihrer Institutionen im Sinne der *III. Internationale* und einer kommunistischen Massenbewegung herbeizuführen. Überzeugt davon, dass dafür die kulturelle Selbstbildung, eine möglichst große Partizipation und Initiative durch die Arbeiterschaft und der Bauern, den Kern dieser Anstrengungen darstellen sollten. In einer – ebenfalls in *L'Ordine Nuovo* erschienenen – Reflexion über das Programm der Zeit-

17 Siehe hierzu Feldbauer 2008: 79f; sowie Williams 1975: 55–67. Mitgliederzahlen sind bei Fiori (1979: 117) zu finden.

schrift, charakterisiert Gramsci die ersten Ausgaben als eine Anthologie: «[E]s war eine Zeitschrift mit abstrakter Kultur, abstrakter Information, mit der Tendenz, grauenhafte kleine Novellen und gutgemeinte Holzschnitte zu veröffentlichen.»[18]

Tatsächlich entwickelte sich das Programm der Gruppe und der Zeitschrift mit der Zeit weiter und die ersten Ausgaben enthielten eine Mischung überwiegend kultureller Themen, unter anderem zu Leonardo da Vinci und Übersetzungen von Walt Whitman, mit Analysen der sowjetischen Fragestellungen, wie der Rolle Lenins und der Aufbau der sowjetischen Armee. (vgl. Williams 1975: 96–98) Zu den Beitragenden gehörte auch Piero Gobetti (1901–1926), ein Liberaler, der aber mit den Zielen des *L'Ordine Nuovo* und dem Kommunismus Gramscis sympathisierte. Gobetti selber war u.a. Gründer und Herausgeber der Zeitschrift *La Rivoluzione Liberale*, für die wiederum Gramsci einige Artikel beisteuerte.[19] Gobetti, der entschiedener und aktiver Antifaschist war, wurde im September 1924 von Faschisten zusammengeschlagen, was mit zu seinem frühen Tod im Februar 1926 beitrug. Über Gramsci schrieb er 1924: «Mehr als ein Taktiker oder ein Kämpfer ist Gramsci ein Prophet.»[20] Gramsci sah in ihm einen jener Intellektuellen, die er später in den Gefängnisheften als organische Intellektuelle theoretisieren sollte. Gramsci stellte Gobettis Bedeutung in «Einige Gesichtspunkte der Frage des Südens» (vgl. Gramsci 1980: 212–215) heraus, wobei Gramscis Bewunderung für Gobetti deutlich wird: «Sein auffallendster Wesenszug war intellektuelle Ehrlichkeit und völlige Freiheit von jeglicher Eitelkeit und niedriger Kleinlichkeit.» (ebd.: 213)

Mit der siebten Ausgabe vom 21. Juni 1919, kündigte Gramscis und Togliattis Leitartikel «Arbeiterdemokratie»[21] eine Veränderung des Blattes an, denn die Ideen wurden in den Fabriken aufgegriffen. Daraufhin wurden Gramsci und seine Mitstreiter*innen[22] in die Fabriken eingeladen:

---

18 Vgl. «Il programma dell'Ordine Nuovo», 14./28. August 1920, in: «L'Ordine Nuovo», S. 146–154; zitiert nach Fiori (1979:110).

19 Für mehr über Gobetti und seine politischen Überzeugungen siehe: Martin, James (2008) Piero Gobetti and the Politics of Liberal Revolution, New York.

20 Gobetti, Piero (1960[1924]) «Uomini e idee: Gramsci«, in: «La Rivoluzione Liberale«, Ausgabe 17, 22. April 1924), S. 646.

21 «Democrazia operaia», «L'Ordine Nuovo», 21. Juli 1919, in: «L'Ordine Nuovo», S. 10–13.

22 Für mehr über Gobetti und seine politischen Überzeugungen siehe: Martin, James (2008) Piero Gobetti and the Politics of Liberal Revoluti-

«Togliatti, Terracini und ich wurden zu Diskussionen in den Freizeitvereinen und bei Fabrikversammlungen eingeladen und von den ‹commissioni interne› zu Gesprächen im engen Kreis mit Vertrauensleuten und Gewerkschaftern aufgefordert. Es ging voran, die Frage der Entwicklung der Commissioni Interne wurde zur Idee des L'Ordine Nuovo, zum Hauptproblem der Arbeiterrevolution und der proletarischen Freiheit. L'Ordine Nuovo wurde für uns und unsere Anhänger die ‹Zeitung der Fabrikräte›.»[23]

In «Arbeiterdemokratie» formulierten Gramsci und Togliatti zum ersten Mal die Ideen aus, die in der Fabrikrätebewegung ihren Ausdruck fanden. Dabei gingen Gramsci und Togliatti von der Frage aus, welche Form den enormen sozialen Kräften der gegenwärtigen sozialistischen Bewegung gegeben werden kann. Um eine tatsächliche Arbeiterdemokratie gegenüber dem bürgerlichen Staat herauszubilden, gehe es darum, die bestehenden Institutionen, unter Beibehaltung ihrer Autonomie, miteinander zu verbinden. Darin sind die Bauernschaft bzw. ihre Organisationen, wie generell in den programmatischen und strategischen Artikeln des *L'Ordine Nuovo*, mit eingeschlossen.[24] Angeführt von der *PSI* und der *Confederazione Generale del Lavoro* (*CGL*, italienischer Gewerkschaftsbund) solle sich die Arbeiterschaft in die Lage versetzen, sich selber zu bilden, Erfahrungen zu sammeln und ein Bewusstsein zu erlangen, das den Klassen, die die Staatsmacht erreicht hat, angemessen ist. Togliatti und Gramsci erarbeiteten in ihrem Artikel eine konkrete Skizze der dafür notwendigen Organisation des sozialen und politischen Lebens, allerdings in der Intention «das Denken und das Handeln anzuregen». Ihr Vorschlag reicht bis in den Betrieb. Besonders gehen sie auf die *Commissioni Interne* ein, denen als potentielles «Modell eines proletarischen Staates» eine Schlüsselrolle zukommt. Sie fordern durch Wahlen eigener Repräsentanten der Arbeiter, dass die Funktion der *Commissioni Interne* als disziplinarisches Element unternehmerischer Steuerung hin zu einem Organ der Arbeiterdemokratie vollzogen werde:

---

on, New York.

23 «Il programma dell'Ordine Nuovo», «L'Ordine Nuovo», 14./28. August 1920, zit. nach Fiori 1979: 112.

24 Explizit wird diese Haltung insbesondere in Gramscis Artikel «Operai e contadidni», «Avanti!», 2. August 1919, in: «L'Ordine Nuovo», S. 88–91.

«Schon von jetzt an müßten die Arbeiter an die Wahl umfassender Delegiertenversammlungen gehen, die unter den besten und bewußtesten Genossen ausgewählt werden und unter der Losung ‹Alle Macht in den Betrieben den Betriebskomitees› und ‹Alle Macht im Staat den Arbeiter- und Bauern-Räten› stattfinden sollen.» (ebd.; zit. nach Gramsci 1980: 40)[25]

Aus den so gewählten *Commissioni Interne* sollen wiederum – unter Berücksichtigung der Tätigkeiten und Berufsgruppen – Mitglieder in einen Abteilungsrat (»Consiglio rionale») delegiert werden, der regional nach Stadtvierteln gegliedert ist. Die Struktur ähnelt damit dem englischen Modell der «shop stewards», auf die auch implizit im Text verwiesen wird. Erst in der späteren Entwicklung gerieten die Fabrikräte in den Fokus. (Williams 1975: 107) Diese Art der demokratischen Organisation der Arbeiter und Arbeiterinnen setze eine gut aufgestellte kommunistische Partei voraus, die in der Lage wäre, die angedachte Funktion einer revolutionären Avantgarde zu erfüllen und die Vorstellung, dass die Impulse für die sozialistische Bewegung künftig direkt und in eigenständiger Organisation aus den Fabriken kommen sollen, umsetzen könnte. Dabei wird hier von Togliatti und Gramsci nicht zwischen gewerkschaftlich Organisierten und Nicht-Organisierten unterschieden. Das Verhältnis zu den Gewerkschaften wird bewusst offengelassen. Der Artikel schließt mit dem Appell an die italienischen Kommunisten, sich die «russische Erfahrung» zu Nutzen zu machen. In *L'Ordine Nuovo* erschienen zudem eine Serie von Artikeln, die über die italienische Situation hinausreichten, darunter u.a. «Wie funktioniert der Sowjet» von John Reed oder «Bürgerliche und proletarische Demokratie» von Lenin.

Die erste *Commissione Interne*, die nach den Vorschlägen der *L'Ordine Nuovo*-Gruppe gewählt wurde, konstituierte sich Anfang September 1919 im Fiat-Brevetti-Werk. Dabei kam es in Bezug auf das Verhältnis dieser neuen Organisationsform mit den Gewerkschaften zu einem Kompromiss: Alle durften wählen, aber die Gewählten mussten gewerkschaftlich organisiert sein.[26] Am 13. September 1919 wandte sich die Redaktion des *L'Ordine Nuovo* öffentlich an die neugewählte *Commissione*

25 «Democrazia operaia», «L'Ordine Nuovo», 21. Juli 1919, in: «L'Ordine Nuovo», S. 12.

26 Zum Verhältnis der Räte zu den Gewerkschaften siehe ausführlich: Williams 1975: 121–144.

interna der Fiat-Brevetti Werke und stellte ihre Handlungen in einen größeren Zusammenhang:
«Ihre Macht, im Gegensatz zu der ihrer Herren und Offiziere, stellt sich gegenüber den Kräften der Vergangenheit als die freien Kräfte des Kommenden dar, die auf ihre Stunde warten und sie vorbereiten, im Wissen, dass es die Stunde der Erlösung von aller Sklaverei sein wird. Und so werden die zentralen Organe, die für jede Gruppe von Abteilungen, für jede Gruppe von Fabriken, für jede Stadt, für jede Region bis hin zu einem obersten nationalen Arbeiterrat entstehen werden, die Arbeit der Kontrolle, Vorbereitung und Organisation der gesamten Klasse zum Zwecke der Eroberung und Regierung fortsetzen, erweitern und intensivieren.»[27]

Der Aufruf ermutigte die Arbeiter und Arbeiterinnen dazu, sich innerhalb der Fabriken demokratisch und in einem nationalen Rat über die Fabriken hinaus zu organisieren, um die Eroberung des Staates voranzutreiben. In der Folge schlossen sich immer mehr Arbeiter und Arbeiterinnen auf diese Weise zusammen, so dass sich bis zum 26. Oktober bereits 50.000 in 30 Fabriken in Räten organisiert hatten. Kurz darauf, Anfang November 1919, billigte die Turiner Vollversammlung der *FIOM* dieses Vorgehen. Im Dezember folgten ebenso positive Abstimmungen durch die Turiner Sektion der PSI, die einen Studienausschuss unter der Leitung von Togliatti einrichtete, sowie der *Camera del Lavoro* von Turin. (vgl. Cammett 1967: 77) Diese Erfolge beruhten auf der unermüdlichen Arbeit in und außerhalb der Redaktion. Indem einerseits die Zeitung immer mehr Impulse und Beiträge aus den Fabriken abdruckte und anderseits die Redaktionsmitglieder, allen voran Gramsci, an Diskussionen mitwirkten und bei Treffen in den Fabriken sprachen. (vgl. Williams 1975: 109)

In dem Dokument «Il programma dei commissari di reparto»[28] vom 8. November 1919 wird die Bedeutung, die Gramsci und die Redaktion des *L'Ordine Nuovo* den Abteilungskommissaren beimaß, besonders deutlich: «Die Fabrikkommissare sind die einzigen und wahren sozialen Vertreter (wirtschaftlich und politisch) der proletarischen Klasse, denn sie werden in allgemeiner Wahl von allen Arbeitern an ihrem eigenen Arbeitsplatz

27 «Ai commissari di reparto delle officine Fiat Centro e Brevetti», «L'Ordine Nuovo», 13. September 1919, in: «L'Ordine Nuovo», S. 34; übers. JB.

28 «Il programma dei commissari di reparto», «L'Ordine Nuovo», 8. November 1919, in: «L'Ordine Nuovo»: S. 192–199.

gewählt.» (ebd.: S. 193; übers. JB) Die Fabrikräte waren der Versuch einer demokratischen Ordnung, die sich an der Repräsentation und den Realitäten der Arbeiterschaft orientiert. Eine Einschränkung stellte allerdings dar, dass die gewählten Kommissare gewerkschaftlich organisiert sein mussten. Dies begründete man einerseits mit der mangelnden politischen Reife der nicht-organisierten Arbeiterschaft und andererseits mit der Gefahr durch Unterwanderung – vermutlich handelte es sich aber um einen Kompromiss mit den Gewerkschaften. Die basisdemokratische Wahl, die direkte Möglichkeit zum Entzug des Mandats der gewählten Kommissare sowie die Berücksichtigung der Arbeitsprozesse, indem nach Abteilungen gewählt wurde, waren dennoch ein Gegenentwurf zur repräsentativen Demokratie, der bevorzugte Fokus der mehrheitlich reformorientierten PSI, sowie zur bürokratischen Struktur der Gewerkschaften.

Auf dem Parteitag der *PSI* in Bologna, der am 5. bis 8. Oktober 1919 und somit sechs Wochen vor den ersten Wahlen seit dem Krieg stattfand, stimmte eine Mehrheit für den Beitritt der Partei zur *III. Internationale*. Die Bewegung der Fabrikräte wurde allerdings nur am Rande oder wie von Turati polemisch erwähnt. Die Wahlen brachten der *PSI* einen enormen Stimmenzuwachs, was den Glauben an eine automatische Revolution nährte, während die Mittel dafür weiterhin unklar waren. Die Gruppe des *L'Ordine Nuovo* setzte indessen ihre Arbeit fort und in den Artikeln der darauffolgenden Monate vertrat Gramsci hartnäckig seine Überzeugung, dass es für eine wirklich revolutionäre Bewegung einerseits eine Erneuerung der *PSI* und andererseits neue Institutionen geben müsse. Nach den Wahlen appellierte Gramsci an die Partei, die Wähler*innen, die mit ihren Stimmen eine sozialistische Regierung gefordert hatten, ernst zu nehmen. Gleichzeitig müsse den Menschen vermittelt werden, dass die Lösung der enormen Probleme nicht in einem bürgerlichen Staat mit kapitalistisch organisierter Wirtschaft möglich sei. Erst durch eine durch die Massen selber organisierte Struktur sozialer Macht, einen Arbeiter*innen- und Bäuer*innenstaat, einen «Stato dei produttori», konnten die Probleme von Grund auf gelöst werden. (vgl. «Le Elezioni», L'Ordine Nuovo, 22. November 1919, in: L'Ordine Nuovo, S. 313) Die Aufgabe der Partei sei es, aufzuzeigen, dass die bürgerlichen Kräfte unfähig sind zu regieren, d.h. die Bedürfnisse der Vielen zu befriedigen:

«Ein solches Ziel kann heute nur durch eine parlamentarische Aktion verfolgt werden, verstanden als eine Aktion, die danach strebt, das Parlament bewegungsunfähig zu machen, die demokratische Maske vom dubiösen Gesicht der bürgerlichen Diktatur abzureißen und sie in all ihrem Schrecken und ihrer widerlichen Hässlichkeit sichtbar zu machen.» («I rivoluzionari e le elezioni», «L'Ordine Nuovo», 15. November 1919, in: «L'Ordine Nuovo», S. 308; übers. JB)

Immer wieder greift Gramsci die reformistischen Teile der *PSI*[29] und den gewerkschaftlichen Syndikalismus an. Schon in «Die Eroberung des Staates»[30] vom Juli 1919 argumentierte Gramsci, dass die Gewerkschaften und die *PSI* keine autonomen Institutionen seien, sondern in der Logik des Systems verhaftet und daher nicht die geeignete Form darstellten, die neuentstandenen Kräfte zu führen und eine Richtung zu geben:

«Aber der revolutionäre Antrieb und Enthusiasmus war im Proletariat Westeuropas stärker ausgeprägt. Aber es scheint uns, dass das hellsichtige und genaue Bewusstsein der Absicht nicht von einem Bewusstsein begleitet wird, das so klar und genau ist wie die Mittel, die im gegenwärtigen Augenblick zur Erreichung des Ziels selbst geeignet sind. In den Massen ist heute die Überzeugung tief verwurzelt, dass der proletarische Staat in einem System von Arbeiter-, Bauern- und Soldatenräten verkörpert ist. Ein taktisches Vorgehen, das die Schaffung dieses Staates objektiv sichert, ist noch nicht herausgebildet worden.» («La conquista dello Stato», L'Ordine Nuovo, 12. Juli 1919, in: L'Ordine Nuovo, S.18; übers. JB)

Die Partei habe den Kontakt zu den Massen verloren und überlasse den Resten der geschwächten bürgerlichen Demokratie und dem kapitalistischen Regime die Initiative. Außerdem versäume sie es, ihr Handeln und Nichthandeln den Massen gegenüber verständlich zu machen:

«[E]s finden Ereignisse statt und die Partei ist abwesend; das Land zittert vor Fieber, die sich auflösenden Kräfte der bürgerlichen Demokratie und des kapitalistischen Regimes arbeiten

29 Ein weiterer Artikel zur Kritik und Rolle und Partei ist: «Partito di governo e classe di governo«. Zum Einfluss Bordigas auf Gramscis siehe: Williams 1975: 184–192.

30 Die Kritik am Syndikalismus führt Gramsci noch deutlicher in «Sindacalismo e Consigli» («L'Ordine Nuovo», 08. November 1919, in: «L'Ordine Nuovo», S. 44–48) aus, den er dort unter anderem als «pseudorevolutionär» bezeichnet.

weiterhin unerbittlich und rücksichtslos, und die Partei greift nicht ein, klärt die großen Massen der Arbeiter und Bauern nicht auf, rechtfertigt nicht ihr Tun und Lassen.» («Primo: Rinnovare il Partito» (Aktionsprogramm der sozialistischen Sektion Turins), L'Ordine Nuovo, 24.–31. Januar 1920, in: L'Ordine Nuovo, S. 389 ; übers. JB)

Den ersten Höhepunkt der Fabrikrätebewegung markiert der April 1920. An einem von der Metallurgieindustrie ausgehenden zehntägigen Generalstreik nahmen hunderttausende Arbeiter*innen teil. Der Streik blieb allerdings auf Turin beschränkt, weil die nationale Führung der *PSI* sich nicht konsequent hinter den Streik stellte. Am 13. April 1920 wurde der Generalstreik in Turin ausgerufen. Der Zeitpunkt war nach Gramsci nicht günstig gewählt. Er sah Handlungszwang eher auf der Seite der Unternehmerschaft, der eine direkte Konfrontation entgegenkam. Noch in einem Artikel vom 3. April 1920 («Torino e l'Italia») im *Avanti!*, als der Streik bereits begonnen hatte, warnte er vor einem übereilten Handeln und forderte dazu auf, sich vor einer Eskalation gut vorzubereiten:

«In unserer Stadt hat sich in den letzten Monaten ein Potential revolutionärer Energie konzentriert und angesammelt, das um jeden Preis dazu neigt, sich auf der Suche nach einem Aus-weg zu vergrößern. Und ihr Ausweg darf vorerst kein lokaler Riss sein, der gefährlich, vielleicht tödlich sein könnte, sondern muss eine Erhöhung der Intensität der Vorbereitungsarbeit im ganzen Land sein, eine Verbreitung der Kräfte, eine allgemeine Beschleunigung des Entwicklungsprozesses der Elemente, die alle gemeinsam zu einer gemeinsamen Arbeit beitragen müssen.» («Torino e l'Italia», L'Ordine Nuovo, 3. April 1920, in: L'Ordine Nuovo, S. 107; übers. JB)

Als der Generalstreik ausgerufen wurde, legten fünfhunderttausend Arbeiter*innen die Arbeit nieder. Von staatlicher Seite wurden indessen Truppen in der ganzen Provinz zusammengezogen. Angeblich wurden fünfzigtausend Soldaten nach Turin und Umgebung verlegt, um eingreifen zu können. Gramsci und seine Mitstreiter*innen wandten sich um Unterstützung an die *PSI* und *CGL*, mit dem Ziel, die Streiks auf ganz Italien auszuweiten, um die Turiner Arbeiter*innen nicht alleinezulassen. (vgl. Davidson 1977: 128f)

«Der Aprilstreik unterschied sich hauptsächlich dadurch von anderen Streiks, daß es diesmal nicht um Lohnerhöhungen oder

bessere Arbeitsbedingungen ging. Die Turiner Arbeiterklasse kämpfte jetzt für die Kontrolle der Produktion durch die Fabrikräte. Aber der Kampf war schwierig, wurde von den Massen im übrigen Italien nicht getragen und konnte keine vernünftige revolutionäre Perspektive haben, weil das Turiner Proletariat isoliert war.» (Fiori 1979: 120)

Die Unterstützung blieb aus und der Generalstreik endete mit einer Niederlage der Turiner Arbeiter*innenschaft: «The party and the CGL refused to support the extension of the movement and ten days later the workers returned to the factories in the owners' terms. It was a disaster.» (Davidson 1977: 129) In Reaktion auf das Verhalten der sozialistischen und gewerkschaftlichen Anführer in dieser Phase schrieb Gramsci in «Superstizione e realtà»:

«Kurz gesagt, es ist sicher, dass die Arbeiterklasse in Turin besiegt wurde, weil es sie in Italien nicht gibt, die notwendigen und ausreichenden Bedingungen für eine organische und disziplinierte Bewegung der Arbeiterklasse und der Bauern sind noch nicht ausgereift. Von dieser Unreife, von dieser Unzulänglichkeit der italienischen Arbeiterklasse zeugen zweifellos der ‹Aberglaube› und der Geistesmut der für die organisierte Bewegung der italienischen Arbeiterklasse verantwortlichen Anführer.» («Superstizione e realtà», L'Ordine Nuovo, 8. Mai 1920, in: L'Ordine Nuovo, S. 109; übers. JB)

Der zweite Höhepunkt der Bewegung war der September 1920. Zwischen April und diesem landesweiten Streik im September wurden Verhandlungen über die Löhne und Arbeitsbedingungen mit der *FIOM* geführt, die bis in den August keine Einigungen brachte. Als Alternative zur Arbeitsniederlegung und den damit für die Arbeiter*innenschaft verbundenen Kosten, entschied der Vorstand der *FIOM* zum Streik aufzurufen, der daraufhin am 21. August 1920 begann. Als nach wenigen Tagen die Effekte des Streiks sichtbar wurden, beschloss die Alfa-Romeo-Führung in Mailand am 30. August die Aussperrung der Arbeiter*innen aus den Fabriken, worauf die Arbeiter*innen mit der Besetzung der Fabriken antworteten. Ausgehend von Mailand und erneut mit Turin im Zentrum der Auseinandersetzung wurde ein Italien-weiter Streik organisiert, wobei die Produktion in den Fabriken unter der Leitung der Fabrikräte – trotz Behinderungen durch die Industriellen und Konzernleitungen – so gut es ging, fortgesetzt wurde. (vgl. Cammett 1967:

111–113) Die Regierung Giolitti[31] griff anders als erwartet nicht sofort brutal ein, obwohl die Industriellen sie dazu drängten, sondern wartete zunächst ab. In der Zwischenzeit zögerten die Verantwortlichen der *PSI* und der Gewerkschaft *CGL*, den Konflikt eskalieren zu lassen und eventuell die Machtfrage im Staat zu stellen. Ein Treffen zwischen *PSI* und *CGL* am 4./5. September in Mailand brachte keine neue Initiative. Erst bei einem zweiten Treffen am 10./11. September 1920 wurde schließlich über die drei möglichen Optionen diskutiert: es entweder bei einem Streik der Metallarbeiter*innen zu belassen, die Ausweitung des Streiks auf andere Industriezweige zu betreiben und die Kontrolle über die Fabriken zu fordern oder offen einen Aufstand anzuzetteln und die Besitzverhältnisse in Frage zu stellen. Die erste Option hatte sich in der Vergangenheit ja als ineffektiv herausgestellt und so blieben nur die beiden anderen Möglichkeiten. Da niemand in der Parteiführung die Verantwortung für diese wichtige Entscheidung tragen wollte, bestand Egidio Gennari, Sekretär der *PSI*, darauf, dass die *CGL*, die Vertreter ihrer Mitglieder befragen sollte. Eine Mehrheit sprach sich gegen die Vergesellschaftung der Produktionsmittel, also gegen einen revolutionären Umsturz aus. (vgl. ebd.: 116–119) Mehrere Faktoren trugen schließlich zum Scheitern der Fabrikbesetzungen bei. Turin war zusammen mit Mailand der Ort, an dem die Arbeiter*innenbewegung in Italien am besten organisiert war. Eine Ausweitung der Besetzungen hätte die *PSI*, Gewerkschaften und sonstige Arbeiter*innenorganisationen schlecht vorbereitet getroffen, wobei dieser Umstand direkt auf die Politik und Haltung der *PSI* zurückzuführen ist, die sich nicht früh genug positionierte. (vgl. hierfür Fiori 1979: 120f)

Die *Fasci* («Fasci Italiani di Combattimento») gingen in diesen Jahren systematisch gewaltsam gegen die Arbeiter*innenbewegung vor, was von staatlicher Seite unter der Regierung Giolitti zumindest toleriert wurde. Mussolini, als Anführer der *Fasci*, machte keinen Hehl aus der faschistischen «Taktik», wie er in *Popolo d'Italia* zu verstehen gab: «Wir werden, solange es notwendig sein wird, die Schädel unserer Gegner in mehr oder minder delikater Weise mit Prügeln traktieren, bis

31 Giovanni Giolitti (1842–1928) war ein liberaler Politiker, der zwischen 1892 und 1921 immer wieder mit Unterbrechungen Ministerpräsident Italiens wurde und bis zur faschistischen Machtergreifung die prägende Figur der italienischen Politik zu Beginn des 20. Jahrhunderts war.

die Wahrheit sich in ihren Gehirnen einen Weg gebahnt haben wird.» (zit. nach Reichardt 2002: 146) Durch die gemeinsame Opposition gegen die Arbeitskämpfe und revolutionären Tendenzen in Teilen der italienischen Arbeiter*innenklasse entstand ein teils offenes, teils schweigendes Bündnis der Industriellen und des Bürgertums mit den *Fasci* um Mussolini, was die Verschiebung der Kräfteverhältnisse erst ermöglichte. Es folgte die Reaktion, die nach und nach zur faschistischen Herrschaft werden würde. Mit dem sogenannten Marsch auf Rom am 28. Oktober 1922 ergriffen die Faschisten symbolisch die Macht.

So folgten auf die «zwei roten Jahre», 1919 und 1920, die beiden «schwarzen Jahre», 1921 und 1922. Zweieinhalb Jahre waren vergangen, seitdem Gramsci im April 1920 geschrieben hatte: «Die aktuelle Phase des Klassenkampfs in Italien ist eine Phase, der entweder die Ergreifung der politischen Macht durch das Proletariat folgt […] oder eine furchtbare Reaktion der besitzenden Klasse und der regierenden Kaste.» (Fiori 1979: 147) *«Neither Gramsci nor any other Communist of the time thought that Fascism would seize power on its own – for that matter, neither did Giolitti, who continued to use Fascism as an annoying but convenient instrument for controlling the labor movement and its parties. But Gramsci by no means overlooked the possibility of a Fascist alliance with other groups in a reactionary coup d'etat. He had predicted a turn to reaction as early as the summer of 1920, and Leon Trotzky wrote in 1932 that none of the Italian Communists ‹except Gramsci› had seen the possibility of a Fascist dictatorship.» (Cammett 1967: 158f)*

2.4 Gründung der *Partito Comunista Italiano*

Mit der Gründung des *L'Ordine Nuovo* und der daraus entstehenden politischen und journalistischen Aktivität beginnt Gramsci neu über die Situation der internationalen und italienischen Arbeiter*innenklasse und in Italien nachzudenken. (vgl. Davidson 1977: 158ff) Die Oktoberrevolution und das Ende des Ersten Weltkrieges hatte den revolutionären Bewegungen Auftrieb gegeben, aber außerhalb der Sowjetunion keine Verstetigung gefunden. Mit dem *L'Ordine Nuovo* und der Fabrikrätebewegung hatten Gramsci und seine Mitstreiter*innen eine eigene Strategie ausprobiert und die Arbeiter*innen entlang ihrer Erfahrungen in der Fabrik organisiert. Das Scheitern der Fabrikrätebewegung, die mangelnde Kompromissbereitschaft der maximalistischen[32] *PSI* und der Gewerkschaft *CGL* fallen mit dem Aufstieg des Faschismus zusammen – strategisch durch das italienische Bürgertum begünstigt. Die Oktoberrevolution und die Gründung der III. bzw. Kommunistischen Internationalen 1919 setzten, die italienische *PSI*, genau wie die anderen europäischen sozialistischen Parteien, unter Druck: Einerseits den 21 Thesen des 2. Weltkongresses der III. Internationalen zuzustimmen und andererseits Reformisten in den eigenen Reihen auszuschließen. Das Verhältnis von *PSI* und der später aus ihr hervorgegangenen *PCI* ist durch das jeweilige Ziel der Mobilisierung der arbeitenden Massen und der Suche nach der richtigen praktischen und ideologischen Ausrichtung bestimmt. Die gegenseitige Abgrenzung und Uneinigkeit der beiden Parteien fallen zeitlich mit dem Aufstieg des Faschismus zusammen. Um die Situation der *PCI*, zu dessen Gründungsmitgliedern Gramsci gehörte und dessen Vorsitzender Gramsci 1924 wurde, nachvollziehen zu können, wird im Folgenden etwas näher auf die historischen Entwicklungen dieser linken Parteien und ihre Strategiewechsel im Laufe der Zeit eingegangen.

Die *PSI* war 1892 in Genua aus mehreren Vorgängerorganisationen gegründet worden und schloss in diesem Prozess die Anarchisten aus. Die *PSI* war nach ihrer Gründung sozialdemokratisch und untrennbar mit den Gewerkschaften bzw. dem Syndikalismus, der Strategie durch Streiks die Rechte der Arbeiter*innen in den Fabriken auszuweiten und letztlich unter ihre Kontrolle zu bringen, verbunden und daher als Partei nicht revolutionär ausgerichtet. 1912 wurde eine Gruppe, die sich für den Libyenkrieg aussprach und eine moderat-reformistische Parteilinie vertrat, aus der *PSI* ausgeschlossen, darunter Leonida Bissolati, Ivanoe Bonomi, Guido Podrecca und neun weitere Abgeordnete. Sie gründeten die *Partito Socialista Reformista Italiano* (*PSRI*), die bei den Wahlen 1913 und 1919 antrat. Nach der Oktoberrevolution 1918 hatten sich innerhalb der *PSI* kommunistische Kräfte, die die reformistische Ausrichtung der *PSI* ablehnten und deren wichtigstes Organ die 1918 von Bordiga gegründete Zeitung *Il Soviet* wurde, formiert. Bordiga wurde der Anführer der *Astensionistischen Fraktion* (ital. astensione = Enthaltung, Verzicht), die in einer radikal linken

32 s. S. 48

Partei, ohne Duldung abweichender Strömungen, das geeignetste Mittel der Revolution sah und die Beteiligung an Wahlen ablehnte.

So war die Partei im Wahljahr in mehrere Flügel geteilt. Die Reformisten um Filippo Turati und Claudio Treves beschränkten sich weitestgehend auf die parlamentarische Arbeit; die Maximalisten um Giacinto Serrati stellten nach den Wahlen 1919 die Mehrheit der Fraktion und traten insbesondere in der Person Serratis für die Einheit der *PSI* ein. Die Gruppe des *L'Ordine Nuovo*, die zum kommunistischen Flügel zählte, trat für die Erneuerung der Bewegung auf Grundlage der Fabrikräte ein. Die Astensionisten um Bordiga lehnten eine parlamentarische Strategie kategorisch ab und sprachen sich für eine kleine, aber schlagkräftige kommunistische Partei aus. Eine weitere Gruppe um Antonio Graziadei und Anselmo Marabini, die sich vor der Spaltung von Livorno von den Astensionisten abgrenzte, setzte sich für die Beteiligung der Maximalisten an einer zu gründenden kommunistischen Partei ein. So bestand der revolutionäre Flügel der *PSI* neben den «Ordinuovisti» eben aus der intransigenten Fraktion um Amadeo Bordiga. Die Spannungen innerhalb der *PSI* lassen sich in Grundzügen bereits in den Debatten über die Positionierung der Partei zum Ersten Weltkrieg und der Rolle Italiens erkennen. Der Zersetzungsprozess kulminierte schließlich in der Frage nach dem Beitritt zur *Kommunistischen Internationale* (*III. Internationale*) und der von Lenin als Bedingung ausgegebenen 21 Punkte. Lenin war davon überzeugt, dass die sozialistischen Parteien Europas ihre revolutionäre Aufgabe nur unter Ausschluss der Reformisten verfolgen konnten. Im Jahr 1921 schließlich, während des Parteitags von Livorno, spaltete sich die *Partito Comunista d'Italia* (*PCI*) unter Führung von Amadeo Bordiga und inklusive Gramsci, der Redaktion des *L'Ordine Nuovo* und Palmiro Togliatti ab. 1922 wiederum schloss die *PSI* die reformistische Strömung innerhalb der Partei in einem knappen Votum wegen des Vorwurfs der Kollaboration mit den bürgerlichen Parteien aus, darunter Filippo Turati, Claudio Treves und Camillo Prampolini. Daraufhin gründete Turati zusammen mit Giacomo Matteotti, Giuseppe Emanuele Modigliani und Claudio Treves die *Partito Socialista Unitario* (*PSU*).

Die 21 Thesen bzw. Bedingungen (vgl. Institut für Marxismus-Leninismus 1959) für die Aufnahme in die *Kommunistische In-*

ternationale, kurz: *Komintern*, zielten darauf ab, die revolutionären Kräfte außerhalb der Sowjetunion auf den revolutionären Kampf und Umsturz der damaligen bürgerlich-kapitalistischen Ordnung zu verpflichten und richteten sich insbesondere an die Parteien. Für die Länder Europas und Amerikas gingen die Bedingungen davon aus, dass der Klassenkampf in die Phase des Bürgerkrieges eintreten würde, was also einen revolutionären Zustand diagnostizierte (vgl. These 3 und 12). Die Bedingungen forderten rigoros und zeitnah, reformistische, zentristische und sozialdemokratische Strömungen und Parteien aus den Organisationen auszuschließen und zu bekämpfen (vgl. insbesondere Punkt 1,2, 7, 10 und 15). Sie legten den Demokratischen Zentralismus als Organisationsform fest (vgl. These 12) und definierten den Kongress der *Komintern* als oberstes Gremium der Arbeiter*innenbewegung, der eben auch diese Bedingungen formulierte (vgl. These 16). Tatsächlich fanden in der Geschichte der *Komintern* nur sieben Kongresse statt. Zudem wurde die normative Verfügungsgewalt de facto vom *Exekutivkommittee der Kommunistischen Internationalen* (*EKKI*) ausgeübt, das sich aus Vertreter*innen der nationalen kommunistischen Parteien zusammensetzte, aber von den sowjetischen Vertreter*innen dominiert wurde. Ferner mussten die Parteien, die der *Komintern* beitraten, den Bedingungen auf einem Parteitag zustimmen und sich umbenennen (vgl. These 17), im Fall der *PCI*, in *Kommunistische Partei Italiens, Sektion der III. Internationale*.

Zwar stimmte der Parteivorstand der *PSI* am 28. September 1920 den 21 Punkten zu, aber Serrati vertrat die Auffassung, dass diese Entscheidung nicht der Mehrheit innerhalb der *PSI* entsprach und wollte dementsprechend die Reformisten in der Partei halten. Dies hatte auch einen strategischen Hintergrund, da u.a. viele Vertreter*innen der *PSI* in den kommunalen Regierungen zu den Reformisten zählten. In der Folge stellte sich Serrati offen gegen Lenin, und das tat auch Gramsci, um die Einheit der *PSI* zu erreichen. Diese Politik führte allerdings zur Abspaltung der Maximalisten, einer rechten Strömung geführt von Serrati, von der linken Strömung unter Egidio Gennari und Nicola Bombacci und somit zur weiteren Schwächung der Partei. (vgl. Cammett 1967: 133f)

Auch Gramscis eigene Haltung zur *PSI* hatte sich, wie in seinen Artikeln in der *L'Ordine Nuovo* sichtbar wird, gewandelt. Nachvollziehbar wird das zum einen in der Haltung der auf das nördliche Industrieproletariat ausgerichteten *PSI* gegenüber dem agrarisch geprägten Mezzogiorno und zum anderen an den Konflikten während der Fabrikrätebewegung.

Den revolutionären Syndikalisten, die zwar eine Arbeiter*innenrevolution anstrebten, aber die Gewerkschaften und nicht die Partei als den Kern der Bewegung ansahen, widersprachen Bordiga und seinen Anhänger*innen und forderten die Unterordnung der Gewerkschaften unter die Führung der Partei. Die Fraktion des *L'Ordine Nuovo* um Gramsci wollte eine revolutionäre Partei, unterstützte aber die Gründung von Fabrikräten, die sich, unabhängig von den Gewerkschaften, in den Fabriken des Nordens selbstorganisierten, und, im Gegensatz zu den Astensionisten, für Wahlen als strategische Möglichkeit für die Belange der Arbeiter*innen eintraten. Diese Haltung des *L'Ordine Nuovo* entsprach durchaus der Linie Lenins und der III. Internationalen. Zur Bewegung der Fabrikräte und der Arbeit des *L'Ordine Nuovo* äußerte sich Lenin ausdrücklich positiv.

Die Kämpfe um die zukünftige Strategie der Arbeiter*innenklasse spitzte sich zwischen den reformistischen und den revolutionären Kräften innerhalb der *PSI* weiter zu, als im Oktober 1920 Vetreter*innen der kommunistischen Gruppen innerhalb der *PSI* in Mailand die kommunistische Fraktion innerhalb der *PSI* gründeten. Sie sprachen sich, ganz im Einklang mit den 21 Thesen, für den Ausschluss der Reformisten aus und verabschiedeten ein Manifest, das die Gründung der *Partito Comunista d'Italia* (*PCI*) forderte und bei einem weiteren Treffen in Imola am 18. November 1920 bestätigt wurde. Durch das Bekenntnis zur Kommunistischen Internationalen rückten die Asentionisti zumindest öffentlich von ihrer Ablehnung parlamentarischer Arbeit ab. Währenddessen wurde in Turin die lokale Ausgabe des *Avanti!* eingestellt und stattdessen wurde *L'Ordine Nuovo* zum 1. Januar 1921 die Parteizeitung der Turiner Sektion, die geschlossen in Imola teilgenommen hatte. (vgl. Cammett 1967: 136f; Fiori 1979: 132f) Innerhalb der neuformierten kommunistischen Fraktion war die Haltung zur PSI unterschiedlich. «Bordigas Anhänger wollten sich von ihr lösen, die Gramscigruppe sie von innen heraus erneuern.» (Fiori 1979: 133) Letztlich war es Bordiga, der die Führung bei der Gründung und dem Aufbau der PCI übernahm (vgl. Davidson 1977: 154) und daher auch die Abspaltung der Kommunist*innen von der *PSI* vorantrieb. Bordiga war damit wahrscheinlich näher an Lenins Position, der die Situation in Italien mit der Russlands kurz vor der Oktoberrevolution verglich und drängte auf den radikalen Ausschluss der Reformisten um Turati und den Rücktritt von Serrati und anderen von der Parteileitung. (vgl. Fiori 1979: 134)

Unter dem Eindruck dieser Spannungen fand am 15. Januar 1921 der 17. Parteikongress der *PSI* statt. Bereits vor dem Kongress hatten sich in der Partei fünf Fraktionen organisiert, die jeweils Vorschläge für die Ausrichtung der Partei planten.[33] Zwei Tage vor dem Kongress erschien in der *L'Ordine Nuovo* ein Artikel Gramscis, der die geschichtliche Bedeutung des Kongresses für Italien und die (internationale) Arbeiter*innenklasse heraushob. «Die Bourgeoisie hat das italienische Volk territorial vereinigt; die Arbeiterklasse hat die Aufgabe, das Werk der Bourgeoisie zu Ende zu bringen, sie hat die Aufgabe, das italienische Volk ökonomisch und geistig zu vereinen.» («*Il congresso di Livorno*», *L'Ordine Nuovo*, 13. Januar 1921, in: *Socialismo e Fascismo*, S. 40) Gramsci betonte die Solidarität zwischen den Klassen und die Absicht der Arbeiter*innenklasse, andere unterdrückte Klassen zu befreien. Es sei daher offensichtlich, dass diese Fragen, die die *PSI* quälen und dort entschieden werden, keine internen Probleme oder persönliche Konflikte zwischen Einzelpersonen seien, und er prophezeit, dass in Livorno ein neuer Abschnitt der italienischen Geschichte beginnen werde.

Bei den erwähnten fünf Fraktionen, die auf dem Parteitag über die Zukunft der Partei entschieden, handelte es sich außer den beiden kommunistischen Fraktionen der *Astensionisti* um Bordiga und der *L'Ordine Nuovo* erstens um die reformistische *Concentrazione Socialista*, angeführt von Turati, Treves und Modigliani, zweitens um die *Comunisti Unitari*, zu denen Serrati gehörte, und drittens um die Gruppe um Graziadei und Marabini. Die *Concentrazione Soicalista* um Turati setzte sich für die Koexistenz verschiedener Strömungen innerhalb der *PSI* ein und befürwortete gleichzeitig den Beitritt der *PSI* zur *Kommunistischen Internationale*. Turati hatte in Genua 1892 die *Partito dei Lavoratori Italiani*, die 1895 zur *PSI* wurde, mitgegründet und verfolgte eine reformistische Politik, die über parlamentarische, gewerkschaftliche und Bildungsarbeit die Situation der Arbeiter*innen verbessern wollte. Die Fraktion mit dem größten Rückhalt innerhalb der *PSI* waren die *Comunisti*

33 Ein guter Bericht über den Ablauf des Kongresses und die Redebeitrage findet sich bei Cammett. 141–155.

Unitari. Sie unterstützten die *Kommunistische Internationale*, Serrati, ihr Anführer, fürchtete aber den Ausschluss der Reformisten und eine damit einhergehende Schwächung der Partei. Die Gruppe um Graziadei-Marabini schließlich, die den beiden kommunistischen Fraktionen *Astensionisti* und *L'Ordine Nuovo* inhaltlich nahestand, aber eine Spaltung für verfrüht hielten, bemühte sich zu zeigen, dass die Unterschiede zwischen den beiden kommunistischen Fraktionen und den *Comunisti Unitari* um Serrati geringer waren als es tatsächlich der Fall war.

Die Abstimmung über die Anträge ergab am Ende das folgende Bild: Von insgesamt 172487 Stimmen entfielen 98028 Stimmen auf die maximalistische *Comunisti Unitari*, für die Kommunistische Fraktion, inklusive der Gruppe Graziadei-Marabini sowie um Gennari, stimmten 58783 und die reformistische *Concentrazione Socialista* bekam 14783 Stimmen. (vgl. ebd.: S. 39, FN1)

Am nächsten Tag, dem 21. Januar 1921, erklärte Bordiga, dass sich die Mehrheit des Kongresses außerhalb der III. Internationale positioniert habe, worauf der Auszug der Kommunisten folgte, um sich im Theater Goldoni als *Partito Comunista d'Italia* (*Sezione della III. Internazionale Comunista*) zu gründen. Nach der Gründung wurde deutlich, dass nicht nur die Art des Bruchs den Stempel Bordigas trug, sondern auch die Zusammensetzung der gerade geschaffenen Partei. Sowohl das Exekutivkomitee, hier war Terracini die Ausnahme, als auch das Zentralkomitee waren überwiegend von Kommunisten aus der Gruppe von *Il Soviet* besetzt. Gramscis Aufnahme ins Zentralkomitee ging eine längere Debatte voran, in der er u.a. an seine vermeintliche Unterstützung für Italiens Kriegseintritt 1914 erinnert wurde, was aber sicher auch als Reaktion auf seine Kritik an der Abspaltungsstrategie zu verstehen ist. (vgl. Fiori 1979: 136) Die Parteizentrale entstand in Mailand, wo auch die neue offizielle Parteizeitung *Il Comunista* erscheinen sollte. Die Turiner Kommunisten, *L'Ordine Nuovo* und Gramsci waren nach dem Kongress von Livorno in dieser ersten Zeit der Partei marginalisiert und Gramsci ordnete sich der Führung Bordigas unter.

Wenn man aus heutiger Sicht die Spaltung von Livorno mit dem Wissen betrachtet, dass im darauffolgenden Jahr die Faschisten zunächst die parlamentarische Mehrheit erreichten und nach dem Marsch auf Rom die Macht in Italien ergriffen, so erscheinen die Machtkämpfe und strategischen Überlegungen von kommunistischen und sozialistischen Kräften zweitrangig. Die Gefahr, die von den Faschisten ausging, wurde allerdings keineswegs unterschätzt, zumal viele der Delegierten selbst bereits faschistische Gewalt erfahren hatten. Dennoch schwächten sich die für die organisierte Arbeiter*innenschaft zentralen linken Parteien durch die Kämpfe und Spaltung langfristig. Die Kommunist*innen schlossen sich in der *PCI* zusammen, um den Umbau der italienischen Gesellschaft nach sowjetischen Vorbild vorantreiben zu können und in der Hoffnung, die Massen für die kommunistischen Ideen gewinnen zu können. Diese Strategie gründete sich auf die Annahme, dass Italien sich in einer revolutionären Situation befand, die einer radikalen Politik bedurfte und die Arbeiter*innenklasse daher von einer einigen und revolutionären Partei angeführt werden musste. (vgl. Cammett 1967: 152–155)

2.5 Der italienische Faschismus

Mussolini hatte nach seinem Ausschluss aus der *PSI* 1914 die Zeitung *Il Popolo d'Italia* gegründet, mit kriegsfreundlicher, militaristischer und irridentistischer Ausrichtung, d.h. mit dem Ziel, Italien Territorien zuzuschlagen, die außerhalb des Staatsgebiets lagen (darunter Dalmatien bzw. Fiume). Im gleichen Jahr gründete er die militante Gruppierung *Fasci Autonomi d'Azione Rivoluzionaria*[34] mit dem Ziel, die Kriegsteilnahme Italiens herbeizuführen. Kurz darauf schloss sie sich mit dem ähnlich gesinnten *Fascio Rivoluzionario d'Azione Internazionalista* zusammen. Als formale Geburtsstunde des Faschismus gilt allerdings der 23. März 1919 als Mussolini die Gründung der *Fasci Italiani di Combattimento* in Mailand formal inszenierte und ein Programm vorstellte. Abgesehen vom «nationalrevolutionären Sozialismus» (vgl. Schieder 2010: 17), den Mussolini mit *Il Popolo d'Italia* verbreitete, trat die faschistische Bewegung allerdings mit einem ideologisch nur schwer einzuordnenden Programm an. Die in Mailand vorgestellten programmatischen Erklärun-

34 Der Begriff «fascio» leitet sich vom italienischen «faces» (Bündel) ab und bezeichnet ein Rutenbündel, das zusammen mit einer in ihr steckenden Axt von Leibwächtern (Liktoren) hoher ertruskischer und römischer Amtsträger bei öffentlichen Anlässen zu Zwecken der Machtdemonstration über der Schulter getragen wurde. Die Symbolik schließt bewußt an das Römische Reich und seine Militärtradition an.

gen wurden von 54 Anwesenden unterschrieben und gründeten den ersten «Fascio». Unter diesen Erklärungen findet sich ein breites Spektrum durchaus widersprüchlicher Positionen, die sich teilweise als radikal-demokratisch oder populistisch-sozialistisch oder aber als pazifistisch, nationalistisch oder als dem Freihandel zugewandt verstehen lassen. (Mantelli 2008: 33f) In der frühen Phase der faschistischen Bewegung bestand ihre Anhängerschaft vor allem aus ehemaligen Gewerkschaftlern, futuristischen Künstlern und Intellektuellen, linksgerichteten Interventionisten und ehemaligen Arditi[35].

In den darauffolgenden Monaten gründeten sich in norditalienischen Städten bald weitere *Fasci* nach Mailänder Vorbild, so dass zum Jahresende 1919 insgesamt 31 *Fasci* existierten. Die Faschisten traten im November 1919 auch zu den ersten Nachkriegswahlen an, die für sie allerdings enttäuschend verliefen. (vgl. Schieder 2010: 19) Die Faschisten intervenierten in der Folge in die heftigen Auseinandersetzungen zwischen Landarbeitern und Pächtern auf der einen Seite und Großgrundbesitzern auf der anderen Seite. Sie bildeten mit ihren Schlägertrupps auf Seiten der Großgrundbesitzer eine Art Agrarfront gegen die Sozialisten, die nach dem Krieg damit begonnen hatten, die Landarbeiter zu organisieren und zu vertreten.[36] Neben gezielten gewalttätigen Angriffen gegen sozialistische Organisationen wie der Landarbeiterligen und Ortsgruppen der *PSI* verfolgten sie dabei außerdem die Strategie, die zuvor Bedrohten und Verprügelten zum Mitmachen in den *Fasci* zu bewegen.

Gramsci erlebte die Anfänge des italienischen Faschismus zuerst aus unmittelbarer Nähe; dann, während seiner späteren Aufenthalte in Moskau und Wien, aus der Distanz. Nach seiner Rückkehr nach Italien 1924 entwickelte er sich durch sein publizistisches Wirken und als Parteifunktionär zu einem wichtigen intellektuellen Gegenspieler des Faschismus. Wie in anderen europäischen Staaten verursachte der Erste Weltkrieg bzw. dessen Ende auch in Italien eine ökonomische und politische Krise, die

35 Als Arditi (von ardito, ital. = kühn, mutig) werden sowohl Einheiten und ihre Mitglieder, die im Ersten Weltkrieg als Stoßtrupps auf italienischer Seite gekämpft haben, bezeichnet als auch die Freischärler, die 1919 den Politiker und Schriftsteller Gabriele D'Annunzio bei der Besetzung der Stadt Fiume unterstützten.

36 Vergleiche hierzu einordnend Gramscis Einschätzung von 1921 in: «I due fascismi», L'Ordine Nuovo, 25. August 1921, in: Socialismo e Fascismo, S. 297–299.

die bestehende Ordnung ins Wanken brachte. Ab 1919 schreibt Gramsci, insbesondere in *L'Ordine Nuovo* und im *Avanti!* Immer wieder über die Krise des liberalen Staates in Italien. Die damaligen Arbeitskämpfe müssen in diesem Kontext gesehen werden und die Fabrikrätebewegung war ein Versuch, eine grundlegende Änderung der Verhältnisse, eine Revolution letztlich, herbeizuführen. Mit dem Ende der Fabrikbesetzungen im September 1921, der Intensivierung der faschistischen Gewalt und spätestens nach dem Marsch auf Rom werden Gramscis Analysen komplexer. Neben der Notwendigkeit einer moralisch-kulturellen Erneuerung als Basis der revolutionären Bestrebungen der Arbeiter*innenklasse und Fragen der strategischen Ausrichtung der Partei(en) sind die Krise des liberalen Staates und die daraus folgenden politischen Aufgaben die bestimmenden Themen von Gramscis politischen Schriften:

«In his earlier writings Gramsci gave priority to the self-formation by the proletariat of its own state based on the mixture of socialism and philosophical idealism that informed his thinking at this time. Later, in height of the defeat of the workers' struggles and the success of Fascism, he began to develop a theory of the party based on a closer examination of civil society in western capitalist states. This combined strategic and theoretical shift is fundamental to the ideas in his Prison Notebooks.» (Martin 1998: 13)

Wie Gramsci später in den Gefängnisheften thematisiert, bestand die Krise des «liberalen» Italiens in dem historischen Umstand, dass das italienische Bürgertum nach der Einheit 1861 bzw. nach dem «Risorgimento»[37] keinen tatsächlich liberalen Staat verwirklichte und die Einigung Italiens damit unabgeschlossen blieb. Die Industrialisierung blieb weitestgehend auf den Norden beschränkt, während der Süden, der sogenannte Mezzogiorno, klassenstrukturell bäuerlich und politisch traditionell blieb. Als Sarde und Süditaliener sowie als Journalist und kommunistischer Politiker waren Gramsci diese strukturellen Bedingungen sehr bewusst und demnach ist die Frage des Südens auch in all seinen Schaffensphasen präsent.

37 Risorgimento (von risorgere wieder auferstehen, wieder aufblühen) leitet sich von der durch Camillo Benso Graf von Cavour und Cesare Balbo 1847 in Turin gegründeten national-liberalen Zeitschrift *Il Risorgimento* ab, die sich in aufklärerischer Absicht für die Gründung eines italienischen Einheitsstaats einsetzte.

Die politische Kultur und das Regieren im Königreich Italien (1861–1946) direkt vor der faschistischen Machtübernahme war von der zentristischen Politik des liberalen Giovanni Giolittis geprägt, die auf Allianzen baute, auch mit der Führung der *PSI* unter Felipe Turati, aber darauf bedacht war, die extreme Linke und Rechte zu isolieren. Die Politik dieser Jahre, insbesondere die Giolittis, wurde daher auch von Gramsci als «trasformismo» bzw. als «passive Revolution» bezeichnet. «Trasformismo certainly entrenched, if it did not create, the disparity between the political and economic development of northern and southern Italy.» (Morgan 2004: 14f). Allerdings verhinderten Giolitti und die Liberalen den Aufstieg der Faschisten nicht, sondern kooperierten sogar mit Mussolini. Initial wahrscheinlich hauptsächlich, um gegen die wachsende Unterstützung für die *PSI* vorzugehen. (vgl. ebd.: 56) Bei der Parlamentswahl 1919 – der ersten landesweiten Wahl nach dem Krieg – galt in Italien das erste Mal das allgemeine Wahlrecht, allerdings nur für Männer, und es wurde u.a. das Verhältniswahlrecht eingeführt. Die Wahlrechtsreform trug neben den sozialen Folgen der Industrialisierung und des Kriegsendes sowie der zunehmenden Organisation der Arbeiter*innen zu einem deutlichen Wahlsieg der *PSI* bei, die auf 32,28% kam und somit die meisten Stimmen bekam. Zweite Siegerin der Wahlen war die *Partito Popolare Italiano* (*PPI*) von Luigi Sturzo. Der aus mehreren Parteien bestehende liberale Block verlor die absolute Mehrheit und damit verschwanden die automatischen liberalen Mehrheiten im Parlament, was eine völlig neue politische Situation hervorbrachte, da ab diesem Moment klassenübergreifende Koalitionen zum Regieren notwendig wurden. Die *PSI* nahm dabei eine sogenannte maximalistische Position ein: Da das mittel- und langfristige Ziel der Partei der Umsturz der bürgerlichen Ordnung und ihrer Institutionen war, lehnte die *PSI* eine parlamentarische Beteiligung an der bürgerlichen Herrschaft ab und stimmte grundsätzlich gegen Regierungsprojekte. Obwohl es eine nicht geringfügige reformistische Gruppe innerhalb der *PSI* gab, schätzungsweise 60 von 156 Abgeordneten (vgl. Morgan 2004: 33), die diese maximalistische Politik nicht befürwortete, weichte die *PSI* diese Haltung erst 1922 und nach der Abspaltung der *PCI* auf, zu deren Gründungsmitgliedern ja Gramsci gehörte.

Die italienische Wirtschaft wurde durch die Teilnahme am Krieg neu organisiert. Die kriegsrelevanten öffentlichen Aufträge sorgten für ein Wachstum der Stahl-, Chemie- und Automobilbranche. Die damit einhergehende öffentliche Verschuldung zu Gunsten der Kriegsproduktion sorgte für eine massive Inflation, so dass sich die Preise zwischen 1913 und 1918 vervierfachten. (vgl.: Mantelli 2008: 20f) Ab 1917 verschärften sich die sozialen Konflikte, was sich in hunderten von Streiks ausdrückte und den agrarischen Süden ebenso betraf wie den industriellen Norden Italiens. (vgl. ebd.: 23f).

Nach der Gründung des italienischen Einheitsstaates 1861 als konstitutionelle Monarchie, dessen Verfassung im Übrigen bis 1946 formal in Kraft bleiben sollte, wurde Italien zwar bürgerlich regiert, allerdings in einem autokratisch-bürokratischen Stil, in dem die Verwaltungsaufgaben gegenüber der demokratischen Willensbildung Vorrang eingeräumt wurden. Dazu passt auch, dass die Gründung von politischen Parteien erst spät und zwar Ende des 19. Jahrhunderts bzw. Anfang des 20. Jahrhunderts erfolgte, so dass man auch von «Parlamentarismus ohne Parteien» (Schieder 2010: 13) spricht. Nach dem «Risorgimento» wurden 1876 die Konservativen, die sogenannte historische Rechte in der Nachfolge von Cavour, von den Liberalen, der sogenannten historischen Linken, unter Führung von Agostino Depretis und Francesco Crispi, an der Macht abgelöst. Dessen Finanzminister Giovanni Giolitti war später bis zur Etablierung des faschistischen Regimes die zentrale (liberale) Figur Italiens. (vgl. dazu Feldbauer 2008: 54–58) Die liberalen politischen Kräfte, die die sogenannte nationale Einigung Italiens während des Risorgimento getragen hatten, sahen sich einer doppelten Opposition, einerseits der Arbeiterschaft und den Landarbeiter*innen und andererseits der konservativen Strömung der Katholiken, gegenüber, was sich auch bei der Wahl 1919 zeigte: die Sozialisten (*PSI*) konnten 156 Sitze erzielen, während die neu gegründete *Katholische Volkspartei* (*PPI*) 99 Sitze und die verschiedenen liberalen Parteien insgesamt 179 Sitze erhielten. (vgl. Mantelli 2008: 30)

Der Marsch auf Rom im Oktober 1922 oder vielmehr die Ernennung Benito Mussolinis zum Ministerpräsidenten durch König Vittorio Emanuele III. markiert den Beginn der graduellen Etablierung des Faschismus als Regime, das sich erst nach der Matteotti-Krise und mit der Rede Mussolinis am 3. Januar 1925 komplett vom Anschein der Legalität löste und sich selbst als totalitäre Herrschaft definierte.

Der Erfolg des Marsches wurde von der Führungsschwäche der politischen Eliten, dem Zögern des Ministerpräsidenten Luigi Facta und der Weigerung des Königs, mit seiner Unterschrift den Einsatz der Armee zu erlauben, begünstigt bzw. erst möglich gemacht. «Die Euphorie des konservativen Umsturzes erfasste einen großen Teil der Mittelschicht», schreibt Mantelli (2008: 47) und erklärt, weshalb die Faschisten auch in den Städten bald unterstützt wurden. «Hier bot sich ihr eine ausgezeichnete Gelegenheit, ihr existenzielles Unbehagen, ihre antikapitalistische Einstellung, die Angst vor dem sozialen Abstieg, die tiefsitzende Ordnungssucht und die Feindseligkeit gegenüber den Arbeitern auszuleben.» Später, in den Gefängnisheften, entwickelt Gramsci den Begriff der passiven Revolution, also eines Umbruchs, der sich langsam vollzieht und in diesem Sinne passiv ist, sowie des Caesarismus als Begriff für die Strategie Mussolinis und der Faschisten, also eines autoritären Politikstils, durch den Mussolini als großer Vermittler zwischen dem revolutionärem Umsturz der Arbeiter*innenklasse und dem ungezügelten Liberalismus der besitzenden Klasse auftritt, selbstverständlich entgegen den Interessen der proletarischen und bäuerlichen Mehrheit der damaligen Gesellschaft.

In Gramscis Artikeln der 1920er-Jahre spiegelt sich auch die Entwicklung des italienischen Faschismus wider. In der Zeit der offenen Gewalt während der roten Jahre gegen die Arbeiter*innenklasse durch die *Fasci* ordnet er das Aufkommen dieser reaktionären Kräfte im Kontext der Nachkriegszeit ein. Er beschreibt die Situation als einen fortgesetzten Krieg, in dem die Arbeiter*innenklasse ihre eigene Kleinbürgerlichkeit nicht überwunden habe und daher ihre historische Rolle im Kampf gegen den internationalen Kapitalismus nicht erfülle. Für die Kommunisten sei die Reaktion unter der Führung Giolittis nichts Neues, so Gramsci, weil sie sie seit dem Krieg vorhergesehen haben. Der italienische Staat verbündet sich in dieser Phase mit den Faschisten gegen die Arbeiter*innen und ihre Institutionen bzw. präsentiert sich als passiver Rechtsstaat:

«Faschismus ist die Illegalität der kapitalistischen Gewalt: die Wiederherstellung des Staates ist die Legalisierung dieser Gewalt: es ist ein bekanntes historisches Gesetz, dass die Bräuche vor dem Recht kommen. Der italienische Faschismus setzte L'Avanti! in Mailand und Rom in Brand, er zündete Il Prole-

tario di Pola und Il Lavoratore di Trieste an, und kein Faschist wurde bestraft: Der wiederhergestellte Staat wird nicht länger Feuer legen, er wird ‹legal› auslöschen. Der Faschismus hat sozialistische Arbeiterkammern und Rathäuser angegriffen: Der wiederhergestellte Staat wird ‹legal› die Arbeiterkammern und Rathäuser auflösen, die sozialistisch bleiben wollen.» («Cos'è la reazione?», Avanti!, 20 November 1920, in: L'Ordine Nuovo, S. 366; übers. JB)

Die Faschisten übernahmen, in Gramscis Darstellung, die Ausübung der Gewalt, da der liberale Staat in seiner zersetzenden Krise unfähig oder nicht bereit dazu war, selbst eine Ordnung aufrechtzuerhalten und durchzusetzen. Der Nationalismus und Imperialismus des Bürgertums, dem die Kommunisten nach der Oktoberrevolution einen internationalistischen Kampf zur Überwindung des Kapitalismus und der bürgerlichen Herrschaft entgegenstellten, und das Interesse des Bürgertums, den Staat und die Besitzverhältnisse aufrechtzuerhalten, wurden von den Faschisten strategisch genutzt. Gramsci spricht daher auch in dieser Phase vom «Stato giolittiano-fascista» und prophezeite, dass dieser Zustand nur in einer «neuen Barbarei, neuem Chaos, neuer Anarchie und neuen Reaktion resultieren kann». (vgl. «La forza dello Stato», *Avanti!*, 11. Dezember 1920, in: *Sul Fascismo*, S. 94)[38] Die Verstrickung von bürgerlichem Staat und Faschismus betrachtet Gramsci in dieser Phase als Fortführung des defizilen autokratischen Parlamentarismus und der staatlichen Krise. Das auf Geltung und Beteiligung an der Herrschaft bedachte Kleinbürgertum, habe sich im korrupten Verwaltungsapparat festgesetzt und gerate durch seine staatstragende Rolle zwischen besitzendem Bürgertum und revolutionärem Proletariat selbst in die Krise – und wende sich dem Faschismus zu. Gramsci vergleicht das Kleinbürgertum, das sich aus Selbstüberschätzung und Überlegenheitsgefühl vom parlamentarischen System ab- und gegen die Arbeiter*innenklasse wende, polemisch mit der Bande verantwortungsloser Affen (Bandar

38 Diese Artikel von Ende 1920 entstanden unter dem Eindruck der Aktionen der seit 1919 agierenden bewaffneten Milizen, die sich nach dem Ende des 1. Weltkrieges gebildet hatten und unter der Führung von D'Annunzio in Missachtung internationaler Verträge die Region Fiume an der Adria besetzten. Der von D'Annunzio ausgerufene Staat wurde erst nach dem Vertrag von Rapallo und dem blutigen Eingreifen der italienischen Armee zwischen dem 24. und 30. Dezember 1920 eigenständig, allerdings schon 1924 durch die Faschisten Italien zugeschlagen.

Log) aus Kiplings Dschungelbuch[39] und erklärt, wie er den Zusammenhang zwischen der irridentistischen Bewegung in Fiume, den Zielen der Arbeiter*innenklasse und Bauernschaft und dem Faschismus sieht:

«Das Abenteuer von Fiume ist der emotionale Grund und der praktische Mechanismus dieser systematischen Organisation, aber es ist sofort klar, dass die solide Basis der Organisation die direkte Verteidigung des industriellen und landwirtschaftlichen Eigentums vor den Angriffen der revolutionären Klasse der Arbeiter und armen Bauern ist. Dieses Vorgehen der Kleinbourgeoisie, die offiziell zum ‹Faschismus› geworden ist, ist nicht ohne Folgen für die Zusammensetzung des Staates.» («Il popolo delle scimmie», L'Ordine Nuovo, 2. Januar 1921, in: Socialismo e Fascismo, S. 9–12; übers. JB)

Deutlich benennt Gramsci hier die Defizite des parlamentarischen Systems und dass in ihm große Teile der Bevölkerung bzw. ihre Interessen keine Repräsentation finden, was den Faschismus und die Destabilisierung des ohnehin fragilen Staatsgefüges erst ermögliche. Noch drastischer hatte Gramsci den Zustand des italienischen Parlamentarismus ein halbes Jahr zuvor skizziert und die Regierung scharf angegriffen:

«Die parlamentarische Demokratie verliert ihre Unterstützungsbasis, das Land kann nicht verfassungsmäßig regiert werden, es gibt keine parlamentarische Mehrheit, die in der Lage ist, eine starke und lebendige öffentliche Verwaltung zum Ausdruck zu bringen, d.h. mit der Zustimmung der ‹öffentlichen Meinung›, mit der Zustimmung ‹des Landes›, d.h. der Mittelschichten.» («Giolitti al potere», L'Ordine Nuovo, 12. Juni 1920, in: Sul fascismo: S. 81; übers. JB)

Der Artikel entstand anlässlich der Rückkehr Giolittis an die Macht als Ministerpräsident, was Gramsci als Zeichen des Verfalls der italienischen Gesellschaft und der politischen Elite deutet. (vgl. ebd. S. 84) Gramsci wirft Giolitti, aber auch seinem Vorgänger Nitti vor, plutokratisch zu regieren und die Ungleichheit im Land, zum Nachteil der mittleren Klassen, zu verstärken. Gramsci diagnostiziert dem Kleinbürgertum, das sich vom Ausgang des Ersten Weltkriegs Wohlstand, Freiheit, materielle Sicherheit und die Befriedigung der nationalen Ei-

39 Für die Bedeutung von Kipling für Gramsci (auch im Zusammenhang mit der berühmten Wendung «Optimismus des Willens, Pessimismus des Verstandes») siehe: Zunino 1988.

telkeit erhofft habe, dass es alles verloren habe (vgl. ebd. S. 82) und daher Zerstörung und das nächste Chaos unterstützte. Das Proletariat strebe, so Gramsci, nach einer Fortführung des Erreichten durch die Vergemeinschaftung und Erweiterung der Produktionsmittel, um die eigene und die anderen unterdrückten Klassen zu befreien. (vgl. ebd. S. 84) Während Gramscis Analyse des Kleinbürgertums bzw. der mittleren Schichten gut zwei Jahre vor dem Marsch auf Rom den Nährboden des Faschismus anschaulich macht, wird hier auch deutlich, dass die Arbeiter*innenbewegung, ihre Parteien und Vertreter*innen daran scheiterten, in dieser Phase den Verfall des Systems nach dem Ersten Weltkrieg zu nutzen. Die hier durchscheinenden autokratischen Elemente der zerbröselnden «liberalen» Ordnung, Zentralisierung politischer Macht in der Hände weniger, klassenübergreifendes nationales Begehren und strukturelle Umverteilung von Reichtum von unten nach oben, machten den Faschismus möglich. Die politische und wirtschaftliche Schwächung der mittleren Schichten, die bei Gramsci als Kleinbürgertum identifiziert werden, ist dabei zentral, denn sie spricht der italienische Faschismus mit einer Mischung aus rebellischer, revanchistischer Rhetorik an, die sich gegen die alten Eliten richtet, und einem nationalistischen Ordnungs- und Sicherheitsversprechen, das diesen gesellschaftlichen Schichten ideologisch einen Ort anbiete:

«Der Faschismus hat sich als die Antipartei präsentiert, er hat die Türen für alle Kandidaten geöffnet, er hat einer unsortierten Masse Platz gemacht, um den wilden Überfluss an Leidenschaften, Hass und Begierden mit einer Schicht vager und nebulöser politischer Idealvorstellungen zu überdecken. Der Faschismus ist somit zu einer Gewohnheit geworden, er hat sich mit der antisozialen Psychologie einiger Schichten des italienischen Volkes gleichgemacht, die noch nicht durch eine neue Tradition, durch die Schule, durch das Zusammenleben in einem gut geordneten und verwalteten Staat verändert wurde.» («Forze Elementari», L'Ordine Nuovo, 26. April 1921, in: Socialismo e Fascismo, S. 150; übers. JB)

Der Faschismus, indem er an die Anti-Establishment-Stimmung und die emotionalen Bedürfnisse der Menschen anknüpft, erreicht durch seine sonst schwer fassbare Positionierung, dass er einerseits als neue Kraft wahrgenommen wird. Andererseits führt Gramsci das Vorhandensein von Anknüpfungspunkten an

dieses Antisoziale und «Wilde» auf ein Versagen der Institutionen und die grundsätzliche Rückständigkeit Italiens zurück:
«Der Faschismus ist Ausdruck der tiefen Zersetzung der italienischen Gesellschaft, die mit nichts anderem als mit der tiefen Zersetzung des Staates einhergehen konnte und heute nur mit dem niedrigen Zivilisationsniveau erklärt werden kann, das die italienische Nation in diesen sechzig Jahren der Einheitsverwaltung erreichen konnte.» («Forze elementari», L'Ordine Nuovo, 26. April 1921, in: Socialismo e Fascismo, S. 150; übers. JB)

Die Anknüpfungspunkte der Faschisten in der Gesellschaft greifen gemäß Gramscis Diagnose Anfang der 1920er-Jahre mit einer Reihe von Bedingungen ineinander, die die systematische Repression erst ermöglichen. Dazu zählt er insbesondere, dass die Verbrechen der Faschisten polizeilich und juristisch nicht verfolgt werden, also von Beamten und durch das passive Gewaltmonopol des Staates gedeckt werden. Passend dazu haben sich die Faschisten intern nach militärischen Prinzipien organisiert und besitzen, so schreibt Gramsci, «über das ganze Staatsgebiet verstreut, Waffen- und Munitionsvorräte in einer solchen Menge, dass sie mindestens ausreichen, um eine Armee von einer halben Million Mann zu bilden» («Socialisti e fascisti», L'Ordine Nuovo, 11 Juni 1921, in: Socialismo e Fascismo, S. 186; übers. JB). Einen Monat später nennt Gramsci in «Aufstand des Volkes» in bitterem Ton konkrete Zahlen der Opfer des Faschismus für das Jahr 1920 sowie das laufende Jahr:
«In den 365 Tagen des Jahres 1920 fanden 2500 Italiener (Männer, Frauen, Alte, Kinder) auf den Straßen und Plätzen durch das Blei der öffentlichen Sicherheit und des Faschismus ihren Tod. In den letzten 200 Tagen dieses barbarischen 1921 wurden etwa 1500 Italiener durch Blei, durch den Dolch, durch die eiserne Keule des Faschisten getötet, etwa 40000 freie Bürger des demokratischen Italiens wurden geschlagen, verkrüppelt, verwundet; etwa 20000 weitere sehr freie Bürger des ach so demokratischen Italiens wurden durch regelmäßige Bekanntmachungen ins Exil geschickt oder gezwungen, unter Drohungen von ihren Arbeitsstätten zu fliehen und ohne Schutz, ohne Arbeit, ohne Familie durch das Staatsgebiet zu wandern; etwa 300 durch allgemeine Wahlen gewählte Gemeindeverwaltungen wurden zum Rücktritt gezwungen.» («Insurrezione di popolo, «L'Ordine Nuovo», 23. Juli 1921, in: «Socialismo e Fascismo», S. 248; übers. JB)

Nach dem Marsch auf Rom und die Übernahme der Regierung durch die Faschisten kritisiert Gramsci immer wieder die *PSI* und benennt ihre Versäumnisse.[40] In den Jahren nach 1919, als sich sowohl auf dem Land, insbesondere im Süden Italiens, als auch in den industrialisierten Städten, Menschen zum Protest gegen die großen Agrarbetriebe organisierten, habe sich die *PSI* weder entschieden hinter die Bewegungen gestellt und noch einen politschen Nutzen daraus gezogen. Dabei seien 1919 etwa sechzig Prozent ihrer Mitglieder Bauern und Bäuerinnen gewesen.[41] In einem Leserbrief, in dem Gramsci unter dem Pseudonym «Giovanni Masci», das er während der Zeit in Wien benutzte, auf eine Diskussion von zwei jungen Genossen reagiert, formuliert er eine Reihe von Fragen, um die Debatte über die aktuelle Situation anzuregen und als eine Form intellektueller Selbstkritik.[42] Darin fragt er unter anderem, warum die italienischen Arbeiter*innenparteien schon immer unter revolutionären Gesichtspunkten schwach gewesen seien, warum die *PCI* in den Jahren 1921/22 nach ihrer Gründung die Arbeiter*innen und Bäuer*innen nicht in sich versammeln konnte. Er führt die Führungsschwäche und Richtungslosigkeit der proletarischen Bewegung auf einen Mangel an ideologischer Arbeit sowie politischer Analyse zurück und attestiert eine grundlegende Konzeptlosigkeit: «Leider... wir haben das Konzept nicht, und das ist der Grund für all diese theoretischen Fehler, die sich in der Praxis widerspiegeln und uns bis jetzt zur Niederlage und faschistischen Unterdrückung geführt haben.» (ebd. S. 84; übers. JB)

In einer Rede vor dem Zentralkomitee im August 1924 gibt Gramsci eine Einschätzung der politischen Lage in Bezug auf den Faschismus (nach der Matteotti-Krise, s. S. 57f). Vor den Genossen macht er deutlich, dass seiner Einschätzung für die Partei und die organisierte Arbeiter*innenklasse das mittelbare Ziel nicht die Eroberung der Macht sein könne, sondern dass es um den Kampf gegen rechts und den Faschismus gehen müsse. Er schlägt dafür außerdem die Strategie vor, sich gegen jede

40 Vergleiche zum Beispiel: «Il problema di Milano», L'Unità, 21. Februar 1924, in: La Costruzione del Partito Comunista, S. 7–10).

41 Vergleiche «Le origini del gabinetto Mussolini», La Correspondance Internationale, 20. November 1922, in: Socialismo e Fascismo, S. 528–530.

42 Vergleiche: «Che fare?», La voce della gioventù, 1. November 1923, in: Sul fascismo, S. 83–84)

Kollaboration der (anderen) oppositionellen Kräfte mit den Faschisten zu stellen:
«Wie sollten die politische Haltung und die Taktik unserer Partei in der gegenwärtigen Situation aussehen? Die Situation ist ‹demokratisch›, weil die breiten arbeitenden Massen im allgemeinen Volk unorganisiert, zerstreut, pulverisiert sind. Wie auch immer der unmittelbare Verlauf der Krise aussehen mag, wir können daher nur mit einer Verbesserung der politischen Position der Arbeiterklasse rechnen, nicht aber mit einem siegreichen Kampf um die Macht. Die wesentliche Aufgabe unserer Partei besteht in der Eroberung der Mehrheit der Arbeiterklasse, die Phase, die wir durchlaufen, ist nicht die des direkten Kampfes um die Macht, sondern eine Vorbereitungsphase, des Übergangs im Kampf um die Macht, eine Phase der Agitation, Propaganda, Organisation. Das schließt natürlich nicht aus, dass es zu blutigen Kämpfen kommen kann und dass unsere Partei sich nicht plötzlich darauf vorbereiten und bereit sein muss, sich ihnen zu stellen, ganz im Gegenteil: Aber diese Kämpfe müssen auch im Rahmen der Übergangsphase gesehen werden, als Elemente der Propaganda und Agitation für die Eroberung der Mehrheit. Wenn es in unserer Partei Gruppen und Tendenzen gibt, die die Situation durch Fanatismus erzwingen wollen, muss im Namen der ganzen Partei, der überlebenswichtigen und dauerhaften Interessen der proletarischen Revolution Italiens, gegen sie gekämpft werden. Die Matteotti-Krise hat uns in dieser Hinsicht viele Lektionen gelehrt. Sie hat uns gelehrt, dass die Massen nach drei Jahren des Terrors und der Unterdrückung sehr vorsichtig geworden sind und nicht über ihre Möglichkeiten hinaus wollen. Diese Vorsicht nennt man Reformismus, man nennt sie Maximalismus, man nennt sie ‹Oppositionsblock›. Sie ist dazu vorherbestimmt zu verschwinden, gewiss und sogar in nicht allzu langer Zeit: aber in der Zwischenzeit existiert sie und kann nur überwunden werden, wenn wir bei jeder Gelegenheit, in jedem Augenblick, während wir voranschreiten, nicht den Kontakt zur Gesamtheit der Arbeiterklasse verlieren. Wir müssen also gegen jede rechte Tendenz kämpfen, die einen Kompromiss mit der Opposition will, die versucht, die revolutionären Entwicklungen unserer Taktik und die Vorbereitungsarbeit für die nächste Phase zu behindern.» («La crisi italiana, relazione al Comitato centrale del PCI», 13./14. August 1924, in: La Costruzione del Partito Comunista, S. 33–34; übers. JB)

Wie auch in dem oben zitierten Artikel appelliert Gramsci in seinen weiteren Texten einerseits daran, die systematische Macht, mit der die Gewalt der Faschisten abgesichert ist, zu begreifen und nicht zu unterschätzen. Dafür geht er immer wieder auf die Verstrickung der bürokratischen und polizeilichen Staatsapparate mit dem Regime ein. Gleichzeitig beharrt Gramsci darauf, dass die Faschisten und die sympathisierende Mittelschicht keine eigenständige ökonomische Klasse darstellen, wie es in der marxistischen Theorie die produktionsmittelbesitzende Klasse und die Arbeiter*innenklasse seien, also auch keine revolutionäre Bewegung sein können. Und andererseits ist Gramsci versucht, die oppositionellen Gruppen gegen den Faschismus als Block zu denken, aber ohne dabei einen reformistischen Kompromiss anzustreben und ohne dabei die mittel- bis langfristigen revolutionären Ziele der Arbeiter*innenklasse aufzugeben.

Die Entwicklung des Faschismus und der politischen Verhältnisse seit dem Beginn der Reaktion 1920 reflektierend, schreibt Gramsci vor den am 6. April 1924 anstehenden Wahlen:

«Eine linke Regierung hätte den Faschismus durch einfache Gerichte liquidieren müssen, um die Unterstützung des Volkes zu gewinnen: es war außerdem bekannt, dass die Polizeipräsidien, Präfekturen, Staatsanwaltschaften das gesamte für diese zukünftige Strafverfolgung notwendige Material sammelten und archivierten, sobald der Faschismus nach dem polizeilichen Verständnis des ehrenwehrten Giolitti sich wie die revolutionäre Bewegung nach der Besetzung der Fabriken erschöpft hätte. Es ist die natürlichste und am leichtesten vorhersehbare Sache dieser Welt, dass eine Bewegung wie die faschistische, die keine Wurzeln in der Wirtschaft hat, die das organisierte Ergebnis eines gesellschaftlichen Zerfalls ist, sich nur durch individuelle Gewalt und systematischen Terrorismus behauptet.» («L'Elezioni», L'Ordine Nuovo 1. März 1924, in: Sul Fascismo, S. 101; übers. JB)

Die Wahlen, die in einer Atmosphäre der Angst und Einschüchterung durchgeführt wurden, gewannen die Faschisten mit 63,78%, unter anderem mit Hilfe von Wahlfälschungen. Dabei kam das am 18. November 1923 verabschiedete Acerbo-Gesetz zur Anwendung. Es sah vor, dass der stimmenstärksten Partei, sofern sie über 25% der Stimmen auf sich vereint, zwei Drittel der Mandate zufallen sollten. Der Abgeordnete und Vorsitzende der *PSU*, Giacomo Matteotti, hielt in der zweiten Sitzung am 30. Mai 1924 des neugewählten Parlaments eine couragierte Rede, in der er die Fälschungen und Manipulationen benannte und öffentlich die Gültigkeit der Wahlen anfocht. Matteotti war bewusst, dass er nach seiner Rede in Lebensgefahr schwebte. Es ist überliefert, dass er danach zu Parteifreunden sagte: «Jetzt könnt ihr meine Totenrede vorbereiten.» Diese Einschätzung sollte sich schon bald leider als prophetisch erweisen: Am 10. Juni 1924 wurde Matteotti auf offener Straße von Faschisten entführt und ermordet. Seine Leiche wurde erst zwei Monate später am Rande von Rom gefunden. Matteottis Verschwinden und Tod, nachdem er durch seine Rede im Parlament höchst offiziell die Gewalttaten aufgezählt und die Illegitimität der Regierung angeprangert hatte, wird heute in der Geschichtsschreibung gerne als Kipppunkt zwischen der Scheinlegalität der faschistischen Herrschaft davor und dem offen totalitären Vorgehen der Faschisten nach 1924 angesehen. Zwar kann der Verlauf zwischen diesen beiden Polen als gradueller angesehen werden, aber unbestreitbar führte die sogenannte Matteotti-Krise zu einer Polarisierung. In Reaktion auf sein Verschwinden und die Wahlen zogen 150 Abgeordnete, darunter Abgeordnete der *PPI*, *PSI* und der *PCI* in Protest aus dem Parlament und auf den Aventin, dem südlichsten der sieben Hügel Roms, in Anlehnung an den politischen Kampf der Plebejer im antiken Rom. Sie erklärten, dass sie allein die legitimen Repräsentanten seien und setzten sich zum Ziel, den Faschismus zu bekämpfen. (vgl. Morgan 2004: 91–95) Das eigentliche Parlament löste sich allerdings nicht auf und die Schaffung eines Gegenparlamentes erreichte nicht die erhoffte Wirkung der Mobilisierung einer Opposition.

Die monatelange nationale und interne Krise des Faschismus, die der öffentliche Mord an Matteotti ausgelöst hatte, endete schließlich zu Beginn des Jahres 1925. Mit seiner Rede am 3. Januar 1925 übernahm Mussolini die persönliche Verantwortung für alle Handlungen seit Beginn seiner Regierung, also auch die Ermordung Matteottis. Mit diesem Bekenntnis zur Illegalität untermauerte er auch innerhalb der Partei seinen Führungsanspruch. Das Resultat der Matteotti-Krise war eine Verstetigung der faschistischen Herrschaft und die offene Bekämpfung nicht nur, wie zuvor, der politisch-organisatorischen Strukturen der Arbeiter*innen, sondern auch der bürgerlich-liberalen Strukturen, inklusive des Parlamentarismus und der Justiz.

In seiner einzigen Rede[43] vor der Abgeordnetenkammer bezieht Gramsci Stellung gegenüber dem «Gesetz über die Geheimorganisationen», das sich vordergründig gegen das Freimaurertum richtet. Er stellt fest, dass die Freimaurer, die bürgerliche Interessen vertreten, bereits in Massen zu den Faschisten übergelaufen sind und sich das neue Gesetz vor allem gegen die Organisationen der Arbeiter*innenklasse und die *PCI* richtet. (vgl. ebd.: 75) Gramsci geht dabei wiederholt auf den Umstand ein, dass die Faschisten den Süden zugunsten des Nordens ausbeuten und damit die Politik der bürgerlichen Parteien gegenüber dem Mezzogiorno fortsetzen. (vgl. ebd.: 79) Gramsci spricht die gewaltsame Repression der Faschisten an und Mussolini wirft dazwischen, dass Bordiga gewaltsame Aktionen ebenfalls in einem Artikel gerechtfertigt habe. Daraufhin macht Gramsci deutlich, wie sich die Gewalt der Faschisten von der Gewalt einer unterdrückten Klasse unterscheidet.

«Wir sind sicher, die Mehrheit der Bevölkerung zu vertreten, die wesentlichsten Interessen der Mehrheit des italienischen Volkes zu vertreten; daher ist die proletarische Gewalt progressiv und kann nicht systematisch sein. Ihre Gewalt ist systematisch und in systematischer Weise willkürlich, weil Sie eine zum Verschwinden bestimmte Minderheit vertreten. Wir müssen der arbeitenden Bevölkerung mitteilen, was Ihre Regierung ist, wie sich Ihre Regierung verhält, um sie gegen Sie zu organisieren, um sie in die Lage zu versetzen, gegen Sie zu siegen.» (ebd.: 81f; übers. JB)

Gramsci greift die Faschisten offen an und seine Rede wird immer wieder durch Zwischenrufe der Faschisten unterbrochen. Mussolini widerspricht dabei Gramscis Analyse, dass es sich beim Faschismus nicht um eine revolutionäre Bewegung handle, weil sie nicht eine neue gesellschaftliche Klasse organisiert habe und repräsentiere, sondern nur das verwaltende Staatspersonal ausgetauscht habe, mit dem Zwischenruf: «Von einer Klasse zur anderen, wie es in Russland gekommen ist, wie es normalerweise bei allen Revolutionen kommt, wie wir methodisch tun.» (ebd.: S.: 80) Gramsci schließt seine Rede kämpferisch. «Die revolutionäre Bewegung wird den Faschismus besiegen.» (ebd.: 292; übers. JB)

43 «Origini e scopi della legge sulle associazioni segrete», Rede vor der Abgeordnetenkammer anlässlich des «Gesetzes über die Geheimorganisationen» vom 16. Mai 1925; L'Unità, 23. Mai 1925, in: La Costruzione del Partito Comunista, S. 75–85.

In den Jahren, die auf die Rückkehr nach Italien folgten, nach 1924 und vor seiner Verhaftung 1926, arbeitete Gramsci an einer Neuausrichtung der *PCI*. Auf dem III. Parteikongress, der aufgrund der Kriminalisierung durch die Faschisten zwischen dem 23.–26. Januar 1926 in Lyon stattfand, verabschiedete die *PCI* schließlich eine neue Linie. Bekannt geworden als die Thesen von Lyon, sind sie maßgeblich von Gramsci entworfen worden und beinhalten eine Reihe von expliziten Korrekturen gegenüber der Parteilinie, wie sie unter der Führung von Bordiga ausgegeben worden war. In seiner diesen Thesen vorangestellten Rede kritisiert Gramsci daher die Taktik der Partei, von der «Ultralinken» geführt, in Bezug auf das Verhältnis von Arbeiter*innen und Bäuer*innen sowie das Verhältnis der Partei als Institution zur Arbeiter*innenklasse und den Fraktionismus der vorangegangen Jahre. Die Strategie der Partei in den Jahren seit dem Faschismus sieht Gramsci rückblickend als fehlgeleitet an:

«Als der Faschismus in Italien aufkam und sich entwickelte – als was musste man ihn ansehen? War er nur ein Kampfinstrument der Bourgeoisie oder war er auch eine soziale Bewegung? Die Ultralinke, die damals die Partei führte, betrachtete ihn nur unter dem ersten Aspekt und dieser Fehler hatte zur Folge, dass es nicht gelang, den Vormarsch des Faschismus aufzuhalten, was vielleicht möglich gewesen wäre. Keine politische Aktion wurde durchgeführt, um zu verhindern, dass der Faschismus an die Macht gelangte. Die Parteileitung von damals beging einen Fehler zu denken, dass sich die Situation zwischen 1921–1922 in die Länge ziehen und festigen könnte und dass die Machtergreifung einer Militärdiktatur weder zwingend notwendig noch möglich wäre.» (zit. nach Galli 1958: 152; übers. JB)

Dieser neue Progammentwurf wird mit einer Mehrheit von 90,8% angenommen. Gramsci wird als Vorsitzender der Partei bestätigt und bildet daraufhin zusammen mit Togliatti, Scoccimarro, Camilla Ravera, Ravazzoli u.a. das Exekutivkommittee der Partei. In Bezug auf den Faschismus enthalten die Thesen von Lyon, die von Gramsci und Togliatti für den Kongress ausgearbeitet wurden, unter anderem diese Interpretation:

«Der Faschismus, als eine Bewegung bewaffneter Reaktion, die darauf abzielt, die Arbeiterklasse zu zersetzen und zu desorganisieren, um sie bewegungsunfähig zu machen, ist Teil der traditionellen Politik der italienischen herrschenden Klassen

und steht im Kampf des Kapitalismus gegen die Arbeiterklasse. Er wird daher in seinem Ursprung, in seiner Organisation und in seinem Weg von allen alten herrschenden Gruppen unterschiedslos bevorzugt, besonders aber von den Landbesitzern, die sich durch den Druck der ländlichen Massen am meisten bedroht fühlen.

Gesellschaftlich findet der Faschismus jedoch seine Basis im städtischen Kleinbürgertum und in einer neuen Agrarbourgeoisie, die aus einer Transformation des ländlichen Eigentums in einigen Regionen hervorgegangen ist (Phänomene des Agrarkapitalismus in der Emilia, Entstehung einer Kategorie von ländlichen Vermittlern, ‹Landbörsen›, neue Landaufteilungen). Dieser Fakt ist die Tatsache, dass eine ideologische und organisatorische Einheit gefunden wurde, die über die militärischen Formationen die Tradition des Krieges (Arditismus) wiederbelebt und die dem Guerillakrieg gegen die Arbeiter dient und es dem Faschismus erlaubt, eine zur Eroberung des Staates in Opposition zu den alten herrschenden Klassen zu konzipieren und umzusetzen.

Es ist absurd, von Revolution zu sprechen. Die neuen Energien, die sich um den Faschismus scharen, schöpfen jedoch aus ihrem Ursprung eine Homogenität und eine gemeinsame Mentalität des ‹anbrechenden Kapitalismus›. Dies erklärt, wie der Kampf gegen die Politiker der Vergangenheit möglich ist und wie sie ihn mit einer ideologischen Konstruktion rechtfertigen können, die im Gegensatz zu den traditionellen Theorien über den Staat und seine Beziehungen zu den Bürgern steht.

Im Wesentlichen ändert der Faschismus das Programm der Erhaltung und der Reaktion ab, das die italienische Politik seit jeher beherrscht, nur um eine Art und Weise, den Prozess der Vereinigung der reaktionären Kräfte zu konzipieren. Sie ersetzt die Taktik der Abkommen und Kompromisse durch die Aussicht, eine organische Einheit aller Kräfte der Bourgeoisie in einem einzigen politischen Organ unter der Kontrolle eines einzigen Zentrums zu erreichen, das die Partei, die Regierung und den Staat gemeinsam leiten soll. Dieses Ziel stimmt mit dem Willen überein, jedem revolutionären Angriff zu widerstehen, der es dem Faschismus ermöglicht, die Zustimmung jener Teile der Industrie- und Agrarbourgeoisie zu versammeln, die am reaktionärsten sind.» («La situazione italiana e i compiti del PCI», in: La Costruzione del partito comunista, S. 495)

Mit den Thesen von Lyon bekennt sich die *PCI* einerseits zur Linie der *Komintern*. Andererseits interpretiert er die Taktik der Einheitsfront für die konkrete Situation in Italien und entwirft Leitlinien, die sich sowohl gegen die reformistischen Teile der Opposition und gegen den Faschismus abgrenzen als auch eine klare Bündnispolitik mit den nicht-kapitalistischen Klassen als Strategie ausgibt. Allerdings war es Gramsci nicht mehr möglich, die neue Ausrichtung der Partei weiter auszuformen. Er wurde noch im gleichen Jahr verhaftet.

2.6 Führung der Partei und das Verhältnis zur Komintern (1924–1926)

Auf dem dritten Kongress der III. Internationale bzw. der Kommunistischen Internationale im Juni und Juli 1921 wurde die Strategie der Einheitsfront beschlossen und im Dezember des gleichen Jahres schriftlich ausformuliert. Die Losung der Einheitsfront sah eine strategische und inhaltliche Kollaboration der kommunistischen Parteien mit den jeweiligen sozialistischen bzw. sozialdemokratischen Parteien gegen die bürgerlichen und kapitalistischen Parteien der jeweiligen Länder vor. In Italien richtete sich dies auch gegen die faschistischen Kräfte. Auf dem nachfolgenden Plenum des *Exekutivkommittees der Komintern*, an dem 104 Abgeordnete von 36 Parteien teilnahmen, stellten sich die französischen, spanischen und italienischen Abgesandten, letztere vertreten durch Terracini, zwar gegen die Strategie der Einheitsfront. Dennoch wurde diese schließlich mit 46 zu 10 Stimmen verabschiedet. Kurz darauf, im März 1922, fand der zweite Parteitag der noch jungen *PCI* in Rom statt, den Bordiga nutzte, um sich mit den sogenannten Thesen von Rom klar gegen die Taktik der Einheitsfront des *EKKI* zu positionieren.

Bordiga und Terracini gehen in diesen Thesen davon aus, dass die Beziehung der Partei und der Massen zueinander von den «objektiven Bedingungen einer Situation» abhängen und lehnen daher die Taktik der Annäherung und das Werben um die Massen, wie es die Taktik der Einheitsfront durch Allianzen mit den reformistischen Kräften vorsieht, durch die kommunistische Partei ab. Im Gegenteil würde das taktische Positionieren und Anpassen an die Situation die eigentliche Funktion der Partei untergraben. (vgl. Cammett 1967: 160f; Davidson 1977:

177) Gramsci, der seit dem Scheitern der Fabrikrätebewegung und der Spaltung von Livorno innerhalb der Partei marginalisiert war, stimmte den Thesen auf dem Kongress grundsätzlich zu – ob aus Überzeugung oder aus Loyalität zur Parteiführung ist dabei nicht abschließend geklärt. Er vertrat dort die Position, dass die Anwendung der Einheitsfront innerhalb der Arbeiter*innenklasse Sinn ergebe, aber in der italienischen Situation eine Rückkehr zu den alten sozialistischen Ambivalenzen darstelle. «Dieses Urteil über Bordigas Thesen war hinlänglich reserviert, um Gramsci die Wertschätzung der *Komintern* einzubringen und auch noch hinlänglich wohlwollend gegenüber Bordigas Position, um sich diesen nicht zum Feind zu machen.» (Fiori 1979: 143). Gramsci erreichte zudem, dass die Thesen von Rom nicht als Beschluss, sondern als Diskussionsgrundlage präsentiert wurden. (vgl. Cammett 1967: 161f; Davidson 1977: 178–180) Erst später, ab Ende 1923, revidierte Gramsci seine Position bezüglich der Thesen von Rom öffentlich.

Auf dem 2. Kongress der *PCI* im März 1922, an dem auch der *Komintern* Sekretär Jules Humbert-Droz als Vertreter des *EKKI* teilnahmen, wird Gramsci als neuer italienischer Abgesandter für das *EKKI* in Moskau bestimmt. Die Nominierung Gramscis als Nachfolger Terracinis in Moskau ist zugleich mit seiner differenzierenden Haltung im sich abzeichnenden Konflikt in Bezug auf die Taktik der Einheitsfront und Bordigas Ablehnung dieser zu erklären. Wie bereits oben erläutert, hatte Lenin die Kritik Gramscis und der Redaktion des *L'Ordine Nuovo* an der *PSI* und der Ausrichtung der Partei 1920, noch vor der Abspaltung der *PCI*, als grundsätzlich richtig bezeichnet. (vgl. Davidson 1977: 135; 141) Angeblich wurde Gramsci zuvor, im Herbst 1921, sogar von einem Vertreter der *Komintern* dazu ermutigt dem *EKKI* mit dem Ziel beizutreten, Bordiga an der Spitze der *PCI* abzulösen, worauf Gramsci wohl ablehnend reagiert habe. (vgl. Cammett 1967: 163)

Im Mai 1922 reiste Gramsci Richtung Moskau, wo er am 2. Juni 1922 ankam und bis zum 3. Dezember 1923 blieb. Er wohnte dort im Hotel Lux, das als Gästehaus der *Komintern* fungierte und wo damals viele der internationalen Emigranten untergebracht wurden.[44] Als Gramsci in Moskau ankam,

44 Für eine detaillierte Rekonstruktion von Gramscis Aktivitäten in Moskau, insbesondere die Entwicklung seiner Beziehungen mit Eugenia und Giulia Schucht, siehe: Righi, Maria Luisa (2011) Gramsci a Mos-

machten sich die Anstrengungen und psychischen Belastungen der letzten Jahre bemerkbar. Nachdem er am zweiten Plenum des *EKKI* im Juni 1922 teilgenommen hatte, «riet ihm Grigori Sinowjew, der damalige Vorsitzende der *Komintern*, sich eine Zeitlang im Sanatorium *Serebranyi Bor* (‹Silberwald›) außerhalb Moskaus pflegen zu lassen» (Fiori 1979: 144). Der Aufenthalt in Silberwald war für Gramscis Leben bedeutend, denn er lernte dort zunächst Eugenia Schucht und bald darauf Giulia Schucht, seine spätere Frau und Mutter seiner beiden Kinder, kennen.

Gramsci hat graduell und früher als seine Zeitgenossen Gefahr und Charakter des faschistischen Regimes verstanden. Dadurch stimmte er nicht automatisch der von der *Komintern* geforderten Taktik der Einheitsfront zu, aber verfolgte eine Strategie, die eine auf möglichst breite Unterstützung der *PCI* zielte, über Klassen und Fraktionen hinweg. Erst spät kritisierte er Bordiga wegen der Ausrichtung der *PCI* und die *Komintern* für die Art und Weise ihres Umgangs mit Trotzki und den anderen «Abweichlern».

In den gleichen Jahren (1923–1926), in denen sich die Herrschaft der Faschisten konsolidierte, die Gewalt gegen die oppositionellen Kräfte, allen voran gegen die Kommunisten und Sozialisten, zunahm und die Zustimmung zu Bordigas Kurs immer mehr schwand, fällt auch der Führungs- und Richtungswechsel innerhalb der *Kommunistischen Partei der Sowjetunion* (*KPdSU*) und somit auch im Exekutivkomitee der *Komintern*. Der Aufenthalt in Moskau entfernte Gramsci noch weiter von Bordigas Linie, soweit es die Ausrichtung der italienischen Partei betraf. Er achtete in diesen Jahren darauf, jeweils formal und offiziell seine Zustimmung gegenüber der *Komintern* und der *PCI*-Führung aufrechtzuerhalten. Gleichzeitig aber versuchte er durch Kritik, Differenzierung und Überzeugungsarbeit bei den Genossen*innen eine Änderung der Politik zu erreichen, die auf dem Parteitag von Lyon in ein Programm mündete. Wie die Artikel aus den Jahren 1922 bis 1926 und die belegten internen Auseinandersetzungen zeigen, lassen sich eine Reihe von Verschiebungen in Gramscis Denken nachvollziehen: über die Rolle der Partei und ihre Strategie sowie über den Faschismus und die richtige Form der Opposition. In diese Zeit fallen sowohl seine

---

ca tra amori e politica (1922–1923), in: L'edizione Nazionale e gli Studi Gramsciani, 52, 4, S. 1001–1038.

Aufenthalte in Moskau sowie seine Rückkehr nach Rom 1924 und die vollkommene Faschisierung des Staates in den Jahren 1925 und 1926. Die Repressionen und Inhaftierungswellen, die insbesondere auf Repräsentanten der Arbeiter*innenbewegung zielten, schwächten die *PCI* massiv, was einen Umbau in der Führung der *PCI* nötig machte, nachdem auch Bordiga und Tasca 1923 verhaftet worden waren.

Gramsci hielt sich nach seiner Arbeit für das *EKKI* in Moskau zwischen November 1923 und Mai 1924 daher zunächst in Wien auf, da eine Rückkehr nach Italien wahrscheinlich zu gefährlich erschien und um aus größerer Nähe die Ereignisse in Italien verfolgen und die internen Parteiangelegenheiten mitgestalten zu können. Gramsci positionierte sich nun klar gegen den Kurs der Gruppe um Bordiga, die inzwischen nicht mehr die Mehrheit in der Partei hinter sich hatte:

«Der Partei fehlte eine organische Agitations- und Propagandaaktivität, die unsere ganze Aufmerksamkeit hätte haben müssen und die Bedingungen dafür geschaffen hätte, wirkliche Spezialisten auf diesem Gebiet heranwachsen zu lassen. Es wurde nicht versucht, bei den Massen bei jeder Gelegenheit die Möglichkeit entstehen zu lassen, sich im gleichen Sinne wie die Kommunistische Partei auszudrücken. Jedes Ereignis, jede Veranstaltung lokaler, nationaler oder weltweiter Art hätte dazu dienen sollen, die bei den Massen durch die kommunistischen Zellen, durch Anträge auf Abstimmungen, durch die Verbreitung von Flugzetteln Stimmung zu erzeugen. Dies war kein Zufall. Die Kommunistische Partei war sogar gegen die Bildung von Fabrikzellen. Jede Beteiligung der Massen an der Tätigkeit und am Innenleben der Partei, die nicht die der großen Anlässe war und einer formalen Steuerung des Zentrums folgte, wurde als Gefahr für die Einheit und Zentralisierung angesehen. Sie wurde nicht als Ergebnis eines dialektischen Prozesses konzipiert, in dem die spontane Bewegung der revolutionären Massen und der organisatorische und lenkende Wille des Zentrums zusammenlaufen, sondern nur als etwas, das nur in der Luft lebt, das sich in sich selbst und für sich selbst entwickelt und das die Massen erreichen wird, wenn die Situation günstig ist und der Kamm der revolutionären Welle seinen Höhepunkt erreicht oder wenn das Zentrum der Partei meint, eine Offensive beginnen und sich zu den Massen herablassen zu müssen, um sie anzusprechen und zur Tat zu bringen. Da die Dinge natürlich

nicht so ablaufen, haben sie sich ohne das Wissen der Zentrale Stellen opportunistischer Infektion gebildet. Und diese hatten ihr Spiegelbild in der parlamentarischen Fraktion und in einer organischeren Form, in der Minderheit.[45]

Noch während seines Aufenthalts in Moskau hatte Gramsci ein neues Zeitungsprojekt geplant, das in die Partei hineinwirken sollte. Das Projekt einer neuen linken Zeitung, die von den Kommunisten, die aus der *PSI* ausgeschlossen wurden, getragen werden sollte, aber auch die anderen demokratischen Kräfte in Italien mit einbezog, initiierte Gramsci mit einem Brief aus Moskau an das Exekutivkommittee der *PCI*:

«Ich dehne als Titel ‹Einheit› schlicht und einfach aus, für die Arbeiter wird er eine Bedeutung haben und er wird eine allgemeinere Bedeutung haben, weil ich glaube, dass wir nach der Entscheidung der Exekutivkomitees über die Regierung der Arbeiter und Bauern vor allem der Südfrage Bedeutung beimessen müssen, d.h. der Frage, in der das Problem der Beziehungen zwischen Arbeitern und Bauern sich nicht nur als ein Problem der Klassenverhältnisse, sondern auch und vor allem als ein territoriales Problem stellt, d.h. als einer der Aspekte der nationalen Frage.» («Lettera inedita per la fondazione dell'Unità», Gramsci an das Exekutivkomitee der PCI, 23. September 1923, zitiert nach: Lussana, Fiamma (2002), L'Unità. 1924–1939, S. 26; übers. JB)

Die Stoßrichtung und Positionierung der Zeitung ist bereits im Titel *L'Unità* enthalten, insofern sie die Bündelung der progressiven Kräfte zum Ziel hatte sowie programmatisch die Spaltung und Beziehung zwischen dem industriellen Norden und bäuerlichen Süden Italiens aufgreift. Die Überwindung dieses räumlichen Gegensatzes sieht Gramsci als Bedingung für den Erfolg einer Partei, die sich an die breite Masse der Bevölkerung richtet, folglich darauf zielt, dem Faschismus eine breite Opposition entgegenzusetzen und, wie oben zitiert, ein nationales Problem lösen zu können. (vgl. Lussana 2002: 27–29) Als Gramsci den Brief schreibt, steht die Mehrheit der *PCI* noch hinter Bordiga und seiner Konzeption einer kompakten, avantgardistischen Partei, die den Faschismus vorrangig als Spielart (gewaltsamer) bürgerlicher Herrschaft zu Gunsten des Kapitals

45 Brief von Gramsci an Togliatti vom 9. Februar 1924, zitiert nach: Togliatti, Palmiro (1962) «La formazione del gruppo dirigente del PCI nel 1923–24», S. 195; übers. JB

betrachtet und dem Konzept einer Massenpartei hingegen ablehnend gegenübersteht. Bordiga lehnte die (Massen-)Organisation der *PCI* auf Grundlage von im Betrieb verwurzelten Gruppen – wie von Gramsci auch nach dem Ende der Fabrikrätebewegung weiter befürwortet – aus dem Grund ab, da Bordiga dieses Vorgehen als Reproduktion der kapitalistischen Gesellschaftsstruktur bewertete.

Wie Gramsci die Partei und ihre Führung in dieser Phase denkt, ist auch aus einem Artikel, den Gramsci anlässlich Lenins Todestages schreibt, zu entnehmen.[46] Darin reflektiert er über die Figur des Anführers – und kommt dabei auch auf Mussolini zu sprechen. Das Wichtigste an Anführern («capi») sei nicht die Personifizierung der Führung und des Kommandos, sondern ihre Beziehung zur Partei der Arbeiter*innenklasse und welche Beziehungen zwischen der Partei und der Arbeiter*innenklasse bestehen. (vgl. 208) Lenin sei es in Russland gelungen, das Proletariat nicht nur zur physisch dominanten Klasse zu machen, sondern auch zur geistig führenden, was eine komplette Neuordnung der Gesellschaft – von der Fabrik bis zur Regierung – geschaffen habe. Mussolini dagegen habe die Regierung erobert, erhalte sie allerdings nur durch gewaltsame Repression und Willkür aufrecht. (vgl. ebd., 212) In diesem Vergleich steckt einerseits die Botschaft, dass der Faschismus das strukturell schwächere System sei, weil es nicht umfassend führen und ideologisch zu vermitteln wisse, und dass es dadurch einen Unterschied in der Qualität zwischen einer wahren Revolution wie in Russland und einem totalitären System wie in Italien gebe. Es sei das demokratische Element, das eine Revolution ausmache: «Die Diktatur des Proletariats ist expansiv, nicht repressiv. Es findet eine kontinuierliche Bewegung von unten nach oben statt, eine kontinuierliche Veränderung durch alle sozialen Kapillare, eine kontinuierliche Zirkulation von Menschen.» (ebd.: 212; übers. JB)

Die Annahme der weiter oben angesprochenen und von Lenin formulierten 21 Bedingungen für die Aufnahme in die *Kommunistische Internationale* bedeuteten für die *PCI* bzw. für die *PSI* sowie für die anderen revolutionär-orientierten Parteien, sich als Teil des Demokratischen Zentralismus der Führung der *Komintern* unterzuordnen und auf den revolutionären Umsturz des kapitalistischen Systems hinzuarbeiten. Allerdings zeichnete

46 «‹Capo›«, L'Ordine Nuovo, 1. März 1924, in: Costruzione del Partito Comunista, S. 12–16.

sich schon zu Beginn der 1920er–Jahre kein schneller kommunistischer Sieg in den westlichen Ländern ab; spätestens mit der blutigen Niederschlagung des «Deutschen Oktobers» 1923. Innerhalb der russischen Kommunistischen Partei kam es nach dem Beginn von Lenins schwerer Krankheit Ende 1922 und dessen Tod im Januar 1924 zum Kampf um die politische Macht. Ab dem Frühjahr 1924 übernahmen Josef Stalin, Lew Kamenew und Grigori Sinowjew die Führung der Partei, während sich Leo Trotzki und seine Anhänger in der innerparteilichen Opposition wiederfanden. Ihr schlossen sich 1926 Sinowjew und Kamenew an, die sich nach Lenins Tod für die Ablösung Stalins und das Befolgen von «Lenins Testament», in dem vor Stalin gewarnt wurde, einsetzten. Alle drei wurden 1927 aus der *KPdSU* ausgeschlossen.

1925 legte Gramsci vor dem Exekutivkommittee der *PCI* einige Überlegungen zur aktuellen politischen Situation in Italien dar, kurz bevor er zum erweiterten *Exekutivkomitee der Komintern* nach Moskau aufbrach.[47] Er geht dabei neben der gewerkschaftlichen Situation und der «Trotzki-Frage» auch auf die Rolle des Aventin ein. Gramsci beschreibt den Aventin, also das Gegenparlament des breiten Bündnisses der nicht-faschistischen Parteien, als zersetzt. Außerdem kritisiert er, dass die Oppositionsparteien auf das Einschreiten des Königs gehofft haben und dass sie durch ihre Inaktivität keine Glaubwürdigkeit bei der Bevölkerung haben. Er fügt hinzu:

«Zusammenfassend können wir sagen, dass diese letzte Zeitperiode den Wert hatte, zu einer größeren Klärung der politischen Lage und der politischen Einstellungen zu führen: Heute stehen wir vor der Bildung der konservativen Partei, die Mussolini erlaubt, an der Macht zu bleiben, vor der Bildung eines liberalen Zentrums, das alle konstitutionellen Kräfte der Opposition versammelt, vor einer Linken, die von unserer Partei vertreten wird. Alle anderen Gruppen verlieren nach und nach jede Bedeutung: sie verschwinden und sie sind dazu bestimmt, zu verschwinden.»[48]

Sehr deutlich wird Gramsci hier, wenn er über den Richtungskampf innerhalb der *KPdSU*, beziehungsweise der Kritik

47 «Relazione al comitato centrale», Dopo il discorso del 3 gennaio, 6. Februar 1925, in: Costruzione del Partito Comunista, S. 467–474; übers. JB.

48 «Relazione al comitato centrale», Dopo il discorso del 3 gennaio, 6. Februar 1925, in: Costruzione del Partito Comunista, S. 469 ; übers. JB.

Trotzkis an der Parteiführung um Stalin spricht. Dabei vergleicht er die Situation mit jener Bordigas in der *PCI*:

«Aus der Trotzki-Frage sollten wir schließlich Lehren für unsere Partei ableiten. Trotzki befand sich vor den letzten Maßnahmen in der Position, die Bordiga aktuell in unserer Partei innehat: Er hatte eine rein symbolische Rolle im Zentralkomitee. Seine Position stellt die eines tendenziellen Fraktionismus dar, so wie Bordiga eine objektive fraktionalistische Position in unserer Partei vertritt.» (ebd.: 474; übers. JB)

Gramsci begründet seine Kritik des Fraktionismus mit der Unruhe und dem Misstrauen gegenüber der Führung bei den Arbeiter*innen. Dies löse Kämpfe innerhalb der Parteien bei den Arbeiter*innen aus, was Gramsci als desaströs beschreibt. (vgl. ebd. 277–278) Eine ähnliche Argumentation liegt seinem späteren Brief an das *Zentralkommittee der Komintern* zu Grunde, in dem er einerseits den Umgang mit der innerparteilichen Opposition (Trotzki, Sinowjew, Kamenow) kritisiert und andererseits die Einheit innerhalb der Partei als Notwendigkeit darstellt.

Im Oktober 1926 schrieb Gramsci im Namen der *PCI* einen Brief an die Führung der *KPdSU*, um den aus Italien mit Sorge beobachteten Richtungsstreit der russischen Partei zu kommentieren. Gramsci schickte den Brief an Togliatti, der zu diesem Zeitpunkt die *PCI* in Moskau im *Exekutivkomitee der Komintern* repräsentierte.[49] Togliatti sollte ihn an die Parteiführung übermitteln. Die Einordnung des Briefes und der Umgang mit dessen Inhalt ist für die Bestimmung der Position der *PCI* und der Gramscis von großer Bedeutung und wird deshalb auch, seitdem er öffentlich zugänglich ist, durchaus kontrovers diskutiert.

Der Brief bemerkt eingangs, dass man aus der Distanz möglicherweise die Gefahren überschätze, «die die innere Situation der Kommunistischen Partei der UdSSR betreffen», aber dass man sich dennoch dazu entschieden habe zu intervenieren, weil zu viel auf dem Spiel stehe.[50] Denn: Die Einheit der Partei sei notwendig für die internationalen Schwesterparteien wie die *PCI*. Eine Schwächung der *KPdSU*, weil sie die führende

---

49 «Al comitato centrale del partito comunista sovietico», in: Construzione del Partito Comunista, S. 125–130.

50 «Al comitato centrale del partito comunista sovietico», in: Construzione del Partito Comunista, S. 125; übers. JB.

Rolle innerhalb der Internationale innehat, schwäche auch die Möglichkeiten der Arbeiter*innenorganisation und den Kampf gegen den Faschismus in Italien. Die *PCI* verortet sich selbst als leninistisch, was gerade in dieser Auseinandersetzung ein umkämpfter Begriff ist. Der Brief bewertet den Richtungskampf zwischen der taktisch-formierten Opposition (Trotzki, Sinowjew, Kamenjew) und den Mehrheitsführern (Stalin, Bucharin) der *KPdSU*, bei dem es unter anderem um die von Lenin und Trotzki entworfene *Neue Ökonomische Politik* (*NEP*) ging. Es war der Kampf um die Strategie der *KPdSU* und somit der ausländischen Schwesterparteien der *III. Internationale.*

«Wir erklären heute, dass wir die politische Linie der Mehrheit des ZK der Kommunistischen Partei der UdSSR grundsätzlich für richtig halten und dass in diesem Sinne sich sicherlich die Mehrheit der italienischen Partei äußern würde, wenn es notwendig werden würde, die ganze Frage zu stellen. Wir wollen nicht und halten es für nicht nützlich, mit Euch und mit den Genossen des Blocks der Oppositionen Agitation und Propaganda zu betreiben. Wir werden daher kein Verzeichnis aller Einzelfragen mit unserer Beurteilung am Rand erstellen.» (ebd.: S. 129; übers. JB)

Dennoch betont Gramsci hier im Namen der *PCI* die Wichtigkeit der «Bündnisbeziehungen zwischen Arbeitern und Bauern» als «Grundpfeiler» des sozialistischen Staates, in der Befürchtung, dass die Auseinandersetzung zwischen Trotzki und Stalin zu Ungunsten dieses strategischen Bündnisses ausgeht, das im Zentrum der kommunistischen Politik unter der Führung von Gramsci steht und das hier als Bedingung für den Erfolg der Arbeiter*innenbewegung erscheint:

«Das Proletariat kann daher nicht zur herrschenden Klasse werden, wenn es diesen Widerspruch nicht durch Verzicht auf die korporativen Interessen überwindet, es kann seine Hegemonie und seine Diktatur nicht aufrechterhalten, wenn es selbst dann, wenn es zur herrschenden Klasse geworden ist, diese unmittelbaren Interessen nicht den allgemeinen und dauerhaften Interessen der Klasse opfert.» (ebd.: 129f; übers. JB)

Der zurückhaltende Brief betont die langfristige Wichtigkeit, das Bündnis zwischen Arbeiter*innen und Bäuer*innen innerhalb der Sowjetunion aufrechtzuerhalten. Er positioniert sich und damit auch die *PCI* inhaltlich positiv sowohl zur Mehrheit um Stalin und Bucharin, als auch zur *NEP*. Die *NEP* kann als Lenins Zugeständnis an die Bauern angesehen werden und blieb auch unter Stalin bis 1928 offizielle Politik. Sie behielt die Industrie unter staatlicher Kontrolle, führte aber eine gewisse Liberalisierung und Marktwirtschaftlichkeit im Handel und in der Landwirtschaft ein und erlaubte so ein rudimentäres privates Unternehmertum. Die Opposition fürchtete das Entstehen eines «neuen Bürgertums». (vgl. Fiori 1991: 3–5) Diese Opfer ergäben allerdings nur Sinn, wenn es eine Parteiführung gebe, die einig sei und seine Konflikte ohne Zwang austrage:

«Aber Einheit und Disziplin dürfen in diesem Fall nicht mechanisch und erzwungen sein; sie müssen loyal und aus Überzeugung kommen und nicht die einer inhaftierten oder belagerten feindlichen Einheit, die an Flucht oder einen Überraschungsausbruch denkt.» (ebd.: 130; übers. JB)

Im letzten Absatz des Briefes findet sich daher mit Blick auf eine mögliche Spaltung und auf den Umgang mit der innerparteilichen Opposition die folgende Einschätzung:

«Dies, liebe Genossen, wollten wir Ihnen im Geiste von Brüdern und Freunden, wenn auch jüngeren Brüdern, sagen. Die Genossen Sinowjew, Trotzki und Kamenjew haben dazu beigetragen, uns für die Revolution zu bilden, sie korrigierten uns manchmal sehr energisch, sie gehörten zu unseren Lehrern. Gerade an Sie wenden wir uns als die Hauptverantwortlichen der gegenwärtigen Situation, denn wir wollen sicher sein, dass die Mehrheit des Zentralkomitees der UdSSR nicht die Absicht hat, auf der ganzen Linie zu siegen und bereit ist, übertriebene Maßnahmen zu vermeiden. Die Einheit unserer Bruderpartei Russlands ist notwendig für die Entwicklung und den Triumph der revolutionären Kräfte der Welt; für diese Notwendigkeit muss jeder Kommunist und Internationalist bereit sein, die größten Opfer zu bringen. Schäden eines Fehlers der Einheitspartei sind leicht zu überwinden; der Schaden einer Spaltung oder eines länger andauernden latenten Spaltungszustandes kann irreparabel und tödlich sein.»[51]

Die Haltung, die in Gramscis Brief zum Ausdruck kommt, ist ein grundsätzlicher Konsens mit der damals inhaltlichen Richtung, die von Bucharin und Stalin eingeschlagen wurde, zumindest was die inhaltlichen Auslöser des Richtungsstreits, wie die *NEP*, betrifft. Gleichzeitig lässt Gramsci durchscheinen,

51 «Al comitato centrale del partito comunista sovietico», in: Construzione del Partito Comunista, S. 125–130; übers. JB.

dass die Art und Weise, wie der Konflikt innerhalb der Führung der *KPdSU* ausgetragen werde bzw. die Methode Stalins und Bucharins, Parteidisziplin herzustellen, sowie die zunehmende Bürokratisierung nicht im Interesse der Mutterpartei und der Schwesterparteien im Ausland sein könne. (vgl. Fiori 199: 3–7) Togliatti, der in Moskau die *PCI* repräsentierte, erhielt den von Gramsci im Namen des Zentralkommittees geschriebenen Brief. Er leitete den Brief jedoch nicht wie erbeten an die Mitglieder des ZK der *KPdSU* weiter, sondern antwortete direkt: Er sei mit dem Inhalt des Briefes nicht einverstanden. Erst nach Gramscis irritierter Antwort übermittelte Togliatti den ursprünglichen Brief informell unter anderem an Bucharin.[52]

Zur gleichen Zeit und unmittelbar vor seiner Verhaftung im November 1926 arbeitete Gramsci an dem unvollendet gebliebenen Aufsatz «Alcuni temi della quistione meridionale».[53] Dieser Aufsatz kann als Bindeglied bzw. Übergang zwischen den frühen Schriften Gramscis vor dem Gefängnis und den Gefängnisheften gesehen werden: Einerseits wegen der Perspektive des Textes, der überblickend auf die politischen Entwicklungen seit dem Ersten Weltkrieg, besonders auf die Positionen der Sozialisten und Kommunisten, zurückschaut. Andererseits, weil der Aufsatz Themen vorwegzunehmen scheint, die in den Gefängnisheften ausgearbeitet werden. Die Frage des Südens, also die Frage nach dem Verhältnis zwischen dem städtischen und industrialisierten Norden und dem ländlichen und agrarischen Süden Italiens, bedeutet für Gramsci, nach dem Verhältnis von Arbeiter*innenklasse und Bäuer*innen zu fragen. Diese Themen waren für Gramsci, wie bereits gesagt, vertraut. Als Sarde und damit als Meridionaler, d.h. aus dem Süden stammend, und Teil der Arbeiter*innenbewegung hatte er im Verlauf seiner journalistischen und politischen Karriere immer wieder auf die strategische Bedeutung des Südens aufmerksam gemacht und zitiert die Position der Turiner Kommunisten aus dem Jahr 1920:
«Die wirtschaftliche und politische Wiedergeburt der Bauern ist nicht in einer Verteilung der unbebauten und schlechtbe-

52 Für eine Übersicht über diese Vorgänge, den Briefwechsel und einen einführenden Aufsatz von Guiseppe Vacca siehe: Gramsci (1999) Gramsci a Roma, Togliatti a Mosca. Il carteggio di 1926, herausgegeben von Chiara Daniele, Turin.

53 «Alcuni temi della Quistione meridionale», in: Costruzione del Partito Comunista, S. 137–158; auf deutsch: «Einige Gesichtspunkte der Frage des Südens», in Gramsci 1980: 188–215.

bauten Ländereien zu suchen, sondern in der Solidarität des Industrieproletariats, das seinerseits die Solidarität der Bauern braucht, das daran ‹interessiert› ist, daß der Kapitalismus nicht auf dem Grundeigentum wiederersteht und daß Süditalien und die Inseln nicht zu einer militärischen Basis der kapitalistischen Gegenrevolution wird.» (Gramsci 1980: 189)

Die Landbevölkerung im Süden Italiens (Mezzogiorno) habe sich nur in geringem Maße bzw. nur momenthaft selber organisiert und war in ihrer politischen Sichtbarkeit und Repräsentation auf die alte Elite der Großgrundbesitzer, den Klerus und die Intellektuellen des Südens angewiesen.[54]

«Wir haben gesagt, dass der Bauer des Südens mit dem Großgrundbesitzer durch den Intellektuellen verbunden ist. Dieser Organisationstypus ist im festländischen Süden und in Sizilien am weitesten verbreitet. Er schafft einen monströsen Agrarblock, der insgesamt als Vermittler und Aufseher des nördlichen Kapitalismus und der großen Banken fungiert. Sein einziges Ziel ist es, den Status quo zu erhalten.» (1980: 209)

Während Gramsci und die Gruppe des *L'Ordine Nuovo* im Falle der Fabrikrätebewegung auf die spontane Organisation der Arbeiter*innenschaft im Norden setzten, stellt Gramsci in der Frage des Südens die revolutionäre Organisation als langen gesellschaftlichen Prozess dar. Als Bedingung für einen revolutionären Umbau der Gesellschaft muss sich in diesem Prozess einerseits die Repräsentation gesellschaftlicher Gruppen in Form von Intellektuellen herausbilden und andererseits muss die Mehrheit der Gesellschaft, in Gramscis Zeit Arbeiter*innnen und Bäuer*innen, für die eigene Sache gewonnen werden. Parallel dazu kritisiert Gramsci später (vgl. GH, Bd. 7, H13, §24, S. 1587f) auch Rosa Luxemburgs «Massenstreik, Partei und Gewerkschaften» (1906) für die, aus Gramscis Perspektive, falsche Einschätzung, dass ökonomische Krisen erfolgreiche spontane Massenbewegungen und -streiks hervorbringen würden.[55] Insofern widerspricht und revidiert Gramsci sich in diesen strategischen Fragen selber und an die Stelle der Spontanität der Bewegungen treten Überlegungen zu den vorbereitenden Strukturen, die das Ende bürgerlicher Herrschaft erst ermöglichen. In

54 Gramsci nennt hier unter anderem Guistino Fortunato und Benedetto Croce als Beispiele für reaktionäre Intellektuelle; vgl. Gramsci 1980: 205.

55 Siehe zu diesem Aspekt auch: Apitzsch 2016: 23–40.

der «Frage des Südens» geht Gramsci auch noch einmal auf das Scheitern der Fabrikräterätebewegung und die Roten Jahre ein und verteidigt die Entscheidung auf die reformistischen Angebote der liberalen Regierung Giolittis einzugehen. (vgl. Gramsci 1980: 202–204) Der damals von Giolitti vorgeschlagene Kompromiss, die Betriebe in Genossenschaften umzuwandeln, aber über von den Genossenschaften zu bedienende Kredite und Dividenden an die besitzende Klasse gebunden zu bleiben, wurde damals abgelehnt. Giolittis Vorschlag wertet Gramsci auch im Rückblick als Versuch, die revolutionäre Arbeiter*innenklasse in das kapitalistische System zu integrieren und abhängig zu machen: «Das Turiner Proletariat würde nicht mehr als unabhängige Klasse existieren, sondern nur als Anhängsel des bürgerlichen Staates.» (ebd.: 202f) Kurze Zeit später endete die Zeit der Fabrikräte und die Faschisten übernahmen mit Duldung und Kooperation des Bürgertums die Macht in Italien. Gerade mit dem Wissen um die weiteren historischen Entwicklungen, lässt sich an dieser Phase diskutieren, wann es sinnvoll ist, für eine Bewegung Freiheiten verankern zu lassen und mitzunehmen, sei es um einer Bewegung Atempausen zu verschaffen oder aus strategischen Gründen. Gramsci allerdings verteidigt kurz vor seiner Inhaftierung das damalige Vorgehen:

«Im April 1921 werden fünftausend revolutionäre Arbeiter aus den Fiat-Werken entlassen, die Betriebsräte wurden abgeschafft und die Reallöhne gesenkt. In Reggio Emilia geschah vermutlich etwas Ähnliches. Die Arbeiter wurden also geschlagen. Aber ist das Opfer, das sie gebracht haben, vergeblich gewesen? Wir glauben das nicht, wir sind vielmehr sicher, daß es nicht vergeblich gewesen ist.» (ebd.: 204)

In diesen Stellen klingen bei Gramsci schon Themen an, die er später in den Gefängnisheften unter «subalterne Gruppen» verhandelt, d.h. marginalisierte gesellschaftliche Gruppen mit einem geringen Organisationsgrad, die in der Geschichtsschreibung unterrepräsentiert sind. Gleiches gilt für die Bedeutung der Intellektuellen und die Vorstellung, dass das Proletariat innerhalb des Staates führend werden muss. Beide Aspekte werden in den Gefängnisheften weiterentwickelt. Gramsci beschreibt das Bündnis von Arbeiter*innen und Bäuer*innen und die Formierung eigener, breiter Schichten von Intellektuellen als zentrale Voraussetzungen für den Erfolg eines revolutionären Umsturzes in Italien. Er geht hier aber noch davon aus, dass «sie sich nur sehr langsam und mühsam erst nach der Eroberung der Staatsmacht schaffen» lassen (Gramsci 1980: 215).

«Das Bündnis zwischen dem Proletariat und den Bauernmassen bedarf dieser Formation, und erst recht das Bündnis zwischen dem Proletariat und den Bauernmassen des Südens. Das Proletariat wird den Agrarblock des Südens in dem Maße zerschlagen, in dem es ihm auf dem Wege über seine Partei gelingen wird, immer größere Massen von armen Bauern in selbstständigen und unabhängigen Verbänden zu organisieren [...].» (Gramsci 1980: 215)

2.7 Verhaftung, Gefängnis und Tod Gramscis (1926–1937)

Kurz darauf, am 8. November 1926, wird Gramsci trotz seiner Immunität als Abgeordneter, verhaftet. Am 31. Oktober hatte es ein Attentat auf Mussolini gegeben. Eine Reihe von führenden Kommunisten verließen daraufhin in der Erwartung möglicher Verhaftungen Italien in Richtung Ausland. Gramsci war sich der Situation zwar bewusst, verließ sich aber möglicherweise auf die an den Abgeordnetenstatus geknüpfte Immunität.

Zunächst wurde Gramsci bis zum 25. November im Gefängnis Regina Coeli in Rom inhaftiert. Erst sieht es so aus, als würde er für fünf Jahre verbannt werden, möglicherweise nach Somalia. Am 19. November 1926 teilte man Gramsci allerdings mit, dass er auf eine italienische Insel verbannt werden sollte. Am 25. November 1926 wurde er mit einem Gefangenentransport in Richtung der nördlich von Sizilien gelegenen Insel Ustica gebracht. Auf dem Weg dorthin zusammen mit anderen kommunistischen Gefangenen verbrachte er zwei Nächte im Gefängnis del Carmine in Neapel. Er blieb acht weitere Tage in Palermo bis er schließlich am 7. Dezember 1926 in Ustica ankam. Auf Ustica traf Gramsci auf Genossen, darunter auch Bordiga, die sich dort unter bestimmten Auflagen aber gemeinschaftlich organisieren konnten. In einem Brief vom 19. Dezember 1926 beschreibt Gramsci die Situation:

«In Ustica waren schon vier Freunde angekommen: Conca, der ehemalige Abgeordnete von Perugia, Sbaraglini und zwei aus Aquila. Einige Nächte schliefen wir in einem großen Raum; jetzt haben wir uns schon in einem Haus eingerichtet, das uns zur Verfügung steht. Wir sind zu sechst: ich, Bordiga, Conca, Sba-

raglini und die zwei aus Aquila. Das Haus besteht aus einem Zimmer im Erdgeschoss, wo zwei schlafen. Im Erdgeschoss ist auch die Küche, der Abort und ein winziges Loch, das wir gemeinsam als Waschraum benutzen. Im ersten Stock schlafen wir zu viert in zwei Zimmern, drei in einem ziemlich großen Zimmer und einer im Durchgangszimmerchen; eine breite Terrasse liegt über dem größeren Zimmer und beherrscht die Bucht.» (Gefängnisbriefe II, S. 60)

Am 20. Januar 1927 verließ Gramsci Ustica, um nach Mailand, in das Gefängnis San Vittore gebracht zu werden, wo er bis zum Prozessauftakt des «Sondergerichtshof zur Verteidigung des Staates», der eigens für diesen Prozess gebildet wurde, im Mai 1928 blieb. (vgl. Fiori 1979: 211) Mit ihm sind weitere hochrangige Kommunisten angeklagt, darunter Umberto Terracini, Mauro Scoccimarro und Giovanni Roveda. Gramsci rechnete in diesem politischen Prozess mit einer hohen Gefängnisstrafe. Der Staatsanwalt forderte in seiner Anklagerede, über Gramsci sprechend: «Für die nächsten zwanzig Jahre müssen wir verhindern, dass dieses Gehirn funktioniert.» (Fiori 1979: 212) Am 4. Juni 1928 wurde Gramsci zu 20 Jahren, 4 Monaten und 5 Tagen Haft verurteilt. Nach einer ärztlichen Untersuchung brachte man ihn in ein Gefängnis in Turi, nahe Bari in Apulien, wo er die nächsten Jahre, bis November 1933, blieb. Gramsci wurde bei dieser Gelegenheit Periodontitis (Rückgang des Zahnfleischs und Zahnausfall), Urikämie (Gicht) und nervliche Erschöpfung diagnostiziert. Der schon seit seiner Kindheit gesundheitlich angeschlagene Gramsci erlitt in den Gefängnisjahren eine Reihe von gesundheitlichen Krisen, die nur unzureichend behandelt wurden. Die letzten Jahre seines Lebens verbrachte Gramsci daher in den Gefängniskliniken in Formia und Rom (1933–1935 bzw. 1935–1937). (vgl. Apitzsch/Kammerer 2014: 17–19)

Tanja Schucht, Gramscis Schwägerin, ist in der Gefängniszeit die Schlüsselfigur in Gramscis Leben und ihr verdankt die Nachwelt die Gefängnishefte, die sie nach Gramscis Tod sicherte. Sie blieb in seiner Nähe, war ihm ständige Gesprächspartnerin und kümmerte sich um die praktischen Dinge, die er benötigte. Tanja hielt die Verbindung mit Piero Sraffa, einem Freund Gramscis, und somit zur Partei und vermittelte zwischen Giulia Schucht in Russland und ihm.[56] Tanja Schucht und er schrieben

56 Gramsci selber hat diese Kommunikationsstruktur, in der immer andere als die direkten Adressat*innen gemeint sind und Identitäten verschwim-

über Bücher und Literatur und ihr legte Gramsci auch seine Arbeitspläne dar (vgl. Kapitel 3).

Alles, was Gramsci im Gefängnis schrieb, inklusive der Briefe und später seiner Notizen, verfasste Gramsci unter den Augen der Gefängnisverwaltung und damit der Gefängniszensur. So sicher diese «Leserschaft» war, so unklar musste es Gramsci sein, wer seine Briefe tatsächlich zu sehen bekam und in welchem Kontext seine Mitteilungen gelesen wurden. Diese Prekarität des Adressaten ist insbesondere in den Briefen an Giulia Schucht bzw. nach Moskau greifbar. In ihnen ist zu spüren, dass das freie Sprechen und Ausdrücken nicht möglich ist. Die Krankheiten, die Korrespondenz Gramscis und Giulia Schuchts, das Gefängnis und das Kommunizieren zwischen dem sowjetischen Russland und dem faschistischen Italien sind der Kontext der Briefe aus dem Gefängnis. Heute lässt sich spekulieren, wie sich die politischen Entwicklungen in Russland nach Lenins Tod, die sich ausweitende Macht Stalins nach den innerparteilichen Kämpfen nach 1926 und die politisch-strategische Ausrichtung der kommunistische(n) Partei(en) in den 1930er-Jahren dabei ausgewirkt haben und welchen Anteil sie am spürbar Unausgesprochenen und dem Schweigen zwischen den Zeilen von Giulia Schucht hatten.

Das Schreiben der Briefe und der Zugang zu Büchern, sowohl aus den Gefängnisbibliotheken als auch die selber besorgten, variieren in den verschiedenen Phasen der Haft und dem jeweiligen Gefängnis. In Turi durfte er zeitweise nur alle 14 Tage Briefe schreiben. (vgl. Tanjas Brief vom 8. Juni 1929, Gefängnisbriefe II, S. 241, FN 1)

«Im Mailänder Gefängnis darf er nur zwei Briefe pro Woche schreiben, an einem bestimmten Tag, zu festgesetzter Zeit und in einem bestimmten Raum, wobei das ‹Schreiben zu einer physischen Qual› wird (Brief v. 11.4.1927). Er muss seine Mitteilungen streng rationieren: Die Familie in Moskau, die Familie in Sardinien und Tanja werden die fast einzigen Adressaten. Dabei nimmt Tanja schon bald eine zentrale Stellung ein. Sie vermittelt die Nachrichten von und zur Familie in Moskau, sie nimmt

men, insbesondere im Hinblick auf Giulia Schucht, als Hommage an den Dramatiker Luigi Pirandello (1867–1936) auch «Pirandellismus in Briefform» genannt. (vgl. Brief vom 27. August 2019, Gefängnisbriefe II, S. 197) Zu der Beziehung von Tanja Schucht und Antonio Gramsci in den Gefängnisjahren siehe insbesondere Aldo Natolis Buch (1993) «Tanja Schucht und Antonio Gramsci. Eine moderne Antigone».

bei Bedarf Kontakt zur Familie in Sardinien auf, und sie wird ab 1928 über Sraffa auch die Kontakte zur Partei aufrecht erhalten.» (Kammerer 2008: 13, in: Gefängnisbriefe II)

Eine Äußerung Gramscis, sie habe sich sein Leben in Ustica wohl ganz anders vorgestellt, nimmt Tanja zum Anlass ihre Position zu erklären. Weil sie den gleichen Vorwurf am gleichen Tag von ihrem Vater aus Moskau bekommen hat, bezüglich des Lebens der Familie dort, entgegnet sie, dass sich beide irren und erklärt ihr Verhältnis zum Häftling:

«Die Schuld (wenn man das Schuld nennen kann) liegt im übrigen völlig bei mir, ich habe mich immer um die gekümmert, die mir lieb waren, habe aber nie jemand die Gelegenheit gegeben, mein intimes Leben kennen zu lernen. Ich war Freundin, Schwester, Gefährtin, aber nie ist das jemand für mich gewesen.» (Brief vom 12. April 1927, Gefängnisbriefe II, S. 108)

Gramsci litt im Gefängnis generell an der Isolation und im Besonderen daran, seine in Moskau lebende Frau Giulia, die auch an Depressionen und nervlichen Krisen litt, nicht zu sehen und auch wenig von ihr zu hören. In seinen Briefen bittet er Giulia daher ihr Leben so konkret wie möglich zu beschreiben, bittet immer wieder um Fotografien seiner Söhne Delio (1924–1981) und Giuliano (1926–2007). Letzteren sollte er nie persönlich zu Gesicht bekommen. Neben den vor allem durch die Briefe stattfindenden Kontakten mit der Außenwelt wurden seine Erinnerungen für Gramsci zu einer Quelle der Widerstandsfähigkeit und so versucht er insbesondere bei Giulia gemeinsame Erinnerungen zu erwecken:

«[I]ch habe eine Inventur meiner gesamten Erinnerungen gemacht, und weißt Du, welches Bild den größten Eindruck bei mir hinterlassen hat? Erinnerst Du Dich, als Du vom Silberwald nach dem Monat Ferien abgereist bist? Ich habe Dich bis zur Hauptstraße begleitet und Dir noch lange nachgesehen. Wir hatten uns gerade kennengelernt, doch ich hatte Dich schon einige Male geärgert und Dich auch zum Weinen gebracht; ich hatte Dich mit einer Versammlung der Eulen aufgezogen und mich elektrisiert wie eine Katze bewegt, als Du Beethoven spieltest. Und ich sehe Dich noch immer, wie Du Dich mit sehr kurzen Schritten entfernst, mit der Geige in der einen Hand und in der anderen Deine sehr malerische Reisetasche.» (Brief vom 19. April 1927, Gefängnisbriefe I, S. 54)

Seine eigene psychische Verfassung unterlag Schwankungen. In den ersten Jahren seiner Haft beschrieb er Giulia und Tanja Schucht seinen seelischen Zustand wie folgt:
«Ich möchte Dir und Giulia meine allgemeine seelische Verfassung erklären, in der ich mich nach zwei Jahren Gefängnis befinde, aber vielleicht ist es noch zu früh. Mir scheint, ich kann im Augenblick nur dieses festhalten: dass ich mich ein wenig wie ein Überlebender fühle, in jeder Hinsicht. Zum besseren Verständnis müsste ich auf einen etwas komplexen Vergleich zurückgreifen: Man sagt, das Meer sei ab 30 Meter Tiefe immer unbewegt; nun, ich bin mindestens 20 Meter tief gesunken, also in die Schicht getaucht, die sich nur bewegt, wenn Stürme von einem gewissen Ausmaß, weit über dem Normalen, losbrechen. Aber ich spüre, ich sinke immer tiefer, und ich sehe deutlich den Augenblick, an dem ich, auf nicht wahrnehmbaren Bahnen, das Niveau absolute Unbeweglichkeit erreiche, wo auch die heftigsten Stürme sich nicht mehr bemerkbar machen, wo es nicht einmal mehr möglich ist, die Bewegungen der obersten Schichten zu sehen, und sei es nur ein bloßes Wogen von Schaumkronen.» (Brief an Tanja Schucht, 20. Oktober 1928, Gefängnisbriefe II, S. 206)

In den Briefen gibt es so gut wie keine Erwähnung oder gar Kommentare politischer Ereignisse weder der Vergangenheit noch der Gegenwart. Das darf angesichts des Mitlesens, der Zensur im Gefängnis und der möglichen Auswirkungen, die Gramsci für sich und seinen Lebensbedingungen im Gefängnis fürchtete, nicht verwundern. Allerdings spielte auch unter den Insassen Politik eine große Rolle und es ist überliefert, dass Gramsci im Gefängnis nicht nur Freunde hatte. Zeugnis davon gibt zum Beispiel eine Erinnerung von Sandro Pertini (1896–1990), dem späteren italienischen Staatspräsidenten (1978–1985), der Gramsci im Gefängnis von Turi kennenlernte. Er berichtet, dass Gramscis Haltung und Gewohnheit über die Parteigrenzen hinweg und so auch mit den Sozialisten regen Austausch zu pflegen, bei den kommunistischen Insassen zu Anfeindungen führte: «Diese Freundschaften wurden ihm von den kommunistischen Genossen zum Vorwurf gemacht, die im selben Gefängnis saßen. Es ist tatsächlich so, daß – mit Ausnahme weniger – ein heftiger politischer Dissens zwischen Gramsci und dieser Gruppe von Kommunisten bestand. Gramsci beklagte dies mir gegenüber: ‹Sie haben meine Position nicht verstanden›, sagte er.» (Pertini 1990: 121)

In den Jahren der Haft ist Piero Sraffa, mit dem Gramsci seit der Zeit des *L'Ordine Nuovo* eine enge Freundschaft verbindet, das Bindeglied zwischen Gramsci und der Partei. Auch mit ihm ist Tanja Schucht in ständigem Kontakt und kopiert Gramscis Briefe mit seinem Wissen für Sraffa, mit dem sich Tanja berät und der ihr Anregungen gibt. Ab dem Jahr 1931 intensiviert sich dieser Austausch, auch weil Gramsci eine schwere gesundheitliche Krise durchmacht und die Fragen nach möglichen Hafterleichterungen bis hin zur Amnestie drängender werden. (vgl. Apitzsch/Kammerer 2014: 12–19) Schon 1927 und 1928 war über einen möglichen Gefangenenaustausch mit der sowjetischen Regierung verhandelt worden, der allerdings nicht zu Stande kam. Gramsci hatte 1928 einen kompromittierenden Brief von dem italienischen Komintern-Mitarbeiter Ruggers Grieco erhalten und machte fälschlicherweise diesen Brief und damit die eigene Partei für das Scheitern des Austausches verantwortlich. Als 1932 ein erneuter ebenfalls erfolgloser Plan eines Austausches aufkam, erinnerte er sich an den Brief Griecos, der für ihn zur Obsession wurde. Sein Misstrauen gegenüber der Partei wuchs, was ihn im Gefängnis noch weiter isolierte. Gegenüber der Gefängnisadministration verlegt sich Gramsci indes auf eine streng legalistische Haltung. Mit Hilfe Tanja Schuchts und Sraffas sowie mit Gutachten und auf den formalen Wegen der Gefängnisbürokratie bemühte er sich um Hafterleichterungen und ärztliche Betreuung. Er bestand darauf, vor jeder Initiative der beiden konsultiert zu werden, weil er negative Konsequenzen für sein prekäres Leben im Gefängnis fürchtete. (vgl. Brief an Tanja vom 4. November 1929, Gefängnisbriefe II, S. 252–253) An Mussolini gerichtete Gnadengesuche lehnt Gramsci indes strikt ab. (vgl. Apitzsch/Kammerer 2014: 18)

In den Jahren ab 1930 verschlechterte sich Gramscis Gesundheit graduell, bis er durch die Verlegung in eine Klinik in Formia im Oktober 1933 und im November zwischenzeitlich in Civitaveccia systematisch ärztliche Betreuung bekam. Später, im Jahr 1935, wurde Gramsci nach Rom in die Klinik verlegt, wo er 1937 auch stirbt. Er hatte auch während der Klinikaufenthalte bis 1935 weiter an den Gefängnisheften gearbeitet, so gut es seine Gesundheit zuließ. Tanja informierte Sraffa, der auch mit Togliatti in Kontakt stand, in einem Brief über die letzten Stunden Gramscis:

«Nino hatte am Abend des 25. April eine Gehirnblutung. Am gleichen Tage um 2 Uhr 30 hatte ich ihm das Dokument mit der amtlichen Erklärung der Aufsichtsbehörde gebracht, daß die Zeit der bedingten Freilassung vorüber sei und alle Sicherheitsmaßnahmen gegen Nino aufgehoben seien. Es war vom Schreiber des aufsichtsführenden Richters am Sondergericht in Rom unterzeichnet.» (Bericht über Gramscis Tod, 12. Mai 1937, in: Gramsci 1991: 263)

Zwei Tage später, am 27. April 1937 starb Gramsci. Gramsci war es gelungen, als er aus dem Gefängnis in Turi verlegt wurde, seine Wächter, die Sarden waren und mit denen er freundliche Beziehungen unterhielt, abzulenken, so dass er die Hefte in seinem Gepäck aus dem Gefängnis schmuggeln konnte. Tanja Schucht sorgte nach seinem Tod dafür, dass die Gefängnishefte aus der Klinik *Quisisana* in Rom an einen sicheren Ort kamen und nicht den Faschisten in die Hände fielen. Zwischen Gramscis Tod und dem Transport nach Moskau lagerten die Hefte in einem Bankschließfach der *Banca Commerciale Italiana.*[57] Tanja nahm die Hefte nach Gramscis Tod an sich, nummerierte, inventarisierte sie und brachte sie 1938 nach Moskau. Gramsci hatte Tanja Schucht gebeten die Manuskripte seiner Frau Giulia zu übergeben. Im Juli 1938 brachte Tanja die Hefte nach Moskau, wo sie Vincenzo Bianco, dem damaligen italienischen Vertreter in der *Komintern* ausgehändigt wurden. (vgl. Buttigieg 1992: 3f) Togliatti, der nach dem Ende des Krieges für die frühen Ausgaben von Gramscis Schriften als Herausgeber fungieren sollte, erhielt bald darauf Kopien der Hefte. (vgl. hierzu Gerratana 1991: 35–37)

57 In der Titelei des ersten Bandes der englisch-sprachigen Ausgabe der Gefängnishefte ist ein Dank an die Bank und Raffaele Mattioli, den Gramsci persönlich kannte, für die Aufbewahrung der Hefte und die finanzielle Unterstützung des Buchprojektes.

3 Die Gefängnishefte

3.1 Über die Gefängnishefte

Die Gefängnishefte sind unter den Bedingungen von Gramscis Inhaftierung entstanden, die seine Arbeitsmöglichkeiten stark einschränkten und die letztlich für seinen frühen Tod verantwortlich sind. Nachdem es ihm in den Gefängnissen auf Ustica, in Mailand, vor dem Prozess, und in Rom, während des Prozesses, teilweise, aber immer nur eingeschränkt erlaubt war, Briefe zu schreiben, erhielt Gramsci im Januar 1929, während seiner Inhaftierung in Turi, die Erlaubnis in der Zelle zu schreiben. Zu den Bedingungen der Arbeit an den Gefängnisheften gehörten, neben der politischen und sozialen Isolation und der Abhängigkeit von seinem Gesundheitszustand, wechselnde Auflagen und Schikanen der jeweiligen Gefängnisleitung. Das Material, das Gramsci zur Verfügung stand, setzt sich zusammen aus: dem mitunter recht willkürlichen Bestand der Gefängnisbibliotheken; Zeitschriften, die Gramsci zeitweilig abonnieren konnte; sowie Büchern, die er entweder über das von seinem Freund Piero Sraffa für ihn bei einer Mailänder Buchhandlung eingerichtete unbegrenzte Konto beziehen konnte oder von Tanja Schucht und seinem Bruder Carlo besorgt wurden. Auch standen Gramsci weder diese Materialien noch seine eigenen Aufzeichnungen zur freien Verfügung. Oft gab es Einschränkungen und zeitweilig wurde ihm sogar untersagt, Schreibutensilien mit sich zu führen.[58] Nichts, was Gramsci während seiner Inhaftierung geschrieben hat, wurde vor seinem Tod veröffentlicht (vgl. Buttigieg 1986: 3f).

Am 8. Februar 1929 begann er die Arbeit am ersten Heft. Bis Mitte 1935 benutzte Gramsci insgesamt 33 Hefte, wovon vier ausschließlich Übersetzungen aus dem Deutschen, Russischen und zu einem geringen Anteil aus dem Englischen enthalten. Weitere Übersetzungen befinden sich in den Heften sieben und neun. Die Übersetzungen werden in der Regel nicht als

58 In der im ersten Band der Gefängnishefte enthaltenen biographischen Chronologie finden sich einige Anhaltspunkte über die Bedingungen und Beispiele von Literatur nach der Gramsci zum Beispiel explizit verlangt hat (GH, Bd. 1, S. 47–65). Siehe auch Frosini 2003: 24, FN 3.

Teil der Gefängnishefte behandelt.[59] So sind sie nicht Teil der von Valentino Gerratana herausgegebenen kritischen Gesamtausgabe der Gefängnishefte, die sich seit ihrem Erscheinen als Standardausgabe durchgesetzt hat.[60] Allerdings gibt es in der italienischen Ausgabe Beispiele der von Gramsci übersetzten Marxtexte und in der deutschsprachigen kritischen Gesamtausgabe der Gefängnishefte Beschreibungen der gramscianischen Übersetzungen (vgl. GH, Bd. 10, 320–333). Zwischen 1991 und 2002 ist eine Übersetzung der von Gerratana herausgegeben italienischen Ausgabe der Gefängnishefte im Argument Verlag in deutscher Sprache erschienen. Zuvor waren auf Deutsch nur Anthologien und Auszüge erhältlich. Vorliegendes Buch geht von der deutschsprachigen kritischen Gesamtausgabe (1991–2001) aus, die wiederum die Übersetzung der kritischen Gesamtausgabe von 1975, herausgegeben von Valentino Gerratano, darstellt. Die kritische Gesamtausgabe ordnet die Hefte chronologisch nach zeitlicher Bearbeitung durch Gramsci. Dabei ist wichtig zu beachten, dass Gramsci oft über mehrere Jahre an verschiedenen Heften gleichzeitig schrieb und so die zeitlichen Überschneidungen der einzelnen Hefte zu erklären sind. Außerdem überarbeitete Gramsci teilweise zuvor abgefasste Abschnitte, so dass bestimmte Passagen scheinbar mehrfach auftauchen. Diesem Prinzip von Erst- und Zweitfassung trägt Gerratanas und auch die deutschsprachige Edition Rechnung und spricht daher von A-, B- und C-Texten, wobei C-Texte die überarbeiteten A-Texte darstellen und B-Texte nur in einer Version vorkommen.

In der Sekundärliteratur gibt es die Tendenz, Gramscis Arbeit an den Gefängnisheften in drei Phasen einzuteilen. Der Herausgeber der italienischen kritischen Edition Valentino Gerratana schlägt in der Einleitung zu den Gefängnisheften (GH, Bd. 1, S. 24–35) eine Einteilung vor, die bei Gianni Francioni (1984), Fabio Frosini (2003) und Peter Thomas (2009) in veränderter Form aufgegriffen wird. Bei diesen zeitlichen Einteilungen muss angemerkt werden, dass die Periodisierungen aufgrund des pro-

59 Dabei spielt Übertragbarkeit zwischen Sprachen, zwischen philosophischen Traditionen als Methode für Gramsci auch in Hinblick auf die Philosophie der Praxis eine Rolle. Eine Übersicht findet sich bei Cospito (2017).

60 Siehe dazu Gerratanas «Technische Erläuterungen» in GH, Bd. 1, S. 42–46. Die Übersetzungen sind allerdings Teil der begonnenen *Edizione Nazionale* (Gramsci 2007).

zessualen Charakters von Gramscis Arbeit an den Heften und Datierungsproblemen als Annäherung verstanden werden müssen. Frosinis Einteilung (2003: 23), der hier gefolgt wird, weil sie die bis dato genaueste Rekonstruktion darstellt, orientiert sich einerseits am inhaltlichen Charakter der Hefte und andererseits an Gramscis Krankheitsverlauf bzw. den medizinischen Fakten, die seine Arbeit beeinflussten. Die erste Phase umfasst die Jahre von Mitte 1929 bis Anfang 1932, in denen Gramsci die Hefte 1 bis 9, die Hefte vermischten Inhalts und die Übersetzungshefte (A-D) begann und abschloss (vgl. dazu auch Gerratana 1991: 32). Die zweite Phase dauerte von Mitte 1932 bis Mitte 1933, in der Gramsci die ersten sogenannten Themenhefte (10 bis 13) anlegte. Gramsci stellt schon Heft 8 einen überarbeiteten Arbeitsplan und «Stoffgruppierungen» voran, die eine Konzentration auf bestimmte Themen beschreiben und explizit vor dem vorläufigen Charakter der Aufzeichnungen warnen.[61] Der dritten Phase von Mitte 1933 bis Mitte 1935 geht eine erhebliche physische und psychische Krise[62] im März 1933 voraus (vgl. dazu auch Kapitel 2) und in dieser Zeit entstehen die Hefte 14–17, also Hefte vermischten Inhalts sowie neue Themenhefte (Hefte 16–29). Nach der akuten gesundheitlichen Krise verfolgte Gramsci weiter die Strategie, Themengruppen zu bearbeiten, indem er einerseits Notizen zu schon begonnenen Themen hinzufügte, aber diese vor allem überarbeitete, neugruppierte und oft wörtlich abschrieb. (vgl. Gerratana 1991: 35; Frosini 2003: 26f)

Die Gefängnishefte als Ganzes folgen keiner «objektiven» oder übergeordneten Struktur und doch sind sie logisch angelegt, logisch im Sinne von wiederkehrenden Themen und Schwerpunkten, die Gramsci für sich selbst festlegt. In den

61 An dem Umstand dieses vorangestellten Programms lassen sich exemplarisch die genannten Probleme der Datierung und Periodisierung nachvollziehen. Siehe dazu den kritischen Apparat zu Heft 8 (GH, Bd. 8, A 428f) und die Erläuterungen von Gerratana (1991: 32f). Für die frühere Variante sprechen sich Francioni 1984: 77–85 und Frosini 2003: 30f aus, während der Herausgeber der deutschsprchigen Gesamtausgabe, Wolfgang Fritz Haug, sich für die spätere Datierung ausspricht (vgl. hierzu und eine Beschreibung des Heftes: GH, Bd. 5, A 431).

62 Zu den gesundheitlichen Krisen vergleiche Santucci 2010: 122f; außerdem finden sich genaue Angaben, auch zu Gramscis Vorahnungen der Krise, bei Frosini (2003: 25–29). Frosini verweist hier auch auf die Unsicherheit bezüglich des Zeitpunktes der Fertigstellung des 13. Heftes, das Frosini selber zur zweiten Phase zählt.

Heften, aber besonders in seinen Briefen an Tanja, finden sich Beschreibungen seiner Vorhaben. Die Briefe aus dem Gefängnis stellen in Bezug auf Gramscis Biografie und Verfassung während der Gefängniszeit allgemein eine zentrale Quelle dar. Schon früh nach Gramscis Inhaftierung, während er im Mailänder Gefängnis San Vittore war, machte er sich Gedanken über ein Arbeitsprogramm, das er in einem Brief an Tanja vom 19. März 1927 zum ersten Mal skizziert und im Dialog im späteren Verlauf mit ihr immer wieder aktualisiert und kommentiert.

«Ich bin besessen (das ist ein für Häftlinge typisches Phänomen, glaube ich) von dem Gedanken: man müsste etwas tun für ewig, *nach einem vielschichtigen Begriff Goethes, der unserem Pascoli, wie ich mich erinnere, sehr zu schaffen gemacht hat. Kurzum, ich möchte mich nach einem vorgefassten Plan intensiv und systematisch mit einem Thema befassen, das mich ganz erfüllt und mein inneres Leben auf einen Punkt ausrichtet.» (Gefängnisbriefe, Bd. II, 92)*

Etwas «für ewig» (auch im Original Deutsch) zu schaffen, kann durch den Bezug auf Giovanni Pascoli, einen bedeutenden italienisch-nationalen Dichter der Periode nach dem Risorgimento, einerseits als Selbstverpflichtung zur Sorgfältigkeit und andererseits zur Arbeit, die der Beliebigkeit widersteht, angesehen werden. Gerratana wundert sich über die Erwähnung Pascolis, dessen Gedicht «Per sempre«, auf das Gramsci hier vermutlich anspielt, eben das Ewige an den Tod bindet (vgl. Gerratana 1991: 25). Peter Thomas (2009: 110) versteht das Motto als ironische Selbstkritik am eigenen, vorrangig journalistischen Schreiben vor der Gefängniszeit und als Ausdruck der Hoffnung etwas von andauernder Gültigkeit zu schaffen. Buttigieg (1986: 13) deutet es als ironische Abgrenzung von Goethe, weil Gramsci eben kein großes ästhetisches Werk plant. Andererseits ist der Verweis auf Pascoli eine ironisch-ernste Anspielung auf den Inhalt seines Programms, zu dem eben die Beschäftigung mit den italienischen Intellektuellen und der vergleichenden Literaturwissenschaft gehörte – also auch von Goethe und Pascoli handeln. Im selben Brief (s.u.) äußert Gramsci die Absicht, von einem «über den Interessen stehenden» («disinteressato») Standpunkt zu schreiben[63] und erläutert Tanja, womit er sich beschäftigen möchte:

63 Es lässt sich in diesem Zusammenhang «desinteressato» auch als «unparteiisch» oder wie in der Übersetzung der Gefängnisbriefe als «ohne

«Ich habe an vier Themen gedacht, und schon das ist ein Zeichen, dass es mir nicht gelingt, mich zu sammeln, und zwar:

1. Eine Untersuchung über die Herausbildung des öffentlichen Geisteslebens im Italien des vorigen Jahrhunderts, mit anderen Worten eine Untersuchung über die italienischen Intellektuellen, ihre Herkunft, ihre Gruppierungen nach kulturellen Strömungen, ihre verschiedenen Denkweisen usw. usw. Ein im höchsten Grade anziehendes Thema, das ich natürlich nur in großen Zügen umreißen könnte, denn es ist absolut unmöglich, die riesige Menge an notwenigem Material zu bekommen. Erinnerst Du Dich an meine rasch hingeworfene und oberflächliche Schrift über Süditalien und die Bedeutung von B. Croce? Also, ich möchte die These, die ich damals skizzierte, ausführlich entwickeln, von einem ‹über den Interessen stehenden› Standpunkt aus, für ewig.

2. Eine Studie über die vergleichende Sprachwissenschaft! Nichts weniger als das. Was könnte ‹mehr über den Interessen stehen› und mehr für ewig *sein als das? Es geht natürlich nur darum, den methodologischen und rein theoretischen Teil des Gegenstands zu behandeln, der vom neuen Standpunkt der Neolinguisten aus noch nie vollständig und systematisch gegen die Junggrammatiker ins Feld geführt wurde. […]*

3. Eine Studie über das Theater von Pirandello und über die Veränderung des italienischen Theatergeschmacks, für die Pirandello steht und zu der er beigetragen hat. […]

4. Einen Essay über … den Groschenroman und den Geschmack des Volkes in der Literatur. Der Gedanke kam mir, als ich die Nachricht vom Tode Serafino Renzis las, Schauspieldirektor einer Truppe für gefühlvolle Schinken, theatralische Gegenstücke zum Groschenroman, und ich erinnerte mich daran, wie groß jedes Mal mein Vergnügen war, wenn ich ihn hörte, denn es gab eine doppelte Vorstellung: die Aufregung, die entfesselten Leidenschaften, das Eingreifen des gewöhnlichen Publikums war gewiss nicht die weniger interessante Aufführung.

Was hältst Du von alledem? Im Grunde besteht für den genauen Beobachter eine Gleichartigkeit zwischen diesen vier Themen; ihr gemeinsamer Grund ist der schöpferische Volksgeist in seinen verschiedenen Phasen und Entwicklungsstufen.» (Brief vom 19. März 1927, Gefängnisbriefe II, S. 92f)

---

unmittelbaren Zweck unterworfen» lesen.

Diese erste Themenauswahl mag überraschen, wenn man Gramsci vorrangig als materialistischen Staatstheoretiker kennt und mit der Rezeption seines Hegemoniebegriffes vertraut ist. Denn auf den ersten Blick scheinen alle vier genannten Themen eben nicht explizit politische, sondern kulturelle Themen zu sein. Für Gramsci ist die Herangehensweise aber logisch, abgesehen von der Tatsache, dass es ihm nicht gelingt, sich auf ein Thema festzulegen, wie er selber an Tanja schreibt. Alle vier Themen greifen auf Vertrautes zurück. Die ersten drei sind genau genommen Fortführungen von älteren Schreibprojekten, wie der Artikel über die Frage des Südens, die nicht begonnene philologische Dissertation bei Matteo Bartoli und die nicht erschienene Anthologie mit Gramscis Theaterrezensionen.

Dabei entwickeln sich Gramscis Vorhaben und Interessen während der Gefängniszeit stetig weiter und sind neben der tatsächlichen Umsetzung in den Gefängnisheften durch seine Korrespondenz u.a. mit Tanja Schucht nachvollziehbar.[64] In einem Brief aus dem Mai 1927 schreibt Gramsci ihr aus dem Gefängnis in Mailand, dass ihm ein wirkliches systematisches Arbeiten aus «nicht nur psychologischen, sondern auch technischen Gründen unmöglich» sei (vgl. Brief vom 23. Mai 1927, Gefängnisbriefe II, S. 119). Er erzählt ihr allerdings auch, dass er sich mit Sprachen – er nennt Deutsch, Russisch, Spanisch, Portugiesisch und Rumänisch – beschäftigen will. «Ich bin fest entschlossen, das Studium der Sprachen zu meiner Hauptbeschäftigung zu machen [...].» (ebd.: S. 119f) Aus diesem «Studium» gehen schließlich die Übersetzungshefte (A-D) hervor, in denen u.a. aus dem Deutschen Teile von «Goethes Gespräche mit Eckermann» (Heft C) und einige Märchen der Brüder Grimm (Heft A) von Gramsci übersetzt wurden (vgl. hierzu Gefängnisbriefe II, S. 119, FN 2). Außerdem gibt er Tanja Schucht einen Bericht über seine eigenen Bücher, die ihm in Mailand zur Verfügung stehen.

Dem ersten Heft, das Gramsci am 8. Februar 1929 beginnt, ist eine Auflistung der Hauptthemen der Gefängnishefte vorangestellt. Die thematischen Setzungen aus dem Brief, den Gramsci Tanja im März 1927 geschrieben hatte, tauchen dort konkretisiert und ausdifferenziert wieder auf. So finden sich dort die Auseinandersetzungen mit den Intellektuellen («Herausbildung der italienischen Intellektuellengruppen») und dem

64 Vgl. hierzu die Übersicht der Briefe an Tanja Schucht, in denen Gramsci seine Vorhaben reflekiert, bei Frosini 2003: 30.

italienischen Geistesleben (z.B. in den Titeln «Die Entwicklung der italienischen Bourgeoisie bis 1870», «Die ‹Südfrage› und die Frage der Inseln», «Betrachtungen über italienische Bevölkerung», «Die Enkelchen des Pater Bresciani»), mit dem «schöpferischen Volksgeist» («Der Folklorebegriff», «Die Volksliteratur des ‹Feuilletonromans›» oder «Der ‹Alltagsverstand›») und mit der Sprachwissenschaft («Die Sprachfrage in Italien» und «Junggrammatiker und Neolinguisten») wieder. An erster Stelle der Liste steht «Theorie der Geschichte und Geschichtsschreibung», was sich in den Gefängnisheften thematisch mit dem erwähnten Aufsatz über Bendetto Croce verbindet und überschneidet. Zu den neuen großen Themen, die Gramsci hier auflistet, gehören «Amerikanismus und Fordismus», wo Gramsci die geschichtlichen Bedingungen der Produktionsweisen in Amerika und ihre kulturellen Implikationen untersucht, «Cavalcante Cavalcanti: seine Stellung in der Struktur und in der Kunst der Göttlichen Komödie», wobei sich Gramsci besonders für den 10. Gesang interessiert, und «Erfahrungen des Gefängnislebens», was sich in den Heften jedoch nicht als eigenständiges Thema ausprägt.

In zwei weiteren Briefen an Tanja Schucht vom 25. März 1929 (Gefängnisbriefe II, S. 227–230) und 17. November 1930 (Gefängnisbriefe II, S. 330ff) kommentiert Gramsci seine Arbeit an den Heften. Im ersten gibt er an, sich vorwiegend mit den Intellektuellen, der Theorie der Geschichte und dem Amerikanismus und Fordismus beschäftigen zu wollen. Im zweiten spricht er davon, sich auf «drei oder vier Hauptthemen» festgelegt zu haben, «eines davon ist die kosmopolitische Funktion, die die italienischen Intellektuellen bis zum 18. Jahrhundert ausgeübt haben, und das sich dann in viele Gebiete aufteilt – die Renaissance und Machiavelli usw». Zu Beginn von Heft 8, das entweder im November oder Dezember 1930 oder Ende 1931 angelegt worden ist (s.o.), thematisiert Gramsci die provisorische Form seiner Notizen:

«1. Provisorischer Charakter – zur Erinnerung – solcher Anmerkungen und Notizen; 2. Aus ihnen können selbstständige Aufsätze hervorgehen, keine organische Arbeit über das Ganze; 3. Es kann noch keine Unterscheidung zwischen Hauptteil und sekundären Teilen der Darstellung geben, zwischen dem was ‹Text› wäre, und dem, was die ‹Anmerkungen› sein müßten […].» (GH, Bd. 5, H8, S. 941)

Er wiederholt dabei die Möglichkeit, dass sich einige Aufzeichnungen für das Vorhaben als unnütz oder «sich die entgegengesetzte Behauptung als die richtige erweisen» könnte. Zudem stellt er darunter sein Arbeitsprogramm in kleineren Themenabschnitten dar und nimmt eine «Stoffgruppierung» vor (vgl. GH, Bd. 8, S. 941). Abseits der Differenzierung erscheinen hier als wirklich neue Themenkomplexe die «Einheitsschule», die Beschäftigung mit den Futuristen sowie mit den politischen Gruppen des *Risorgimento*. Später, am 3. August 1931, beschreibt Gramsci Tanja den Stand seines Vorhabens:

«Man kann sagen, dass ich inzwischen kein wahres Studien- und Arbeitsprogramm mehr habe, und das musste natürlich so kommen. Ich hatte mir vorgenommen, über eine Reihe von Fragen nachzudenken, aber an einem bestimmten Punkt hätten diese Überlegungen in die Phase der Dokumentation übergehen müssen, also in eine Arbeits- und Ausarbeitungsphase, die nach großen Bibliotheken verlangt.» (Brief vom 3. August 1931, Gefängnisbriefe III, S. 106)

Der gleiche Brief gibt jedoch auch darüber Aufschluss, wie groß Gramsci seine Arbeit begonnen hat zu denken, wenn er darüber spricht, die Entwicklung und Geschichte der italienischen Intellektuellen bis zum Römischen Reich nachzeichnen zu wollen. Dazu reflektiert er seine eigene Arbeitsweise gegenüber Tanja Schucht: «Man muss auch berücksichtigen, dass die Gewohnheit der strengen philologischen Disziplin, die ich während meines Universitätsstudiums erlernt habe, mir vielleicht ein Übermaß an methodischen Zweifeln mitgegeben hat.» (ebd.: S. 106f)

Die Arbeitspläne scheinen, wenn man sie mit den bekannten Konzepten, weswegen Gramsci und die Gefängnishefte heute gelesen bzw. zitiert werden, wie Hegemonie, Zivilgesellschaft oder Subalternität, stark um die spezifische italienische Geschichte und partikulare Themen zu kreisen. Auch kommen diese Konzepte, mit Ausnahme des Themas der Intellektuellen, in den Titeln und Notizen der Arbeitspläne nicht vor. Aus der Perspektive von Gramscis Werk und seinen methodischen Überzeugungen ist das nicht verwunderlich. Gramsci setzt sich gerade mit dem vermeintlich Partikularen und in minutiöser, eben philologischer Arbeit mit den genannten Themen auseinander und entwickelt erst nach und nach «größere» Thesen, die vor dem Partikularen bestehen müssen. Gramsci reflektiert über den Zustand seiner Aufzeichnungen in Briefen und in den Heften. Am deutlichsten wird das in einer Notiz, die dem Themenheft 11, «Einführung ins Studium der Philosophie», vorangestellt ist:

«Die in diesem Heft enthaltenen Notizen sind, wie in den anderen, mit fliegender Feder geschrieben, um eine rasche Gedächtnisstütze aufzuzeichnen. Sie sind alle genauestens durchzusehen und zu überprüfen, weil sie bestimmt Ungenauigkeiten, falsche Annäherungen, Anachronismen enthalten. Geschrieben ohne die Bücher, auf die Bezug genommen wird, bei der Hand zu haben, ist es möglich, daß nach der Kontrolle radikal korrigiert werden müsste, weil sich gerade das Gegenteil des Geschriebenen als wahr herausstellen könnte.»[65] (GH, Bd. 6, H11, S. 1367)

Die Unabgeschlossenheit der Gefängnishefte und ihre Struktur haben in der Sekundärliteratur immer wieder zu einer selektiven und manchmal instrumentellen Interpretation von Gramscis Werk geführt. Gramsci misstraut mit dieser Aussage weder seinem eigenen Vermögen noch stellt er den grundsätzlichen Charakter seiner Arbeit in Frage. Vielmehr lässt sich diese «Warnung», die zuerst an seine eigene Adresse geht, als Skepsis gegenüber seinen Arbeitsbedingungen und als Ausdruck der von ihm beschriebenen «methodischen Zweifel» verstehen. Darin liegt implizit die Forderung Gramsci, vor allem im Original und im Zusammenhang zu lesen.

3.2 Die Philosophie der Praxis

Gramsci bezieht in den Gefängnisheften gezielt Position, im Sinne einer Kritik an der zeitgenössischen Philosophie. Diese Herangehensweise ist kohärent mit seinem Verständnis des Historischen Materialismus und drückt sich in den Notizen zur Philosophie der Praxis aus. In Heft 7, dessen Anfang er für Übersetzungen von Marx' Thesen über Feuerbach und das Vorwort zur «Kritik der politischen Ökonomie» nutzt, behandelt Gramsci Feuerbachs Materialismus, seine Rezeption bei Antonio Labriola und Marx und diskutiert die Konsequenzen daraus für eine

65 Es handelt sich hierbei um einen C-Text, also eine Bearbeitung einer älteren Notiz, die in GH, Bd. 3, H4, §16, S. 467 in ähnlicher Formulierung zu finden ist.

Philosophie der Praxis. Die beiden als zentral geltenden Themenhefte 10 und 11, die Gramsci u.a. für eine systematische Kritik der Philosophie Benedetto Croces und Nikolai Bucharins «Theorie des historischen Materialismus» nutzt, enthalten auch Überlegungen zu Gramscis eigener Auffassung des historischen Materialismus sowie zum Verhältnis von Philosophie und Praxis bzw. von Geschichte. Diese metatheoretische Arbeit Gramscis liefert einen notwendigen Kontext, um seine konkret analytischen Theoreme, wie Hegemonie, geschichtlicher Block oder integraler Staat, als Teil eines prozessualen Verständnisses von Historischem Materialismus zu verstehen.

Durch ein kritisches Lesen von, allen voran, Croce, der auf Grundlage und Abgrenzung zu u.a. Hegel, Fichte und Kant seine «Philosophie als Wissenschaft des Geistes» ausarbeitete, und des Materialismus, wie er in verschiedenen Formen u.a. bei Feuerbach und Marx/Engels vorkommt, entwickelt Gramsci in den Gefängnisheften seine «Philosophie der Praxis». In seinen Notizen benutzt Gramsci mehrere Begriffe, die mitunter als inhaltlich synonym rezipiert worden sind, darunter Marxismus, Historischer Materialismus und Philosophie der Praxis. Die Unterscheidung dieser Begriffe ist jedoch für das Verständnis von Gramscis politischen Denken unabdingbar. Mit dem Begriff der Philosophie der Praxis und an ihm entwickelt er sein Verständnis von Politik und Geschichte sowie methodische und erkenntnistheoretische Überlegungen.

Dennoch hält sich der Mythos der Philosophie der Praxis als Chiffre, als ein Versuch die Gefängniszensur zu umgehen, und der Begriff und seine Bedeutung bei Gramsci geben in der Rezeption der Gefängnishefte Anlass zu Kontroversen. In den ersten sechs Heften taucht der Begriff zwei Mal als zitierter Titel und erst in Heft sieben als von Gramsci angeeigneter Begriff auf. Wolfgang Fritz Haug, u.a. Mitherausgeber der deutschsprachigen Ausgabe der Gefängnishefte, hat dafür das Wort «Tarnwortthese» geprägt und diesem Problem die Einleitung zu den Heften zehn und elf, in denen die Philosophie der Praxis eine zentrale Rolle spielt, gewidmet. Haug zeichnet in seiner Einleitung die Genese der Philosophie der Praxis in den Gefängnisheften nach und verfolgt die Tarnwortthese zurück bis zu Togliatti, der sie einfach mit Marxismus bzw. mit Marxismus-Leninismus gleichsetzte. So wurde angenommen, dass Gramsci der Zensur wegen ein weniger verdächtiges Synonym gebraucht hat und das, obwohl er in den Gefängnisheften durchaus das Wort Marxismus benutzt.

Diese Interpretation setzte sich mit der ersten Anthologie von Gramscis Schriften in deutscher Sprache, die 1967 von Christian Riechers herausgegeben wurde (Gramsci 1967), und den darauffolgenden Auswahlbänden bis 1987 fort, obwohl Riechers bereits 1970 in seiner Dissertation «Marxismus in Italien» die Eigenständigkeit des Begriffs anerkennt, auch wenn er Gramsci mit dieser Unterscheidung versucht als Idealisten und nicht als Marxisten zu kategorisieren und damit abzuwerten.

«In Heft 10 bewährt sich ‹Philosophie der Praxis› als das geeignete Terrain, um mit Croce ins Reine zu kommen, ihn in der Kritik der Metaphysik, des Objektivismus und in der Frage der politischen Ethik zu beerben, anderseits seine vermeintliche Widerlegung der Marxschen Kritik der politischen Ökonomie ihrerseits auf seine Weise zu widerlegen, die die berechtigten Momente mitnimmt und aufnimmt.» (Haug 1994: 1203f)

Gramsci hebt die Philosophie der Praxis in den Status einer allgemeinen Lehre, die sich der Philosophie von Marx und auch Engels bedient und sich gegen Croces Idealismus positioniert: «[M]an muß für Croces philosophische Auffassung dieselbe Umarbeitung vornehmen, wie sie die ersten Theoretiker der Philosophie der Praxis für die Hegelsche Auffassung vorgenommen haben.» (GH, Bd. 6, H10 I, §11, S. 1247f.) Insofern, da die Philosophie der Praxis einen viel allgemeineren und methodischen Stellenwert in Gramscis Denken hat, muss der Begriff Philosophie der Praxis, wie ihn Gramsci benutzt und ausgestaltet, von Marxismus und historischen Materialismus unterschieden werden.

Die Rezeption von Marx und Engels ist in Italien zu Beginn im Wesentlichen von Antonio Labriola und Randolfo Mondolfo verangetrieben worden. Gramsci war mit den Arbeiten Mondolfos vertraut, scheint sich allerdings nur vage erinnern zu können (vgl. Bd. 3, H4, § 1, S. 458 sowie A 215) und so taucht Mondolfo in den Gefängnisheften nur am Rande auf. (zu Mondolfo vgl. Roth 1972: 20–28) Auch Labriola begegnete Gramsci schon lange vor der Arbeit an den Gefängnisheften, wie eine Rezension vom Januar 1918 zeigt, dennoch blieb sein Einfluss in Gramscis Frühschriften gering.[66] In den Gefängnisheften ist

66 Siehe hierzu auch Gerratana 1972: 157f; Spriano 2002: 79f, sowie Adamson 1980: Hegemony and Revolution, S. 252, FN.

Labriolas Auffassung des Historischen Materialismus auch dort spürbar, wo er nicht zitiert wird. Labriolas erste Übersetzungen ins Italienische und ihre Auseinandersetzung mit Marx haben die nachfolgende Generation, darunter Giovanni Gentile und Benedetto Croce, stark beeinflusst. Labriolas Übersetzung und Interpretation von Marx' «Thesen über Feuerbach» sind neben Croce und Gentile zentrale Bezugspunkte in Gramscis Auseinandersetzung mit der Philosophie der Praxis.

Labriola und Croce hatten eine enge Beziehung zueinander, so dass Labriola vielfach als Lehrer Croces bezeichnet wird. Croce wuchs nach dem Tod seiner Eltern bei Silvio Spaventa in Neapel auf. Spaventa popularisierte gemeinsam mit seinem Bruder Bertrando in Anschluss an Hegel den Idealismus in Italien. Croce und Gentile zählen zu den prägendsten italienischen Philosophen des ausgehenden 19. Jahrhunderts bis Mitte des 20. Jarhunderts in Italien. Als Vertreter des Neoidealismus gründeten sie 1903 zusammen die einflussreiche Zeitschrift *La Critica*, deren Debatten auch Gramsci schon früh verfolgte. Während Gentile unter Mussolini einer der wichtigsten faschistischen Intellektuellen und unter anderem Erziehungsminister wurde, begrüßte Croce zwar anfangs das Aufkommen des Faschismus, distanzierte sich allerdings ab 1924 öffentlich und stellte sich gegen Mussolinis Regime.[67] In *La Cittá Futura* (1917) bezeichnet Gramsci Croce als den «momentan größten Denker Europas».[68] Croce ist heute weitestgehend vergessen, zumindest im deutschsprachigen Raum. Für die Entwicklung des intellektuellen Lebens Italiens in der ersten Hälfte des 20. Jahrhunderts, und so auch für Gramsci, ist seine Bedeutung kaum zu überschätzen.

Labriola begann erst spät sich mit den Marx'schen Schriften und dem Sozialismus auseinanderzusetzen, wie er 1890 in einem Brief an Engels schreibt, und hatte sich zuvor mit Kant, Hegel und Herbart beschäftigt. (vgl. Pozzoli 1974: 8–9) Er gilt oft als «der erste italienische Marxist», womit gerne seine herausragende Bedeutung für die italienische Arbeiterbewegung und die Verbreitung marxistischer Ideen in Italien symbolisch

67 Unter dem mehrmaligen Ministerpräsidenten und Innenminister Giovanni Giolitti (1842–1928) wurde Croce 1910 Senator und in den Jahren 1920 und 1921 als Minister für Unterrichtswesen Teil der letzten Regierung vor Mussolini, ebenfalls unter Giolitti.

68 Zu *La Città Futura* siehe auch Kapitel 2 sowie die Anmerkungen zu Heft 10 I, §11 (A 565).

gewürdigt wird. (vgl. Pozzoli 1974: 7). Tatsächlich ist seine Bedeutung in diesem Sinne nicht in Frage zu stellen. Labriola gehörte 1892 zu den Gründungsmitgliedern der italienischen sozialistischen Partei und korrespondierte intensiv u.a. mit Turati und Engels. Dabei wahrte er Distanz zur von Turati geführten *PSI*, bezog aber immer wieder öffentlich Stellung zu politischen und theoretischen Fragen. (vgl. Labriola 1974: 33–39) Als sein theoretisches Hauptwerk werden die drei als Reihe konzipierten Aufsätze «Zum Gedächtnis des Kommunistischen Manifestes» (1895), «Über den historischen Materialismus – Präliminarien» (1896) und «Sozialismus und Philosophie» (1898/99), wobei letzterer Briefe an Sorel darstellen, angesehen.[69] In seiner Würdigung des Manifests der Kommunistischen Partei (1848) als den «Anfang der Neuen Aera» (Labriola 1974: 75) vollzieht Labriolas Aufsatz anekdotenhaft historische Stationen der proletarischen Bewegung und der kommunistischen Theorie seit 1848. Als Kern des Manifestes sieht Labriola die darin enthaltene Geschichtsauffassung, die den wissenschaftlichen, den kritischen Kommunismus erst ermöglicht habe. (vgl. ebd.: 78–81; 89) Insbesondere in seinem Aufsatz von 1896 betont Labriola die Bedeutung der Geschichtsphilosophie und erklärt den Historischen Materialismus zur Methode. (vgl. Labriola 1974: 172) Obwohl der Einfluss Engels', mit dem Labriola in Briefkontakt stand, hier erkennbar ist, wendet sich Labriola deutlich gegen deterministische Deutungen und das Ableiten von Gesetzmäßigkeiten. In den Briefen an Sorel schreibt Labriola: «Und damit sind wir wieder bei der *Philosophie der Praxis*, dem Kernpunkt des Historischen Materialismus. Sie ist in den Dingen, über die sie philosophiert, immanent vorhandene Philosophie. Der Weg führt vom Leben zum Denken und nicht vom Denken zum Leben; nur das ist realistisch.» (Labriola 1974: 318) Darin, so Labriola, liege die Bedeutung, wenn Marx sage, er habe die Hegelsche Dialektik umgestülpt.

Labriola interpretiert Marx und Engels undogmatisch. Ebenfalls in den Briefen wendet er sich gegen eine kanonische Lesart des Kapitals als «Bibel des Sozialismus»: «Der Marxismus – diese Bezeichnung kann man heute als Symbol und Zusammenfassung einer vielschichtigen Bewegung und einer komplexen Theorie akzeptieren – ist und bleibt nicht auf die Schriften von Marx und Engels beschränkt.» (ebd.: 289). In der Vorstellung

69 Vergleiche hierzu die Bibliographie in: Labriola 1974: 64–70.

Labriolas ist der Marxismus ein philosophisches Prinzip, im ständigen Werden begriffen und prinzipiell nicht abgeschlossen. «Da diese Lehre in sich selbst schon die *Kritik* ist, kann sie auch nur *kritisch* weitergeführt, angewandt und korrigiert werden.» (ebd.)

«Für Labriola klärt der historische Materialismus auf der einen Seite die Frage nach dem Wissen und bietet das Ziel einer objektiven vereinenden Theorie, nicht einfach nur des Systems der Wissenschaften, sondern der gesamten Geschichte, und wird so zur Metatheorie und vereinenden Erklärung. Auf der anderen Seite besteht diese gefundene Einheit geschichtlicher Faktoren nicht in einer reduction ad unum, das Ökonomische macht das Studium aller anderen Disziplinen mit spezifischen Entwicklungsbedingungen und Zielen überflüssig.» (Vanzulli 2013: 48; übers. JB)

Labriola propagiert den Historischen Materialismus als eigenständige Philosophie, die nicht als rein historische Untersuchungsmethode zu verstehen sei und sich von den positivistischen und idealistischen Philosophien abgrenzen muss. Die Überlegenheit dieser Philosophie leite sich aus dem Anspruch ab, die fortgeschrittenste Philosophie darzustellen, insofern sie die Realität umfassend erschließe. (vgl. Vanzulli 2013: 28)

Gramsci nutzte, wie erwähnt, die Hefte auch für Übersetzungen, von Marx' Thesen über Feuerbach und das Vorwort zu «Kritik der politischen Ökonomie». Diese Texte spielen für die gesamten Gefängnishefte eine übergeordnete Rolle. An und mit ihnen beginnt Gramsci (vgl. Thomas 2009: 246f) über die Beziehung zwischen Praxis und Geschichte zu arbeiten und formuliert seine Thesen zum Historizismus und den europäischen Einheitsbewegungen. In der Auseinandersetzung mit Feuerbach entwickelt Marx Rückgriff auf Hegels Dialektik gegen den Idealismus die Grundzüge seiner materialistischen Geschichtsauffassung bzw. des Historischen Materialismus. (vgl. MEW 3, S. 5–7) Marx schreibt, Feuerbachs Fehler liege darin, «daß der Gegenstand, die Wirklichkeit, Sinnlichkeit, nur unter der Form des Objekts oder der Anschauung gefasst wird; nicht aber als menschliche sinnliche Thätigkeit, Praxis, nicht subjektiv». Der Mensch verändere und werde durch seine Praxis verändert, so dass Marx das Wesen des Menschen als «das Ensemble der gesellschaftlichen Verhältnisse» charakterisiert. Gramsci nimmt Feuerbachs populäre Äußerung, «der Mensch ist, was er ißt» zum Anlass, die Unterscheidung zwischen Materialismus nach Feuerbach und dem Historischen Materialismus herauszuarbeiten. Während Feuerbach in einer Besprechung, aus der dieses Zitat stammt, eine direkte, materielle Verbindung zwischen der Ernährung des Menschen und seinen Fähigkeiten konstruiert, wendet sich Gramsci gegen die anthropologische Annahme, dass Materie, in diesem Fall wörtlich, die Fähigkeiten und das Sein des Menschen determiniert und beispielsweise die Ernährung die Denkweise eines Menschen direkt beeinflusst. Gramsci schreibt: «[d]as Gegenteil ist historisch wahr: das heißt, es sind die Revolutionen und die komplexe historische Entwicklung, was die Ernährung verändert [...]». Was hier als banales Beispiel erscheint, ist für Gramsci allerdings keineswegs bedeutungslos und dient ihm dazu, einen allgemeinen theoretischen Punkt zu markieren, der in der Tradition von Marx' Kritik an Feuerbach steht:

«Im übrigen ist es auch wahr, ‹daß der Mensch ist, was er ißt›, insofern die Ernährung eine der Ausdrucksweisen der gesellschaftlichen Verhältnisse in ihrem Zusammenhang ist und jede gesellschaftliche Gruppierung ihre Grundnahrung hat, aber in gleicher Weise läßt sich sagen, daß ‹der Mensch seine Wohnung ist›, daß ‹der Mensch seine besondere Weise ist, sich zu reproduzieren, also seine Familie›, da die Ernährung, die Kleidung, das Haus, die Reproduktion Elemente des gesellschaftlichen Lebens sind, in welchem gerade auf offensichtlichste und meistverbreitete Weise (also mit Massenreichweite) sich das Ensemble der gesellschaftlichen Verhältnisse manifestiert.» (GH, Bd. 4, H7, §35, S. 890)

Statt wie Feuerbach eine kausale Beziehung zwischen dem Menschen und materiellen Formen, mit denen er umgeht, zu behaupten, verweist Gramsci darauf, dass menschliche Praxis und seine Formen zum einen komplexer und zum anderen ihre einzelnen Ausprägungen nicht isoliert zu betrachten seien. Dabei verwendet Gramsci eben die Formulierung «Ensemble der gesellschaftlichen Verhältnisse», die Marx in den Thesen über Feuerbach benutzt, um in Abgrenzung zu Feuerbach das Wesen des Menschen als durch historisch bedingte Praxis zu beschreiben. Der Versuch, den Menschen in seiner Allgemeinheit festzulegen, sei ein «metaphysisches Überbleibsel», dass Gramsci bei Feuerbach als Teil einer naturalistischen Anthropologie auffasst. Gramsci verwirft eine «biologische» Definition des Menschen als Gattung ebenso wie die Zuschreibung von

Fähigkeiten wie Vernunftgebrauch oder die philosophischen Kategorien von «Geist» und «Denken» als Abstraktionen und wissenschaftliche Utopien. Dagegen betont Gramsci die Historizität des Menschen:

«Nicht das ‹Denken›, sondern das, was wirklich gedacht wird, vereint oder unterscheidet die Menschen. Daß das ‹menschliche Wesen› das ‹Ensemble der gesellschaftlichen Verhältnisse› sei, ist die befriedigenste Antwort, weil sie die Idee des Werdens einschließt: der Mensch wird, er verändert sich fortwährend mit dem Sich-Verändern der gesellschaftlichen Verhältnisse, und weil sie ‹den Menschen im allgemeinen› negiert: tatsächlich werden die gesellschaftlichen Verhältnisse von verschiedenen Menschengruppen ausgedrückt, die einander voraussetzen, deren Einheit dialektisch ist, nicht formell.» (GH, Bd. 4, H7, §35, 891)

Was für die Philosophie der Praxis gelte, ein unabgeschlossener Prozess zu sein, gelte auch für das Wesen des Menschen, das nur als Werden aufgefasst werden könne und sich durch menschliche Tätigkeit materiell ausdrücke. Gramsci führt in der Folge aus, unter welchen Bedingungen sich die «Einheit» bzw. Gleichheit von Menschen vollzieht.

«In der Geschichte wird die reale ‹Gleichheit› [...] im System von ‹privaten und öffentlichen›, expliziten und impliziten Vereinigungen festgestellt, die sich im ‹Staat› und im politischen Weltsystem verknoten: es handelt sich um ‹Gleichheiten›, die als solche von den Mitgliedern einer Vereinigung empfunden werden, und um ‹Ungleichheiten›, die zwischen den unterschiedlichen Vereinigungen empfunden werden, Gleichheiten und Ungleichheiten, die insofern gelten, als von ihnen individuell oder als Gruppe Bewußtsein besteht. Man gelangt so auch zur Gleichheit von ‹Philosophie und Politik›, von Denken und Handeln, also zu einer Philosophie der Praxis.» (Bd. 4, H7, §35, S. 892)

Die Negierung eines allgemeinen menschlichen Wesens erlaube es den Menschen, seine Institutionen und die damit verbundenen Verhältnisse als historische Bedingungen aufzufassen, die durch Menschen, durch Denken und Handeln, geschaffen werden und durch sie veränderbar sind.

Wie erwähnt, wählt Gramsci in seinen Aufzeichnungen immer wieder die Philosophie Benedetto Croces als Orientierungspunkt. In Anbetracht dessen, dass Croce heute von untergeordneter Bedeutung erscheint, mag dieser Umstand verwundern. Für Gramsci stellte Croces Idealismus und Geschichtsauffassung die zentrale philosophische Erneuerung in Italien dar. 1926, im Kontext der Frage des Südens, schreibt er über Croces Philosophie: «Sie hat die Richtung und Methode des Denkens verändert und eine neue Weltanschauung geschaffen, die den Katholizismus und alle anderen mythologischen Religionen überwunden hat.» (Gramsci 1991: 65).

Neben Croce nennt Gramsci im gleichen Text u.a. Giovanni Fortunato und Gaetano Salvemini als prägende Intellektuelle Süditaliens, als Meridionalisten. Gramscis Croce-Rezeption in den Gefängnisheften sowie seine Bezüge auf beispielsweise Gentile, Sorel und Bergson waren immer wieder Anlass für Interpreten, Gramsci wahlweise Volontarismus oder einen nicht überwundenen Idealismus zu attestieren. Neben der kritischen Aneignung des Idealismus arbeitet sich Gramsci besonders stark an Bucharins Lehrbuch ab. Tatsächlich lassen sich die Aufzeichnungen der Hefte 10 und 11 im Spannungsverhältnis von Idealismus und Materialismus sowie von Positivismus und Materialismus, im Sinne der Philosophie der Praxis, verorten. Gramscis Beschäftigung mit dem Croceanismus und der idealistischen Philosophie sowie den marxistischen Werken hängt mit der Bedeutung, die sie für Gramscis methodische Überlegungen haben und seiner Absicht der Weiterentwicklung zusammen. In diesem Zusammenhang spricht Gramsci davon, analog zum Anti-Dühring[70], einen Anti-Croce zu erschaffen: *«Eine derartige Arbeit, ein Anti-Croce, der im modernen und kulturellen Klima die Bedeutung und Wichtigkeit haben könnte, wie der Anti-Dühring für die Generation vor dem Weltkrieg gehabt hat, wäre der Mühe wert, daß ihr eine ganze Gruppe von Menschen zehn Jahre ihrer Tätigkeit widmen würde.» (GH, Bd. 6, H10, Teil I, §11, S. 1248)* Das Verhältnis von (historischem) Materialismus und Idealismus neu zu definieren findet sich in den Gefängnisheften immer wieder. Exemplarisch und explizit notiert Gramsci unter dem Titel «Zwei Aspekte des Marxismus»[71]:

70 Gemeint ist hier Friedrich Engels' polemische Aufsatzserie «Herrn Eugen Dühring's Umwälzung der Wissenschaft», die zwischen 1876 und 1878 im «Vorwärts» erschien und sich auf Eugen Dühring, einen der wichtigen historischen Gegenspieler von Marx, bezieht.

71 Das ist der A-Text. Der C-Text ist in GH, Bd. 8, H16, §9 (Einige Probleme in Bezug auf das Studium der Entwicklung der Philosophie der Praxis) zusammen mit anderen A-Texten aufgenommen.

«Der Marxismus hat eine zweifache Revision durchgemacht, das heißt, er hat Anlaß gegeben zu einer zweifachen Kombination. Einerseits sind einige seiner Elemente explizit oder implizit von manchen idealistischen Strömungen (Croce, Sorel, Bergson usw., die Pragmatisten usw.) absorbiert worden; andererseits haben die ‹offiziellen Marxisten›, denen daran lag, eine ‹Philosophie› zu finden, die den Marxismus mitenthielte, diese in den modernen Ableitungen des philosophischen Vulgärmarxismus oder auch in idealistischen Strömungen wie dem Kantianismus (Max Adler) gefunden. Labriola unterscheidet sich von beiden durch seine These, daß der Marxismus eine selbständige und ursprüngliche Philosophie ist. In dieser Richtung gilt es zu arbeiten, Labriolas Position fortführend und weiterentwickelnd.» (GH, Bd. 3, H4, §3, S. 460f)

Im Anschluss formuliert Gramsci den Anspruch, die «‹impliziten›, nicht eingestandenen Übernahmen» des Idealismus in den Marxismus zu untersuchen; er nennt dabei neben Croce und Gentile auch Bergson und die Pragmatisten. Gramsci beschreibt die Entwicklung des zeitgenössischen Historischen Materialismus als ein Vor und Zurück bzw. als Gleichzeitigkeit von widerstrebenden Philosophien. Beispielsweise verortet er Hegels Philosophie zeithistorisch zwischen Französischer Revolution und Restauration, was sich als Dialektik von Materialismus und Spiritualismus bei Hegel niederschlägt. (vgl. ebd.: 462) Obwohl Gramsci die Arbeit an diesen Thesen als «komplex und heikel» einschätzt, zeigen seine Überlegungen einerseits eine Reflexion über die erkenntnistheoretischen Ursprünge und die Philosophie der Praxis und andererseits Anhaltspunkte für das Verhältnis von Geschichte und der Entwicklung von Philosophie. In diesem Sinne greift Gramsci Labriolas Standpunkt wieder auf:

«Die Behauptung, daß der Marxismus eine neue, selbstständige Philosophie ist, ist die Behauptung von der Selbstständigkeit und Ursprünglichkeit einer neuen, heranreifenden Kultur, die sich mit der Entfaltung der gesellschaftlichen Beziehungen entfalten wird. Was existiert, ist die ‹Kombination› von Altem und Neuem, ein dem Gleichgewicht der gesellschaftlichen Verhältnisse entsprechendes momentanes Gleichgewicht.» (ebd.: 463)

Dem ersten Teil des Themenheftes 10, «Anhaltspunkte für einen Aufsatz über B. Croce»[72], ist eine Liste mit Aspekten vor-

72 C-Text, siehe Anmerkung im Kritischen Apparat im gleichen Band (A 555).

angestellt, die es zu Croce zu untersuchen gibt. Die insgesamt zwölf Punkte, die Gramsci in der Folge mit Inhalt füllt, kreisen um Croces ideologische Funktion für das Italien nach dem Risorgimento. Darin beschreibt Gramsci Croce als «Führer der europäischen Kultur», der diese Rolle aktiv sucht, aber bezeichnet ihn auch als revisionistisch, da er den Historischen Materialismus nach anfänglichem Interesse verwirft und bekämpft. Croces Geschichtsauffassung ist dadurch charakterisiert, dass er für die Einheit von Philosophie und Geschichte sowie die Einheit von Denken und Handeln argumentiert. Im Sinne seiner Philosophie des Geistes wendet er sich gegen die naturalistische Auffassung der Geschichte als Chronik, also reiner Ereignisse, und lehnt genauso eine normative Geschichtsschreibung, eine Geschichte als Produkt sozialer Kämpfe, wie sie bei Marx zu finden ist, ab. Croces Interpretation des Idealismus, seine Religionskritik[73], seine Kritik des Marxismus und seine Theorie ethisch-politischer Geschichte bestimmten das intellektuelle Klima bis zum Zweiten Weltkrieg. «Croces Denken muß folglich als instrumenteller Wert eingeschätzt werden», formuliert Gramsci, «und so kann man sagen, daß es die Aufmerksamkeit energisch aufs Studium der Tatsachen der Kultur und des Denkens als Element politischer Herrschaft gelenkt hat, auf die Funktion der großen Intellektuellen im Leben der Staaten, aufs Moment der Hegemonie und des Konsenses als notwendige Form des konkreten geschichtlichen Blocks.» (GH, Bd. 6, H10 I, S. 1228)

Gramsci fragt nach dem Wert der Croceanischen Philosophie und damit nach der Verbindung zur Philosophie der Praxis als Historischen Materialismus und ihren «Residuen» in Croces Philosophie. Er betont die Bedeutung von Croces historiographischem Denken – sie stelle «wesentlich eine Reaktion auf den ‹Ökonomismus› und den fatalistischen Mechanizismus dar, auch wenn sie als Überwindung der Philosophie der Praxis auftritt». (ebd.) Ausgehend von Croces Positionierung während des Ersten Weltkrieges arbeitet Gramsci dessen Haltung heraus, die er auch über die Zeit des Krieges im Werk Croces für gültig hält. Zum einen sehe Croce «im Moment des Friedens den des Krieges und im Moment des Krieges den des Friedens» und kämpfe dafür, «daß die Möglichkeit der Vermittlung zwischen den beiden Momenten niemals zerstört werden» könne. (GH,

73 Für Gramscis Ausführungen zu Croces Verhältnis zur Religion, siehe § 5 im gleichen Heft, S. 1233–1235.

Bd. 6, H10 I, §1, S. 1229) Aber diese hegelianische Interpretation des Krieges sei nicht das Entscheidende, genauso wenig wie die religiöse Facette der Propaganda, die den Krieg als einen kulturellen Krieg darstellt.

«*Worauf es Croce ankommt, ist, daß sich die Intellektuellen nicht auf das Niveau der Masse hinabbegeben, sondern verstehen, daß die Ideologie das eine ist, praktisches Instrument für das Regieren, und etwas anderes die Philosophie und die Religion, die im Bewußtsein der Priester selbst nicht prostituiert werden darf. Die Intellektuellen sollen Regierende sein und keine Regierten, Konstrukteure von Ideologien, um die anderen zu regieren, und keine Scharlatane, die sich von den eigenen Schlangen beißen und vergiften lassen.*» *(ebd.)*

Die so wiedergegebene Haltung Croces hat eine vermeintliche Nähe zu Gramscis eigener Konzeption der Funktion der Intellektuellen. Vermeintlich insofern, dass hier den Intellektuellen zwar die Fähigkeit und die Notwendigkeit einer eigenständigen, begründeten politischen Haltung und eben auch Opposition zugesprochen wird. Das Verhältnis zur sogenannten Masse allerdings ist ein abgehobenes und hierarchisches, das die Intellektuellen selber zu Herrschern der Masse macht. Daher lässt Gramsci dem Absatz die Polemik folgen, dass Croces Haltung während des Krieges «einzig mit der des Papstes verglichen werden» könne, «der das Oberhaupt der Bischöfe war, welche die Waffen der Deutschen und der Österreicher segneten, und derjenigen, welche die Waffen der Italiener und Franzosen segneten, ohne daß hierin ein Widerspruch läge». (ebd.: 1230)

Innerhalb der Tradition der italienischen Geschichtsschreibung setze Croce die Geschichtsschreibung der Neoguelfen[74] von vor 1848 fort als «ein degenerierter und verstümmelter Hegelianismus» und damit die Restauration, die jedes Einwirken großer Volksmassen und jakobinischer Bewegungen fürchte. (vgl. GH, Bd. 6, H10, I, §6, S. 1236) Die Auseinandersetzung mit Croces hegelianischer Geschichtsschreibung und -deutung, die Gramsci hier vornimmt, ist gespickt mit heftigen Attacken,

74 Die Neoguelfen waren eine politische Gruppierung, die während des Risorgimento eine katholisch-reformistische Position einnahm und einen Ausgleich zwischen den Machtinteressen des Vatikans und der Errichtung eines italienischen Einheitsstaates suchte. Die Bezeichnung geht auf die Guelfen des italienischen Mittelalters zurück (u.a. zur Zeit Dantes), die zumindest tendenziell den Papst unterstützten, während die Ghibellinen kaisertreu waren.

die einerseits darauf zielen, Croce als wirkmächtigen Teil eines universalisierenden liberal-bürgerlichen Herrschaftsverhältnisses zu kritisieren sowie gleichzeitig Begriffe und Konzepte von Croce und dem Idealismus zurückzugewinnen. Das Verhältnis von Historischem Materialismus beschäftigt Gramsci logischerweise nicht nur im Werk von Croce, sondern auch in Bezug auf Hegel, Marx und Engels. Im gleichen Abschnitt folgert Gramsci, dass mit dem Verschwinden der Widersprüche auch der Historische Materialismus verschwinden müsse.

«In einem bestimmten Sinn ist der Historische Materialismus mithin eine Reform und eine Entwicklung des Hegelianismus, er ist die von jedem einseitigen und fanatischen ideologischen Element befreite Philosophie, er ist das volle Bewußtsein der Widersprüche, in denen der Philosoph selbst, individuell oder als ganze gesellschaftliche Gruppe genommen, die Widersprüche nicht nur begreift, sondern sich selbst als Element des Widerspruchs setzt und dieses Element zum politischen Prinzip und dem des Handelns erhebt.» (GH, Bd. 3, H4, §45, S. 510)

Diese Vorzüge Hegels (siehe hierzu GH, Bd. 6, H10, §4, S. 1256f), die für Marx und Engels wertvollen Grund für ihre Thesen und Ausarbeitungen lieferten, erscheinen Gramsci bei Croce pervertiert oder radikalisiert, wie Thomas (2009: 264) argumentiert:

«Hegelian Geist *aspires to be omniscient, but it is continually fractured by the phases of self-alienation it must undertake in order to maintain itself as itself, defined by a dialectic of self-presence and absence. Croce's* Spirito, *on the other hand, is always and everywhere identical with itself, completly present in the world as Spirit at any one moment.»*

Dieses Aushebeln der Hegel'schen Dialektik, die in Croces neoidealistischer Variante durch ein in letzter Instanz metaphysisches bzw. spekulatives System ersetzt wird, ist es, wo Gramsci einhakt. Er kritisiert Croce am Beispiel seines Theorems der «ethisch-politischen Geschichte», die für Croce den Bereich der Kultur, Zivilgesellschaft meint, während Geschichte in Gentiles Aktualismus immer Geschichte des Staates ist. (vgl. GH, Bd. 4, H 6, § 10, S. 718) Gramsci stellt darüber hinaus fest, dass Croce Geschichte und seine «Katharsis» ausschließlich als kulturelle Differenzierungen, als Dialektik von Formen des Geistes verstehen kann. (vgl. GH, Bd. 6, H10 I, §7, S. 1238) Diese Kritik hat Auswirkungen auf das Verständnis von Politik, wie Gramsci sie bei Croce kritisiert und er sie selber in den Gefängnisheften entwickelt. «Man sieht, daß die ethisch-politische Geschichte eine willkürliche und mechanische Hypostasierung des Moments der Hegemonie, der politischen Führung, des Konsenses im Leben und in der Entfaltung der Aktivität des Staates und der Zivilgesellschaft ist.» (ebd.) Offensichtlich wird das im zweiten Teil des Themenheftes 10, in dem die Frage von Identität von Geschichte und Philosophie bzw. von Geschichte und Politik bzw. von Philosophie und Politik diskutiert wird.[75] Darin argumentiert Gramsci, dass Croces Auffassung von Philosophie und Geschichte als Einheit erst Sinn ergebe, wenn auch Geschichte als Politik aufgefasst werde, d.h. Politik als aktive Interpretation von Geschichte und konkreten Ausdruck von Philosophie zu verstehen sei sowie jeweils umgekehrt. (vgl. GH, H 10 II, §2, S. 1255f). Dieser Meta-Einwand ist entscheidend in der Auseinandersetzung mit Croce und den idealistischen Wurzeln des Historischen Materialismus, insofern er Gramsci erlaubt, ganz im Sinne seiner historischen und materialistischen Interpretation der Feuerbach-Thesen, den absoluten Historizismus als Produkt menschlichen Handels und somit Philosophie und Geschichte als Politik zu begreifen.[76]

«Die Kritik des Geschichtsbegriffs bei Croce ist wesentlich: hat sie nicht einen rein büchermäßigen und gelehrten Ursprung? Einzig die Identifizierung von Geschichte und Politik nimmt der Geschichte diesen ihren Charakter. Wenn der Politiker ein Historiker ist (nicht nur im Sinn dessen, daß er Geschichte macht, sondern im Sinn dessen, daß er beim Wirken in der Gegenwart die Vergangenheit interpretiert), ist der Historiker ein Politiker, und in diesem Sinn (der im übrigen auch bei Croce aufscheint) ist die Geschichte immer zeitgenössische Geschichte, das heißt Politik: doch Croce vermag zu dieser notwendigen Schlußfolgerung nicht vorzudringen, eben weil sie zur Identifizierung von Geschichte und Politik und folglich von Ideologie und Philosophie führt.» (GH, Bd. 6, H10 II, §2, S. 1255f)

Die Dialektik aus Philosophie, Geschichte und Politik ist der Schlüssel zu den Gefängnisheften und zu Gramscis politischer

75 Dieser II. Teil des zehnten Heftes wurde von Gerratana mit «Die Philosphie Benedetto Croces» überschrieben. Es handelt sich hierbei um B-Texte. Für die genauen editorischen Angaben vergleiche den kritischen Apparat (A 553 und A 570) am Ende des deutschen Bandes.

76 Vgl. zu diesem Komplex die ausgezeichnete Darstellung von Thomas 2009: 275–294.

Theorie. Um die Philosophie der Praxis weiterzuentwickeln, bleibt Gramsci während der Arbeit an den Gefängnisheften stets seiner Methode treu. Er kritisiert die zeitgenössische Philosophie und insbesondere die Formen des Marxismus, die zu seiner Zeit populär waren und prüft sie auf ihre Brauchbarkeit für die eigenen Zwecke und die Philosophie der Praxis. In dieser Auffassung von Historischem Materialismus steckt die Forderung, Politik als geschichtlichen Ausdruck konkreter Philosophie, Geschichte als Konsequenz menschlichen Handels und Philosophie als politisch wirkmächtig zu denken. So ist Gramscis Reinterpretation als Philosophie der Praxis verständlich. Ganz im Einklang mit seiner Einschätzung, dass das Wesentliche an Croce sein Geschichtsbegriff ist, werden diese theoretischen Überlegungen auch im Begriff des «absoluten Historizismus» deutlich, den Gramsci ebenfalls von Croce entlehnt, bearbeitet und für sich nutzbar macht.

In Abgrenzung zu statischen Auffassungen von Philosophie und so eben im Unterschied zum Idealismus steckt in dieser Argumentation für den Historischen Materialismus als unabhängige und eigenständige Philosophie, die nicht unter einer anderen philosophischen Strömung subsumiert werden kann, der Einfluss Labriolas (s.o.). *«Vom theoretischen Standpunkt läßt sich der Marxismus mit keiner anderen Philosophie verwechseln oder auf sie zurückführen: er ist nicht nur insofern originell, als er einen völlig neuen Weg eröffnet, das heißt die Auffassungsweise von Philosophie von oben bis unten erneuert.»* Gramsci besteht hier darauf, dass Marx «Immanenz» eine eigene Bedeutung gegeben hat, sich daher nicht eigentlich innerhalb eines anderen Denksystems bewegt. Er fährt fort: *«Bei diesem Ausdruck ‹historischer Materialismus› hat man das Hauptgewicht auf das zweite Glied gelegt, während es dem ersten gegeben werden müßte: Marx ist wesentlich ‹Historizist› usw.»*[77] (GH, Bd. 3, H4, §11, S. 471) Gramsci betont eben genau den geschichtlichen Aspekt des Marxismus.

«Die Philosophie der Praxis ist der absolute ‹Historizismus›, die absolute Verweltlichung und Diesseitigkeit des Denkens, ein absoluter Humanismus der Geschichte. Auf dieser Linie ist der Richtung der neuen Weltauffassung auf den Grund zu

77 Diese Notiz ist ein A-Text, mit «Grundprobleme des Marxismus» überschrieben und im Themenheft 1, §27 als C-Text wieder aufgenommen, der im Folgenden zitiert wird.

gehen.» (GH, Band 6, H11, §27, S. 1430; vgl. dazu Thomas 2009: 243; 267)

Einen weiteren, bedeutenden Teil des Themenheftes 11 nimmt die Kritik an der mechanizistischen bzw. deterministischen Tradition des Marxismus ein, die analog zu den Naturwissenschaften bemüht ist, den Marxismus durch Gesetzmäßigkeiten zu beschreiben. Gramsci geht also sowohl gegen die metaphysischen und spekulativen Elemente der Philosophie vor, als auch gegen die starre Systematik. Exemplarisch für diese Formen von «Marxismus» steht die Auseinandersetzung mit Nikolai Bucharin und seinem «Gemeinverständlichen Lehrbuch der marxistischen Soziologie».[78] An Bucharin und seinem Lehrbuch entwickelt Gramsci eine Kritik der Wissenschaft und des Positivismus. Aus der Perspektive der Philosophie der Praxis, der Einheit von Geschichte, Philosophie und Politik, betont er die Bedeutung des Alltagsverstandes, also die tatsächlich existierenden philosophischen Annahmen der Menschen und ihrer kulturellen Praxen, als notwendigen Ausgangspunkt einer Einführung in die Philosophie.

«Eine Arbeit wie das Gemeinverständliche Lehrbuch, *die im wesentlichen für eine Gemeinschaft von Lesern bestimmt ist, die keine Berufsintellektuellen sind, hätte von der kritischen Analyse der Philosophie des Alltagsverstands ausgehen müssen […]. Der Alltagsverstand ist keine einheitliche, in Raum und Zeit identische Auffassung: er ist die ‹Folklore› der Philosophie, und wie die Folklore bietet er sich in unzähligen Formen dar: sein grundlegender und charakteristischer Zug ist es, eine (auch in den einzelnen Hirnen) auseinanderfallende, inkohärente, inkonsequente Auffassung zu sein, der gesellschaftlichen und kulturellen Stellung der Volksmengen entsprechend, deren Philosophie er ist.» (GH, Bd. 6, H11, §13, S. 1393f)*

Der Alltagsverstand, Italienisch «senso comune», ist der Stand der Philosophie in der Bevölkerung, er ist Ausdruck der sozialen Praxen, in ihm zeigen sich die praktischen Widersprüche innerhalb der Gesellschaft. Diese implizite Philosophie des

78 Nikolai Iwanowitsch Bucharin (1888–1938) nahm an den russischen Revolutionen Teil und zählte sowohl unter Lenin als auch unter Stalin zu den führenden Theoretikern der *KPdSU*, bis auch er den stalinistischen «Säuberungen» zum Opfer fiel und nach den Moskauer Schauprozessen exekutiert wurde. Der eigentliche Titel von Bucharins Buch, auf das Gramsci sich hier bezieht, lautet «Theorie des historischen Materialismus. Gemeinverständliches Lehrbuch der marxistischen Soziologie» (1922).

Alltagsverstands ist das «Terrain der Widersprüche» und diese passive Philosophie (vgl. Luporini 1958: 40) zu einer kohärenten Form zu bringen, ist die Aufgabe, die Gramsci für kritische Theorie, für die Philosophie der Praxis formuliert. «Im Alltagsverstand herrschen die ‹realistischen›, materialistischen Elemente vor, das heißt das unmittelbare Produkt der rohen Empfindung, was im übrigen nicht im Widerspruch steht zum religiösen Element, ganz im Gegenteil; aber diese Elemente sind ‹abergläubisch›, unkritisch.» (GH, Bd. 6, H11, §13, S. 1395)

Die Einwände, die Gramsci gegen den Geschichtsbegriff bei Croce einbringt, führen ihn zu einer Kritik der Wissenschaften, insofern sie die Geschichtlichkeit der Welt und der eigenen Herangehensweise ignorieren. Der Verweis auf den Alltagsverstand als Gegenstand und Ausgangspunkt einer tatsächlichen Philosophie, denn dieser ist immer auch Philosophie, Politik und Geschichte, wendet sich gegen rein-logische Begriffskonstruktionen und «philosophische» Grundlegungen eines Begreifens der Welt. Das schließt die Methode mit ein, sowohl der idealistischen Philosophie als auch der Naturwissenschaften, insofern ihre Methode, Definitionen und Annahmen an den wissenschaftlichen Gegenstand heranragen. Gramsci übt so, an Bucharin wie an den Wissenschaften, die von unumstößlichen, zeitlosen, also ahistorischen Kategorien ausgehen, eine grundlegende erkenntnistheoretische Kritik. Für die Philosophie der Praxis fordert er genau diese Geschichtlichkeit ein, auch in Bezug auf die Philosophie der Praxis selber, die er als «im Werden» beschreibt. Er bezieht sich dabei in den Gefängnisheften wiederholt und zentral auf die «Philologie» als Methode und als Vorschlag, das positivistische und ahistorische Denken hinter sich zu lassen.

Bucharin sei nicht in der Lage, Philosophie als Geschichtlichkeit aufzufassen. «Der Verfasser verfällt statt dessen voll in den Dogmatismus und folglich in eine, wenn auch naive Form von Metaphysik [...].» (GH, Bd. 6, H11, §14, S. 1399) Gleichzeitig greift Gramsci Bucharin als positivistisch für den Versuch an, Geschichte und ihre Ereignisse durch wissenschaftliche Regeln und Gesetze bestimmen und vorhersehen zu wollen.

«Die Philosophie des Gemeinverständlichen Lehrbuchs *(die in ihm impliziert ist) kann als positivistischer Aristotelismus bezeichnet werden, eine Anpassung der formalen Logik an die Methoden der physikalischen und Naturwissenschaften. Das Kausalitätsgesetz, die Erforschung der Regelmäßigkeit, Nor-*

malität, Gleichförmigkeit werden an die Stelle der geschichtlichen Dialektik gesetzt.» (GH, Bd. 6, H11, §14, S. 1399F; vgl. auch H11, §22, S. 1419)

«In Wirklichkeit läßt sich ‹wissenschaftlich› nur der Kampf vorhersehen, nicht jedoch die konkreten Momente desselben, die einzig aus den gegensätzlichen Kräften resultieren können, die in fortwährender Bewegung, und nie auf feste Quantitäten reduzierbar sind, weil in ihnen die Quantität fortwährend Qualität wird. In Wirklichkeit wird in dem Maße ‹vorhergesehen›, in dem man tätig ist, in dem man eine willentliche Anstrengung einsetzt und folglich konkret dazu beiträgt, das ‹vorhergesehene› Resultat zu schaffen.» (GH, Bd. 6, H11, §15, S. 1400)

Sich wieder auf die Feuerbachthesen beziehend, kritisiert er diese Art von Wissenschaft als abstrakt und dafür geeignet, eben «vorhersehbare Resultate» zu schaffen. An Stelle eines geschlossenen Systems von Erkenntnisproduktion und möglicher Handlung denkt Gramsci die relative Kontingenz geschichtlicher Entwicklungen, materieller Bedingungen und konkreten politischen Handelns.

«Die Erfahrung, auf der die Philosophie der Praxis gründet, kann nicht schematisiert werden; sie ist die Geschichte selbst in ihrer unendlichen Varietät und Vielfalt, deren Studium Anlaß zur Geburt der ‹Philologie› geben kann, als Methode der Gelehrsamkeit zur Feststellung der Einzeltatsachen, und zur Geburt der Philosophie, verstanden als allgemeine Methodologie der Geschichte.» (H11, §25, S. 1423)

Er schließt derweil die Nützlichkeit einer Soziologie, «verstanden als Wissenschaft der Gesellschaft, das heißt als Wissenschaft von der Geschichte und der Politik, die nicht die Philosophie der Praxis selber wäre» (GH, Bd. 6, H11, §25, S. 1423), also eine andere als die Bucharins, nicht aus, insofern sie durch empirische Arbeit und nützliche Beobachtungen die Philologie ergänzt werden könne. Gegen die absolute «Objektivität» der naturwissenschaftlichen Methoden argumentiert Gramsci mit seiner dialektischen Geschichtsauffassung. Er zitiert Engels' Satz aus dem Anti-Dühring, «[d]ie wirkliche Einheit der Welt besteht in ihrer Materialität» und erinnert daran, dass Erkenntnis das Resultat kollektiver, menschlicher Handlungen sei.

«Der Mensch erkennt objektiv, insofern die Erkenntnis für die gesamte in einem einheitlichen kulturellen System geschichtlich *vereinte menschliche Gattung wirklich ist; aber dieser ge-*

schichtliche Vereinigungsprozeß erfolgt mit dem Verschwinden der inneren Widersprüche, welche die menschliche Gesellschaft zerreißen, Widersprüche, die die Bedingung für die Gruppenbildung und für die Entstehung der Ideologien sind, die nicht konkret universell sind, sondern durch den praktischen Umgang ihrer Substanz unmittelbar hinfällig gemacht werden. Es gibt daher einen Kampf um Objektivität (um sich von den partiellen und trügerischen Ideologien zu befreien), und dieser Kampf ist der Kampf um die kulturelle Vereinigung der menschlichen Gattung selbst. Was die Idealisten ‹Geist› nennen, ist nicht Ausgangspunkt, sondern Ankunftspunkt, das Ensemble der Superstrukturen im Werden, hin zur konkreten und objektiv universellen Vereinigung, und nicht etwa eine einheitliche Voraussetzung usw.» GH, Bd. 6, (H11, §17, 1411f)

Die Aufwertung des Alltagsverstandes als Philosophie, sei sie auch inkohärent, und das Bekenntnis zu kulturellen Praxen der Masse als Ausgangspunkt der Philosophie der Praxis steht einerseits im Gegensatz zu den geistigen Theorien des Idealismus. Andererseits unterscheidet sich Gramsci in diesem Sinne von Interpretationen der Welt als bloßer «difference» und genauso ist es mit Gramscis Haltung nicht möglich, marxistische Dualismen wie «falsches Bewußtsein» zu vertreten. Die Philosophie der Praxis, Gramscis Philosophie der Praxis, ist dabei ebenso seiner eigenen Geschichtlichkeit unterworfen und macht sich in diesem Sinne selber zum Problem ihrer eigenen Fragestellung.

«Daß die Philosophie der Praxis sich selbst historizistisch auffaßt, das heißt als eine transitorische Phase des philosophischen Denkens, ergibt sich – außer implizit aus dem gesamten System – explizit aus der bekannten These, daß die geschichtliche Entwicklung an einem gewissen Punkt durch den Übergang vom Reich der Notwendigkeit zum Reich der Freiheit gekennzeichnet werden wird. […] In einem bestimmten Sinn ist die Philosophie der Praxis eine Reform und Entwicklung des Hegelianismus, ist eine von jedem einseitigen und fanatischen ideologischen Element befreite (oder sich zu befreien suchende) Philosophie, ist das volle Bewußtsein der Widersprüche, in denen der Philosoph selbst, individuell oder als ganze gesellschaftliche Gruppe genommen, die Widersprüche nicht nur begreift, sondern sich selbst als Element des Widerspruchs setzt, dieses Element zum Prinzip der Erkenntnis und folglich des Handelns erhebt. Der ‹Mensch im allgemeinen›, wie immer er auftreten mag, wird

negiert, und alle dogmatischen ‹Einheits›-Begriffe werden aufgelöst und zerstört, insofern sie Ausdruck des ‹Mensch im allgemeinen› oder des jedem Menschen innewohnenden ‹menschlichen Wesens› sind.» (GH, Bd, 6, H11, §62, S. 1474f)

Das Auflösen der Begriffe und Widersprüche, was in Gramscis Notiz eine Utopie zu sein scheint, lässt sich nicht theoretisch behaupten oder gar verwirklichen. In Gramscis Darstellung werden die Widersprüche in der Philosophie notwendigerweise als zu Überwindendes aufgenommen und eben «zum Prinzip der Erkenntnis und des Handelns» erhoben. Das geschlossene System des geschichtlichen Jetzt wird nicht durch eine metaphysische Utopie ersetzt, sondern selber als Prozess und Werden einer zu schaffenden, geschichtlichen Zukunft.

Mit der erneuten Positionierung zum Hegelianismus geht hier auch eine Kritik des Freiheitsbegriffs, wie er in dieser Form auch heute aktuell ist, einher. Er negiert Freiheit als Möglichkeit, in seiner konkreten Form und in Form von Philosophie, da auch sie geschichtlich nur aus den Widersprüchen hervorgehen kann. Damit formuliert Gramsci eine theoretische Grenze, eine Grenze der Philosophie der Praxis auf deren anderen Seite, laut Gramsci, die Utopie beginnt.

«Aber wenn auch die Philosophie der Praxis ein Ausdruck der geschichtlichen Widersprüche ist, ja sogar deren vollendetster, weil bewußter Ausdruck ist, so bedeutet das, daß auch sie an die ‹Notwendigkeit› und nicht an die ‹Freiheit› gebunden ist, die es nicht gibt und geschichtlich noch nicht geben kann. Wenn man also aufzeigt, daß die Widersprüche verschwinden werden, zeigt man implizit auf, daß auch die Philosophie der Praxis verschwinden wird, das heißt aufgehoben wird: im Reich der ‹Freiheit› wird das Denken, werden die Ideen nicht auf dem Terrain der Widersprüche und der Notwendigkeit des Kampfes entstehen können. Gegenwärtig kann der Philosoph (der Praxis) nur diese allgemeine Aussage treffen und nicht darüber hinausgehen: er vermag in der Tat dem gegenwärtigen Terrain der Widersprüche nicht zu entkommen, er vermag allenfalls ganz allgemein eine Welt ohne Widersprüche behaupten, ohne unmittelbar eine Utopie hervorzubringen. Das heißt nicht, daß die Utopie keine philosophische Bedeutung haben kann, da sie doch eine politische Bedeutung hat und jede Politik implizit eine Philosophie ist, sei auch sie zusammenhangslos und skizzenhaft.» (GH, Bd. 6, H11, §62, S. 1475)

3.3 Hegemonie und Hegemonien

Hegemonie wird als das zentrale Theorem Gramscis angesehen und findet breite Verwendung über die Grenzen der kritischen Wissenschaft und linker Politik hinaus. Der Begriff kommt in den Gefängnisheften allerdings in verschiedenen Bedeutungen, Varianten und Kontexten vor. Er taucht in der Bedeutung von Klassenallianz auf, nah an der Verwendung Lenins, in der Bedeutung von Herrschaft einer Klasse innerhalb einer Gesellschaft, als Strategie subalterner Gruppen sowie in der alltagssprachlichen Bedeutung von Vorherrschaft. So ist auch erklärbar, dass die Interpretationen und Aneignungen des Begriffs in Theoriebildungen nach Gramsci kein einheitliches Bild abgeben. Es ist daher notwendig diese Formen von Hegemonie kontextgebunden und in ihren analytischen Bedeutungen zu betrachten.

Woher Gramsci das Wort Hegemonie entlehnt, ist immer wieder Gegenstand von Debatten gewesen. Der Begriff ist alt[79] und bekommt aber bei Gramsci spezifische theoretisch-analytische Bedeutungen, die untrennbar mit seiner Auffassung der Philosophie der Praxis und des Staates sowie Konzepten wie geschichtlicher Block und intellektuell-moralischer Führung verbunden sind.

Bekanntheit erlangte der Begriff durch seine Verwendung innerhalb der russischen Sozialdemokratie während der Zarenherrschaft im späten 19. Jahrhundert.[80] Erste strategische Verwendungen erfuhr er durch Georgi Walentinowitsch Plechanow und Lenin eignete sich ihn an. Nach der gescheiterten Revolution von 1905 polemisierte Lenin gegen die reformorientierte Sozialdemokratie (Menschewiki) und sprach sich für ein strategisches Bündnis mit der Kleinbourgeoisie und den Bauern unter Führung des Proletariats aus:

«Als die einzige konsequent revolutionäre Klasse der modernen Gesellschaft muss das Proletariat der Führer sein, der Hegemon

79 Hegemonie (alt. gr. Hēgemonía = Oberbefehl, Herrschaft) war schon in der Antike ein Begriff, der ein politisches Verhältnis ausdrückt, und bezeichnete die Vorherrschaft eines Staates über einen anderen, wie es zwischen Stadtstaaten vorkam. Vgl. hierzu Gruppi, Luciano 1977: Gramsci – Philosphie der Praxis und die Hegemonie des Proletariats, Berlin; S. 36.

80 Zur Bedeutung von Hegemonie für die russische Arbeiterbewegung vergleiche die Darstellung bei Schreiber 1982: 24–37.

im Kampf des ganzen Volkes für die vollständige demokratische Umwälzung, im Kampf aller Werktätigen und Ausgebeuteten gegen die Unterdrücker und Ausbeuter. Das Proletariat ist nur insofern revolutionär, als es sich dieser Idee der Hegemonie bewusst ist und in die Tat umsetzt. Der Proletarier, der sich der Idee der Hegemonie nicht bewusst geworden ist oder diese Idee verleugnet, ist ein Sklave, der seinen Sklavenzustand nicht begreift.» (Lenin 1978: 219f)

Gramsci, der spätestens durch seinen Aufenthalt 1922 in Moskau als Repräsentant der *PCI* im Exekutivkommittee der *KPdSU* mit den russischen Debatten vertraut gewesen ist, verwendet Hegemonie in dem Fragment gebliebenen Artikel über die Frage des italienischen Südens auf identische Art und Weise. Im Artikel, der hier rückblickend die Arbeit der Turiner Kommunisten zu Anfang der 1920er-Jahre in Bezug auf den bäuerlichen Süden reflektiert, heißt es:

«Die Turiner Kommunisten hatten sich konkret die Frage der ‹Hegemonie des Proletariats› gestellt, das heißt die Frage der sozialen Basis der proletarischen Diktatur und des Arbeiterstaates. Das Proletariat kann in dem Maße zur führenden Klasse werden, wie es ihm gelingt, ein System von Klassenbündnissen zu schaffen, das ihm gestattet, die Mehrheit der werktätigen Bevölkerung gegen den Kapitalismus und den bürgerlichen Staat zu mobilisieren; und das bedeutet in Italien, unter den real bestehenden Klassenverhältnissen, in dem Maße, wie es ihm gelingt, die Zustimmung der breiten, bäuerlichen Massen zu gewinnen.» (Gramsci 1980: 191)

In den Gefängnisheften taucht Hegemonie das erste Mal in einer längeren Notiz zu den Dynamiken zwischen den politischen Gruppen des italienischen Einigungsprozesses im 19. Jahrhundert, dem Risorgimento, auf. Gramsci interessieren die Beziehungen zwischen den Akteuren, die an den politischen und militärischen Kämpfen im Risorgimento und so an der Staatswerdung nach 1861 beteiligt waren. Die ersten Einheitsbestrebungen fallen in die Jahre zwischen der Französischen Revolution 1789 und der restaurativen Neuordnung Europas nach dem Wiener Kongress 1814/15. Das Risorgimento, der politische und kulturelle Prozess der italienischen Staats- und Nationenbildung, bezeichnet die Periode zwischen 1815 und 1870. In diesem komplexen und langwierigen politischen Kampf setzte sich die liberale *Partito Moderato* unter der Führung von Ca vour gegenüber der Aktionspartei, der unter anderem Giuseppe Garibaldi und Giuseppe Mazzini angehörten, durch und es kam zur Verwirklichung einer konstitutionellen Monarchie gegenüber der progressiveren Alternative einer demokratischen Republik. Im Gegensatz zur Aktionspartei konnten sich die *Moderati* auf eine historische Klasse beziehen. Dies verlieh ihr eine gewisse Homogenität und vereinfachte die Führung innerhalb der Moderati, aber auch im Verhältnis zur Aktionspartei: «historisch wurde die Aktionspartei also von den Moderati gelenkt». (GH, Bd. 1, H1, §44, S. 101)

«Das historisch-politische Kriterium, das den eigentlichen Untersuchungen zugrunde gelegt werden muß, ist folgendes: daß eine Klasse auf zweierlei Weise herrschend ist, nämlich ‹führend› und ‹herrschend›. Sie ist führend gegenüber den verbündeten Klassen und herrschend gegenüber den gegnerischen Klassen.» (ebd.)

Für dieses Führungsverhältnis sieht Gramsci eine Kontinuität auch nach 1870, was er als «trasformismo» beschreibt:

«[...] die gesamte italienische Politik von 70 bis heute ist durch den ‹trasformismo› geprägt; das heißt durch die Herausbildung einer führenden Klasse innerhalb des nach 48 von den Moderati festgesetzten Rahmens, wobei die aktiven Elemente, die aus den verbündeten und auch aus den feindlichen Klassen hervorgegangen sind, aufgesogen werden.» (ebd.)

Ab der 1815 in Europa von Frankreich aus einsetzenden Restauration spricht Gramsci von einer bis in seine Zeit andauernden Phase der passiven Revolution bzw. des Trasformismo. Er versteht dabei die passive Revolution als Gegenstück zur Revolution jakobinischen Typs (vgl. GH, Bd. 6, H10 II, S. 1362, sowie Bd. 5, H8, §240, S. 1083), die sich durch die Initiative einer zur Partei gewordenen Bewegung und einer radikalen Politik für die Massen auszeichnet und den strukturellen Umbau und die Freiheit der Bevölkerungsmehrheit zum Ziel hat.

«Vincenzo Cuoco hat passive Revolution diejenige genannt, die in Italien als Reaktion auf die napoleonischen Kriege stattgefunden hat. Der Begriff passive Revolution scheint mir nicht nur für Italien passend zu sein, sondern auch für die anderen Länder, die den Staat über eine Reihe von Reformen oder nationalen Kriegen modernisierten, ohne die politische Revolution radikal-jakobinischen Typs zu durchlaufen.» (GH, Bd. 3, H4. §57, S. 545)

Für den Prozess des Risorgimento bemerkt Gramsci, dass Piemont, also das damalige Königreich Sardinien-Piemont, die Funktion der führenden Klasse ausgeübt habe, also ein Staat die Funktion der Bewegung in der (passiven) Revolution ersetzt: *«Diese Tatsache ist für den Begriff der ‹passiven Revolution› von größter Bedeutung: daß nämlich nicht eine gesellschaftliche Gruppe die Führerin anderer Gruppen ist, sondern der Staat, wenn auch als Macht eingeschränkt, der ‹Führer› der Gruppe ist, die eigentlich die führende sein müsste, und dieser ein Heer und eine diplomatisch-politische Gewalt zur Verfügung stellen kann.» (GH, Bd. 7, H15, §59, S. 1778)*

Die *Moderati* waren also in der Lage, innerhalb der Einheitsbewegung eine führende Stellung einzunehmen und letztendlich die Bewegung selber zu werden. Dieses Verhältnis drückt sich wiederum in der späteren Staatswerdung aus, weswegen Gramsci den historischen Prozess als Doppelschritt theoretisiert: «Es kann und es muss eine ‹politische Hegemonie› auch vor Regierungsantritt geben, und man darf nicht nur auf die durch sie verliehene Macht und die materielle Stärke zählen, um die politische Führung oder Hegemonie auszuüben.» (GH, H1, §44, S. 102)[81] Im Zitat wird implizit die Bedeutung ideologischer Macht herausgestellt, die für die Führung unabdingbar ist. Gramsci beschreibt die *Moderati* daher auch als Intellektuelle, die organisch mit den Zielen einer liberalen gesellschaftlichen Klasse verbunden sind und als Avantgarde ein Ausdruck dieser Klasse sind und in der Lage waren, weitere gemäßigte Intellektuelle im ganzen Land anzusprechen, «spontan» zu aktivieren sozusagen. Gramsci folgert daraus allgemein, «es gibt keine unabhängige Klasse von Intellektuellen, sondern jede Klasse hat ihre Intellektuellen; aber die Intellektuellen der historisch progressiven Klasse üben eine solche Anziehungskraft aus, daß sie sich letztlich die Intellektuellen der anderen Klassen unterordnen» (ebd.)[82]. Gera-

81 Es handelt sich bei dem zitierten Paragraphen um einen A-Text; im C-Text (GH, Bd. 8, H19, §24, S. 1847) heißt es: «dass sich die Suprematie einer gesellschaftlichen Gruppe auf zweierlei Weise äußert, als ‹Herrschaft› und als ‹intellektuelle und moralische Führung›. Eine gesellschaftliche Gruppe kann und muss sogar führend sein, bevor sie die Regierungsmacht erobert (das ist eine der Hauptbedingungen für die Eroberung der Macht); danach, wenn sie die Macht ausübt und auch fest in Händen hält, wird sie herrschend, muss aber weiterhin auch ‹führend› sein.»

82 Über die Absorption verbündeter und gegnerischer Kräfte heißt es im C-Text (GH, Bd. 8, H19, §24): «In diesem Sinne ist die politische Führung zu einem Aspekt der Herrschaftsfunktion geworden, insofern die

de weil die Aktionspartei selber kein eigenes Programm, das, wie Gramsci vorschlägt, populär und demokratisch hätte sein und die Bedürfnisse der Bauern berücksichtigen hätte müssen, entwickelt hatte, war sie nicht im Stande selber diese Anziehungskraft zu entwickeln und eine «autonome Kraft» zu werden. (vgl. GH, H1, §44, S. 103) In der gleichen Notiz weitet Gramsci seine Überlegungen auf die Französische Revolution aus, indem er einen Vergleich der Jakobiner[83] mit der Aktionspartei anstellt, und macht einige Bemerkungen über die historische Situation in Deutschland, Österreich und England. (ebd., S. 111–116) Im Hinblick auf die internationalen Faktoren, die auch auf das Risorgimento einwirkten, und als Erklärung für die ähnlichen Erscheinungsformen der nationalen Fragen in verschiedenen Ländern, spricht Gramsci, besonders auf die Jahre zu Beginn des 19. Jahrhunderts bezogen, von einer Hegemonie Frankreichs im alltagssprachlichen Sinne. (ebd., S. 115) Wesentliche Umstände für die Entwicklungen des Risorgimento identifiziert Gramsci in der Nord-Süd-Struktur des unvereinigten Italiens und darin, dass Italien zu dieser Zeit keine Kolonialmacht und ökonomisch vergleichsweise unterentwickelt war. Ähnlich wie in Deutschland setzte die Industrialisierung Italiens verspätet ein.

In einer nachfolgenden Notiz im gleichen Heft (GH, H1, §48, S. 119ff bzw. H13, §37, S. 1607ff) vertieft Gramsci seine Betrachtungen über die Jakobiner, wobei er Charles Maurras[84] bzw. die Dreyfus-Affäre als Anlass nimmt. Maurras wurde im

---

Absorption der Eliten der feindlichen Gruppen zu deren Enthauptung und Vernichtung für einen oftmals sehr langen Zeitraum führt.»

83 «Das Wort ‹Jakobiner› hat am Ende zwei Bedeutungen angenommen: eine ist die eigentliche, historisch charakterisierte Bedeutung; eine bestimmte Partei der Französischen Revolution, welche die Revolution auf eine bestimmte Weise, mit einem bestimmten Programm, auf der Grundlage bestimmter gesellschaftlicher Kräfte auffaßte und die ihre Partei- und Regierungstätigkeit mit einer bestimmten methodischen Aktion entfaltete, die sich durch eine extreme, vom fanatischen Glauben an die Güte dieses Programmes und dieser Methode abhängigen Energie und Entschlossenheit auszeichnete. In der politischen Sprache wurden die beiden Gesichtspunkte des Jakobinismus auseinandergerissen, und als Jakobiner wurde der energische und entschlossene, weil fanatisch von seiner Idee überzeugte Politiker bezeichnet.» (GH, Bd. 1, H1, §44, S. 105).

84 Charles Maurras (1868–1952) war ein rechtsradikaler französischer Schriftsteller, der sich als aktiver Antisemit und Nationalist nach der Dreyfus-Affäre der Action Francaise anschloss und später u.a. die Kollaboration der Vichy-Regierung mit dem NS-Regime befürwortete. (vgl. auch GH, H1, §18, 75 sowie Anm. 1, A 16)

ausgehenden 19. Jahrhundert zur vielleicht wichtigsten Figur der sich damals neu-formierenden Rechten und wirkt bis heute als Bezugspunkt der Nouvelle Droite (vgl. Kap. 4.6). Die Dreyfus-Affäre markiert in der französischen Geschichte den Beginn der intellektuellen Konterrevolution, in der sich Vertreter des konservativen Katholizismus, Monarchisten und radikale Nationalisten gruppierten. Auf die sogenannte Schreckensherrschaft der Jakobiner folgte so die einsetzende Restauration, während das parlamentarische Regime aufrechterhalten wurde. In der Notiz «Der umgekehrte Jakobinismus von Charles Maurras» (GH, Bd. 1, H1, §48, dazu gehört §18) benennt Gramsci zudem die (einstimmige) Verabschiedung des Le Chapelier-Gesetzes im Juni 1791 als markanten Punkt, der als Reaktion auf Arbeitskämpfe de facto die Streikrechte und Koalitionsfreiheit von Berufsgruppen (Zünfte) einschränkte. (vgl. Gramsci 2000: 246f) Der Jakobinismus erfährt danach, wie Gramsci schreibt, eine Transformation, die die Herrschaft der Städte über das Land festschreibt. Es bildet sich nach der Revolution in Frankreich ein parlamentarisches Staatsgefüge heraus, das durch Unterdrückung von Aufständen und durch eine konsensorientierte Politik eine relative Stabilität erlangt:

«Die Entwicklung des Jakobinismus (dem Inhalt nach) hat ihre formale Vollendung im parlamentarischen Regime erreicht, das in der an ‹privaten› Energien in der Gesellschaft reichsten Periode die Hegemonie der städtischen Klasse über die ganze Bevölkerung verwirklicht, in der hegelianischen Form der Regierung mit dauernd organisiertem Konsens (mit der Privatinitiative überlassenen Organisierung, die somit von moralischem oder sittlichen Charakter ist, weil in der einen oder anderen Weise ‹freiwilliger› Konsens). Die ‹Grenze›, welche die Jakobiner mit dem Gesetz Le Chapelier [oder dem Maximum] gezogen hatten, wird überwunden und durch einen komplexen, theoretisch-praktischen (juristisch-politischen = ökonomischen Prozeß) verschoben, durch den der politische Konsens wiedererlangt (die Hegemonie aufrechterhalten) wird, indem mit der industriellen und kommerziellen Entwicklung bis zur Zeit des Imperialismus und zum Weltkrieg die ökonomische Basis verbreitert und vertieft wird.» (GH, Bd. 1, H1, §48, S. 119)

Das sind historische Betrachtungen über die Situation in Frankreich nach 1789, wie sie Gramsci auch über das Risorgimento anstellt. Die Jakobiner waren gegenüber der Politik des Bürgertums insofern radikal, als dass sie die anderen Gruppen des Dritten Standes, von Handwerkern über die städtische Unterschicht und vor allem die Bauern, berücksichtigten und damit Erfolg hatten. In dieser Hinsicht beschreibt Gramsci die Jakobiner, im Unterschied zur Aktionspartei während des Risorgimento, als führend gegenüber den anderen Gruppen wegen ihrer Fähigkeit, Stadt und Land gleichermaßen anzusprechen. Die Bewertung des Jakobinismus in Frankreich als tatsächlich führende Gruppe, politisch wie intellektuell, ist das entscheidende Merkmal, das die progressiven Gruppen dieser Zeitabschnitte in Frankreich und Italien unterscheidet.

Die Bedeutung von Hegemonie bewegt sich hier zwischen «Führung» und «Herrschaft» sowie einer Verbindung der beiden. Hegemonie im Sinne von Führung betrifft das Verhältnis Stadt-Land und das betrifft das Verhältnis Jakobiner-Liberale/Konservative während und nach der Französischen Revolution. Der Aspekt von Hegemonie als Herrschaft während der französischen Restauration tritt durch Verfestigung der juridisch-politischen Strukturen und über die stabilisierende Wirkung öffentlicher Meinung in Erscheinung:

«Die ‹normale› Ausübung der Hegemonie auf dem klassisch gewordenen Feld des parlamentarischen Regimes zeichnet sich durch eine Kombination von Zwang und Konsens aus, die sich die Waage halten, ohne daß der Zwang den Konsens zu sehr überwiegt, sondern im Gegenteil vom Konsens der Mehrheit, wie er in den sogenannten Organen der öffentlichen Meinung zum Ausdruck kommt, getragen erscheint.» (ebd., S. 120)

Das Regieren durch Konsens geht dabei auf eine Deutung von Hegel zurück: «Regierung mit dem Konsens der Regierten, aber mit dem organisierten Konsens, nicht mit einem allgemeinen und vagen, wie er sich zum Zeitpunkt der Wahlen äußert: der Staat hat und verlangt den Konsens, aber er ‹erzieht› auch zu diesem Konsens mittels der politischen und gewerkschaftlichen Vereinigungen, die jedoch private, der Privatinitiative der führenden Klasse überlassene Organismen sind.» (GH, Bd. 1, H1, §47, S. 118) Gramsci nennt diese Funktionsweise des Staates auch Hegemonieapparat (vgl. ebd.). Das Element des Zwangs ist in den politischen Kämpfen dieser Zeit offensichtlich und zeigte sich immer wieder im blutigen Niederschlagen von Aufständen und Widerstand.

Den Zustand – wenn die herrschende Klasse den Konsens verliert, also Herrschaft ohne Konsens und nur durch Zwang aufrecht erhält, wie der Faschismus, den Gramsci erlebte – beschreibt Gramsci als Autoritätskrise. Diese Krise zeigt sich auch darin, dass vormals bejahte Werte, Glaubensinhalte und alte Ideologien ihre Gültigkeit verlieren, ohne aber durch neue ersetzt worden zu sein.

«Der Aspekt der modernen Krise, der als ‹Materialismuswelle› beklagt wird, ist mit dem verbunden, was ‹Autoritätskrise› heißt. Wenn die herrschende Klasse den Konsens verloren hat, das heißt nicht mehr ‹führend›, sondern einzig ‹herrschend› ist, Inhaberin der reinen Zentralgewalt, bedeutet das gerade, daß die großen Massen sich von der traditionellen Ideologie entfernt haben, nicht mehr an das glauben, woran sie zuvor glaubten usw. Die Krise besteht gerade in der Tatsache, daß das Alte stirbt und das Neue nicht zu Welt kommen kann: in diesem Interregnum kommt es zu den unterschiedlichsten Krankheitserscheinungen.» (GH, Bd.2, H3, §34, S. 354)[85]

Gramsci verweist hier auf eine frühere Notiz, «Die Jugendfrage», wo er ein paralleles Verhältnis von Unterdrückung zwischen jüngeren und älteren Generationen, die die Jüngeren in der Gesellschaft führen, beschreibt:

«Die alte Struktur bindet die neuen Bedürfnisse nicht ein und vermag sie nicht zu befriedigen […]. Außerdem führt diese Situation zu einer ‹geschlossenen Führungsschicht› feudal-militärischen Charakters, das heißt, sie selbst verschärft die Probleme, die sie nicht zu lösen vermag.» (GH, Bd. 1, H1, §127, S. 172)

Das, was heute gerne vereinfachend Diskurs genannt wird, beschreibt Gramsci in den Gefängnisheften als öffentliche Meinung, «als der Berührungspunkt zwischen der ‹Zivilgesellschaft› und der ‹politischen Gesellschaft›, zwischen dem Konsens und der Gewalt». (H7, §83, 916) «Der Staat schafft, wenn er eine wenig populäre Aktion startet, vorbeugend die angemessene öffentliche Meinung, das heißt, er organisiert und zentralisiert bestimmte Elemente der Zivilgesellschaft.» (ebd.) Auch in früheren Formen politisch-gesellschaftlicher Organisation habe es

85 Diese insbesondere bei der Partei DIE LINKE beliebte Passage zum Interregnum hat sich medial verselbstständigt und wird gerne mit dem hinzu gedichteten Schluss «– es ist die Zeit der Monster.» zitiert. Die freie Erweiterung des Zitats geht ursprünglich auf Slavoj Žižek und dessen Artikel »A permanent economic emergency« zurück (2010, New Left Review, 64, July-August, S. 85–95).

Elemente öffentlicher Meinung gegeben, «aber die öffentliche Meinung, wie sie heute verstanden wird, ist am Vorabend des Untergangs der absolutistischen Staaten entstanden, das heißt in der Zeit des Kampfes der neuen bürgerlichen Klasse um die politische Hegemonie und die Erlangung der Macht.» (ebd.) Jede Art von Herrschaft prägt eigene Formen des Regierens aus und die Formen sind historich spezifisch. Diese Historizität gilt auch für die Willensbildung und das Zustandekommen von öffentlicher Meinung im bürgerlichen Nationalstaat.
«Die öffentliche Meinung ist der politische Inhalt des öffentlichen politischen Willens, der ohne Übereinstimmung sein könnte; deshalb gibt es den Kampf ums Monopol der Organe der öffentlichen Meinung: Zeitungen, Parteien, Parlament, damit eine einzige Kraft die Meinung und folglich den nationalen politischen Willen modelliert und die Nichtübereinstimmenden zu einer individuellen und unorganischen Wolke zerstäubt.» (ebd.)

Gramsci fordert dazu auf, Zivilgesellschaft wie Hegel zu denken: «im Sinne von politischer und kultureller Hegemonie einer gesellschaftlichen Gruppe über die ganze Gesellschaft, als ethischer Inhalt des Staates». (H6, §24, 729) Er kontrastiert dieses Verständnis mit dem des Katholizismus, wie es von Pius XI. 1930 in *Civiltà Cattolica* ausgeführt wird, die drei Gesellschaften kennt: Die Familie, die Zivilgesellschaft sowie die übernatürliche, universelle Ordnung der Kirche. Im Gegensatz zu Hegel (bei ihm eigentlich bürgerliche Gesellschaft) ist für die Katholiken Zivilgesellschaft «nicht ‹notwendig›», ist also rein historisch oder kontingent und «der Staat allein die Kirche, sie ist ein universaler und übernatürlicher Staat». (ebd., 730)

Anhand des von Ferdinand Lassalle einst polemisch so genannten Nachtwächterstaats beschäftigt sich Gramsci mit der These, ob eine Staatsform mittels minimaler Eingriffe in das öffentliche Leben insbesondere wirtschaftlicher Art, das Ende der ökonomisch-korporativen Phase mit herbeiführen kann, eben ohne eine neue nur liberal-bürgerliche Ordnung zu produzieren. Gemäß seiner eigenen Unterscheidungen – Staat und Regierung, politische Gesellschaft und Zivilgesellschaft bzw. dem spezifischen Zusammenspiel dieser Elemente – spricht Gramsci von einer Verwechslung von Zivilgesellschaft und politischer Gesellschaft, insofern Elemente, die eigentlich als Teil der Zivilgesellschaft aufzufassen sind, allgemein als Teil des Staates gedacht werden. In Klammern schiebt Gramsci hier die vielzitierte Formel «Staat = politische Gesellschaft + Zivilgesellschaft, das heißt Hegemonie gepanzert mit Zwang» (GH, Bd. 4, H6, §88, 783) nach. Der Gedanke, den Gramsci hier verfolgt, lässt sich als Umkehrung des liberalen Nachtwächterstaates verstehen. Die Zivilgesellschaft absorbiert immer mehr Funktionen und Aufgaben des Staates, in letzter Instanz eben auch das Gewaltmonopol und die Legitimität des Regierens, und verwirklicht, wie Gramsci die Utopie der klassenlosen Gesellschaft nennt, die regulierte Gesellschaft, in der die unterdrückten Gruppen bzw. Klassen führend werden im Sinne eines ethischen Staates. Statt des bürgerlichen Staates, der sich zurückzieht, beginnt die Zivilgesellschaft den Staat abzulösen und schließlich zu transzendieren. Die Zivilgesellschaft bzw. die in ihr vertretenen Gruppen organisieren einen neuen Konsens und werden Staat.

Eine Notiz zur Zivilgesellschaft (GH, Bd. 4, H6, §24, S. 729f) greift nochmals auf Hegel zurück, dessen «bürgerliche Gesellschaft» Gramsci als «società civile» wiedergibt und die in der deutschen Übersetzung eben Zivilgesellschaft heißt[86]: «Man muß die Zivilgesellschaft, wie sie von Hegel verstanden wird, und in dem Sinn, in dem sie in diesen Notizen oft benutzt wird (das heißt im Sinne von politischer und kultureller Hegemonie einer gesellschaftlichen Gruppe über die ganze Gesellschaft, als ethischer Inhalt eines Staates), von dem Sinn unterscheiden, den ihr die Katholiken geben […].» Denn für die Katholiken sei, wie Gramsci schreibt, die Kirche der Staat – und alles andere, inklusive der Zivilgesellschaft, überflüssig. Die Stelle konkretisiert und bestätigt allerdings die vorangegangenen Verwendungen der Begriffe. Dass sich die Sphäre der Öffentlichkeit nach dem Ende des Feudalismus und der Abnahme des kirchlichen Einflusses verändert hatte, steht dabei außer Frage. «Heute ist das ‹Geistige›, das sich vom ‹Weltlichen› loslößt und sich als Gesondertes davon unterscheidet, ein unorganisches, dezentriertes Etwas, ein unbeständiger Staub großer kultureller Persönlichkeiten ‹ohne Papst› und ohne Land.» (GH, Bd. 4, H6, §10, 718) Gramsci zieht einen Vergleich zwischen den politischen Kämpfen seiner Zeit und den Umwälzungen nach der Ablösung der kirchlichen Herrschaft durch eine bürgerliche weltliche Herrschaft, die selbstverständlich historisch nicht abrupt oder

86 Zivilgesellschaft und «società civile», siehe Begriffsklärung in GH, Bd. 1, S. 18f.

linear verlaufen ist. Für die Situation, während der er schreibt, wie für den Übergang von der mittelalterlichen Ordnung zur bürgerlichen Ordnung nach der Französischen Revolution ist dabei das aktive Ablösungen traditioneller Intellektueller von ihrer Herkunftsklasse charakteristisch. Er kommt schließlich, exemplarisch für seine Zeit, auf den Unterschied zwischen der Philosophie Croces und der Gentiles zu sprechen.

«Man muß sehen, inwiefern der ‹Aktualismus› Gentiles der positiven staatlichen Phase entspricht, gegen die Croce Stellung bezieht. Die ‹Einheit in der Aktion› gibt Gentile die Möglichkeit, als ‹Geschichte› anzuerkennen, was für Croce Antigeschichte ist. Für Gentile ist die Geschichte ganz Geschichte des Staates; für Croce hingegen ist sie ‹ethisch-politisch›, das heißt, Croce will einen Unterschied zwischen Zivilgesellschaft und politischer Gesellschaft, zwischen Hegemonie und Diktatur aufrechterhalten; die großen Intellektuellen üben Hegemonie aus, die eine gewisse Zusammenarbeit voraussetzt, das heißt einen aktiven und freiwilligen (freien) Konsens, das heißt ein liberal-demokratisches Regime. Gentile setzt die kooperativ [-ökonomische] Phase als ethische Phase im historischen Akt: Hegemonie und Diktatur sind ununterscheidbar, die Gewalt ist umstandslos Konsens: man kann die politische Gesellschaft nicht von der Zivilgesellschaft unterscheiden: es gibt nur den Staat und natürlich den Staat-Regierung usw.» (GH, Bd. 4, H6, §10, S. 718)

Gramsci spricht immer wieder von Phasen, die der moderne Staat durchlaufen habe: die ökonomisch-korporative, die ethisch-politische und staatliche Phase. Grob zusammengefasst ist die erste die Phase, in der Interessendivergenzen bis hin zu Klassendivergenzen auftreten und ökonomische Forderungen im Vordergrund stehen; die zweite, in der eine gesellschaftliche Gruppe eine umfassende Programmatik, die auf andere Gruppen ausstrahlt, formuliert und die gesellschaftliche Führung für sich beansprucht, sowohl gegenüber verbündeten Gruppen als auch in der Zivilgesellschaft allgemein; die dritte bezeichnet die Phase, in der der Staat gemäß den Vorstellungen der hegemonialen Gruppe umgestaltet, also «Staat wird», und im Erfolgsfall einen neuen «historischen Block» bilden kann.

«Wenn es stimmt, daß jeder Staatstypus eine Phase des ökonomisch-korporativen Primitivismus durchmachen muß, leitet sich daraus ab, daß der Inhalt der politischen Hegemonie der neuen gesellschaftlichen Gruppe, die den neuen Staatstypus gegrün-

det hat, überwiegend ökonomischer Art sein muß: es handelt sich darum, die Struktur und die wirklichen Beziehungen zwischen den Menschen und der ökonomischen oder Produktionswelt zu reorganisieren.» (GH, Bd. 5, H8, §185, S. 1047)

Der Staat muss also die ökonomischen Fragen der Zeit lösen bzw. die Krise, die eine neue gesellschaftliche Gruppe auslöst, um in seiner Sprache zu bleiben, durch eigene Inhalte lösen. Gramsci spricht hier von Reorganisation des Gesellschaftlichen, dessen Kern die ökonomische Struktur ist, da sie die Menschen zueinander anordnet.

Der Reflexion der gesellschaftlichen Ordnungen und ihrer historischen Umwälzungen dienen auch die Notizen, die sich um «Amerika» drehen. An Amerika interessiert ihn insbesondere die wirtschaftliche Organisation seiner Zeit, die er, nach dem bekannten Autobauer Henry Ford, «Fordismus» nennt. Wie schon der Titel des Themenheftes «Amerikanismus und Fordismus»[87] verrät, sieht Gramsci in Amerika, gemeint ist immer Nordamerika bzw. die USA, eine eigene Form von Gesellschaftsorganisation, die er mit den ökonomischen Produktionsbedingungen zusammendenkt. Die Themen (Entwicklung der) Produktionsverhältnisse, Fortschritt und das «geschichtslose» Amerika (vgl. GH, Bd. 9, H22, §2, S. 2068) als Reflexionspunkt für Europa ziehen sich durch die Notizen. Er sieht dennoch in Amerika keinen neuen Zivilisationstypus, was daraus ersichtlich sei, dass «sich nichts geändert hat am Charakter und an den Beziehungen der fundamentalen Gruppen: es handelt sich um eine organische Verlängerung und Intensivierung der europäischen Zivilisation, die im amerikanischen Klima lediglich eine neue Haut angenommen hat.» (GH, Bd. 9, H22, §15, S. 2100)

Der Begriff des Fordismus geht auf den Autohersteller Henry Ford zurück, der die Prinzipien Frederick Winslow Taylors, den sogenannten Taylorismus, also die «Verwissenschaftlichung» der Produktionsorganisation, zu Beginn des 20. Jahrhunderts in seinen Fabriken umzusetzen begann. Was Gramsci interessiert, ist die Rationalisierung der amerikanischen Produktionsverhältnisse, die damit einhergehende Disziplinierung der Arbeiterschaft und die Bedeutung dieser beiden Aspekte für Europa. Er beschreibt für Italien ganze ökonomische Schichten als pa-

87 Wahrscheinlich 1934 entstanden, zumindest nicht früher. Insgesamt 16 Notizen, alles C-Texte, außer der einleitenden Notiz (§1) unter Verwendung von A-Texten aus den Heften 1, 3, 4 und 9.

rasitär, insofern, dass die Besitzverhältnisse und Staatspensionen Gesellschaftsgruppen ohne produktive Tätigkeit von dem Ertrag der arbeitenden Massen profitieren lassen. (vgl. GH, Bd. 9, H22, §2, 2065) Er hält diese Einschätzungen für in Abstufungen auf Europa übertragbar, während dieses «Parasitentum» in den USA aufgrund des Fehlens der historischen Entwicklungen abwesend ist (vgl. GH, Bd. 9, H22, §2, S. 2068). So erscheint Gramsci die Organisation der Produktion in den USA im Vergleich zu Europa effizienter und fortschrittlicher. Gramsci fragt sich in der Folge, ob die Entwicklung in den damaligen USA, mit ihrer enormen wirtschaftlichen Produktion, Druck auf die europäischen Ökonomien ausüben werde und indirekt «Europa zu einer Umwälzung seiner allzu veralteten sozio-ökonomischen Formation zwingen wird oder bereits im Begriff ist, es zu zwingen [...]» (GH, Bd, 9, H22, §15, S. 2099)

Es gibt in Gramscis Denken (neben den militärischen Begriffen und der Rhetorik der Einheit und Rationalität) einen, gerade aus einer linken Perspektive, heute ungewöhnlichen Fortschrittsglauben, der sich am deutlichsten im Zusammenhang mit den Produktionsmitteln und der Technisierung zeigt. Dennoch ist es keineswegs so, dass die industriellen Fortschritte in der sogenannten Neuen Welt begeistert und widerspruchslos von Gramsci bewertet werden. Vielmehr als eine moralisch positive Konnotation, verbindet Gramsci Fortschritt mit der Entwicklung der Produktivkräfte und somit der Grundlage für die Revolution der Arbeiter*innenklasse. Die Folgen der ökonomischen Rationalisierung für die Arbeiterschaft durch Regulierung spiegelt sich in den Betrachtungen über die Arbeitsbedingungen und beispielsweise in der «sexuellen Frage» (GH, Bd. 9, H22, §3 und §10) wider, da die neue Produktionsorganisation auch an die Regulation der privaten Lebensführung der Arbeiterschaft gebunden war und so auch die Regulation des sexuellen Triebs. Textstellen, an denen Gramsci Geschlechterverhältnisse thematisiert, sind selten: «Die Sexualität als Reproduktionsfunktion und als ‹Sport›: das ‹ästhetische› Ideal der Frau schwankt zwischen der Konzeption der ‹Erzeugerin› und der des ‹Spielzeugs›.» (GH, Bd. 9, H22, §3, S. 2071) Als Notwendigkeit sieht Gramsci daher die «Herausbildung einer neuen weiblichen Persönlichkeit» (ebd., S. 2072): «solange die Frau nicht nur keine wirkliche Unabhängigkeit gegenüber dem Mann erreicht haben wird, sondern auch keine neue Weise, sich selbst und ihre Rolle in den Sexualbeziehungen aufzufassen, wird die sexuelle Frage voller krankhafter Merkmale bleiben.» (ebd.)

In der einleitenden Notiz, die als einzige nicht aus Texten vorangegangener Hefte besteht, legt Gramsci einerseits dar, dass Lösungen für die Probleme, die er unter dem Hefttitel versteht, notwendigerweise unter den widersprüchlichen Bedingungen der modernen Gesellschaft formuliert werden müssen. Andererseits spricht Gramsci davon, dass Amerikanismus und Fordismus notwendige Kettenglieder seien, «die genau den Übergang vom alten ökonomischen Individualismus zur programmatischen Ökonomie signalisieren». (GH, Bd. 7, H12, §1, S. 2063) Ökonomische Themen, auch abseits der Kritik des Ökonomismus, sind in den Gefängnisheften keine Seltenheit, auch wenn Teile der Rezeption das anders sehen, aber Hinweise darauf, wie Gramsci sich eine Wirtschaftsform vorstellt, die den Kapitalismus ablösen soll – hier als programmatische bzw. fordistische Ökonomie bezeichnet–, sind tatsächlich rar. Als Teil der Zusammenfassung der zu untersuchenden Probleme stellt Gramsci dazu passend die Frage, ob «die Entwicklung ihren Ausgangspunkt im Innern der industriellen und produktiven Welt haben muss oder ob er von außen kommen kann, über die sorgfältige und massive Konstruktion einer formal-juristischen Armatur, die von außen die notwendigen Entwicklungen im Produktionsapparat steuert». (GH, Bd. 9, H22, §1, S. 2064) Gramsci will also untersuchen, ob sich neue ökonomische Lösungen organisch aus den Betrieben entwickeln müssen oder ob die externe und zentrale politische Steuerung ökonomischer Veränderung eine Option sein kann. Es ist naheliegend zu vermuten, dass er hierbei auch an das planwirtschaftliche System der damaligen Sowjetunion dachte.

«Dass von der einen oder anderen gesellschaftlichen Kraft ein fortschrittlicher Versuch unternommen wird, bleibt nicht ohne grundlegende Konsequenzen: die subalternen Kräfte, die den neuen Zielen gemäß ‹manipuliert› und rationalisiert werden müssten, leisten zwangsläufig Widerstand. Aber auch einige Sektoren der herrschenden Kräfte, oder zumindest Verbündete der herrschenden Kräfte, widersetzen sich.» (ebd.: S. 2063)

Die Hierarchie innerhalb der ökonomischen Verhältnisse scheint hier klar zu sein. Die Rollen bezüglich Initiative, Fortschritt und Widerstand sind allerdings nicht klar verteilt. Für Gramsci ist es denkbar, dass die an der Macht beteiligten Gruppen progressive Veränderungen herbeiführen, die nicht als solche erkannt werden und möglicherweise aus Reflex zu Widerstand führen. Initiativen können logischerweise z.B. auch aus den Reihen der Arbeiterschaft kommen, genauso wie Widerstand innerhalb der herrschenden Gruppen entstehen kann, wie oben dargestellt.

«Bislang sind alle Wandlungen der Sein- und Lebensweise durch brutalen Zwang zustande gekommen, also durch die Herrschaft einer gesellschaftlichen Gruppe über alle Produktivkräfte der Gesellschaft: die Auswahl der ‹Erziehung› des an die neuen Zivilisationstypen, das heißt an die neuen Produktions- und Arbeitsformen angepassten Menschen ist unter Anwendung unerhörter Brutalitäten erfolgt, wobei die Schwachen und die Widerspenstigen in die Hölle der Unterklassen gestürzt oder gänzlich eliminiert wurden.» (GH, Bd. 9, H22, §10, 2083)

In den von Taylor vorgeschlagenen und von Ford umgesetzten Methoden der Produktivitätssteigerung entdeckt Gramsci sowohl die Brutalität, die sie für die Arbeiterschaft praktisch bedeutet, als auch eine bestechende Fortschrittlichkeit. Die Arbeitsteilung wurde radikalisiert, so dass Kopf- und Handarbeit so komplett wie möglich voneinander getrennt werden. Gleichzeitig wurden die Arbeitszeiten verkürzt und Ford erhöhte die Löhne (vgl. hierzu GH, Bd. 9, H22, §13, 2092ff), was Gramsci als dem Zwang zur Seite gestellte Maßnahmen der Überzeugung, als Konsenserzeugung, auffasst und er folgert für die USA: «Die Hegemonie entspringt der Fabrik und braucht zu ihrer Ausübung nur eine minimale Menge professioneller Vermittler der Politik und der Ideologie.» (GH, Bd. 9, H22, §2, S. 2069)

In Gramscis Auffassung versucht der Fordismus ein «psychophysisches» Gleichgewicht zu finden, das der Produktion dient und die Arbeiter*innen nicht zerbricht. «Dieses Gleichgewicht kann nur ein rein äußerliches und mechanisches sein, aber es kann zu einem inneren werden, wenn es vom Arbeiter selbst vorgeschlagen und nicht von außen auferlegt wird, von einer neuen Gesellschaftsform, mit geeigneten und originellen Mitteln.» (GH, Bd. 9, H22, §11, S. 2087) So lässt sich auch die in einem Halbsatz eingestreute Bemerkung, dass auch *L'Ordine Nuovo* «eine eigene Form eines von den Arbeitermassen akzeptierten ‹Amerikanismus› vertrat» (GH, Bd. 9, H22, §2, S. 2069), verstehen.

Erst nach dem Zweiten Weltkrieg kamen die von Gramsci antizipierten Umwälzungen nach Europa und seitdem tendenziell überall auf die Welt und durchbrachen die traditionellen Lebensweisen und Gesellschaftsstrukturen. Mit der Massenfertigung ging der Massenkonsum nach fordistischem Modell Hand in Hand und führte zur Kommodifizierung vormals informeller Lebensbereiche und zur Eingliederung großer Teile der Gesellschaften in lohnabhängige Arbeitsverhältnisse. Gramscis Vorstellung, dass die Modernisierung und die Entwicklung der Produktivkräfte einen Schritt auf dem Weg zu einer neuen Gesellschaftsform bzw. Zivilisation darstellen würden, hat sich allerdings bisher, in Amerika, Europa und auch im Rest der Welt, nicht bewahrheitet.

Mit den bürgerlichen Revolutionen in Europa löste ein System nach und nach ein anderes ab. Nach Gramscis Auffassung verwirklichte sich dabei eine gesellschaftliche Gruppe, das besitzende Bürgertum bzw. die Bourgeoisie, im Staat, in dem sie während der entscheidenden Phasen die Initiativen anderer Gruppen durch ihre intellektuelle, kulturelle und ökonomische Macht absorbierte und sich in der Verfassung und auch sonst juridisch-politisch festschrieb. Dieses durch die staatlichen Institutionen, inklusive des Gewaltmonopols, mediierte Verhältnis bedarf allerdings des ständigen Konsenses durch die anderen Gruppen, der ideologisch und gelegentlich materiell hergestellt werden muss, durch Zwang oder ökonomische Kompromisse.

Es vermengen sich an dieser Stelle durch das Zusammenlesen verschiedener Notizen Gramscis mehrere Konzepte von Hegemonie bzw. Staat bzw. Zivilgesellschaft. Das eine kommt aus Hegels Rechtsphilosophie, dessen Bürgerliche Gesellschaft einen ethischen bzw. sittlichen Staat schafft. Das andere sind die historischen Betrachtungen Gramscis, in denen er die Französische Revolution und die bürgerlichen europäischen Einheitsbewegungen des 19. Jahrhunderts in ihrer materiellen Entstehung, also im Zusammenhang ökonomischer und damit verbunden ideologischer Macht, herleitet. In der Phase vor der Entstehung des Staates sind die bürgerlichen Gruppen in diesem Sinne führend bzw. hegemonial und verwirklichen diese Hegemonie im Staat selber. Die Zivilgesellschaft (società civile), hier jetzt als theoretisiertes Konzept, bleibt auch dann das Kampffeld um Hegemonie, das von Zwang und Konsens gekennzeichnet ist. Zwei Notizen, die sich beide um den Nachtwächterstaat drehen (GH, Bd. 3, H5, §69, 633f und H6, §88, S. 783), machen diese

Unterschiede deutlich und zeigen wie Gramsci über den Staat und seine Varianten bzw. über Hegemonie nachdenkt. Der Nachtwächterstaat, «also dem Staat, dessen Funktionen auf die öffentliche Sicherheit und auf die Einhaltung der Gesetze begrenzt ist, während die zivile Entwicklung den privaten Kräften der Zivilgesellschaft überlassen wird» (GH, Bd. 3, H5, §69, S. 633), habe sein Gegenstück im «ethischen» bzw. im «interventionistischen» Staat, die es allerdings auch zu unterscheiden gelte. «‹[E]thischer Staat› ist philosophischen Ursprungs (Hegel) und bezieht sich eher auf die erzieherische und moralische Aktivität des Staates; ‹interventionistischer Staat› ist ökonomischen Ursprungs und hängt mit protektionistischen Strömungen oder solchen des ökonomischen Nationalismus zusammen. Beide Strömungen tendieren zur Verschmelzung, aber das ist nicht notwendig.» (ebd.) Daran anschließend, allerdings in einem anderen Heft, attestiert Gramsci, der Staat seiner Gegenwart befinde sich noch in der

«[...] Gleichsetzung von Staat und Regierung, einer Gleichsetzung die gerade ein Wiederauftauchen der korporativ-ökonomischen Form ist, das heißt der Verwechslung von Zivilgesellschaft und politischer Gesellschaft, denn es ist festzuhalten, daß in den allgemeinen Staatsbegriff Elemente eingehen, die dem Begriff der Zivilgesellschaft zuzuschreiben sind (in dem Sinne, könnte man sagen, daß Staat = politische Gesellschaft + Zivilgesellschaft, das heißt Hegemonie gepanzert mit Zwang).» (GH, Bd. 4, H6, §88, S. 783)

Während sich die erste Stelle mit einer Begriffsklärung befasst, enthält die letztere sowohl die Formel, mit der die «Hegemonietheorie» gerne auf den Punkt gebracht wird, als auch einen Hinweis auf die Historizität dieses Hegemoniekonzepts. Gramsci schreibt über die Gesellschaften und Staatsformen vor dem Zweiten Weltkrieg, während des italienischen Faschismus, und über eine industrialisierte Gesellschaft ökonomischer Klassen. Es handelt sich also um eine historische Form von Staat, deren Herkunft Gramsci in den weiter oben dargestellten spezifischen Formen umrissen hat. Inwieweit die konzeptionellen Gedanken über Hegemonie und den Staat heute Gültigkeit haben und nützlich sind, steht nicht nur in Verbindung mit Fragen nach dem Klassenbegriff innerhalb westlicher Gesellschaften, sondern auch mit der ökonomisch-politischen Verfasstheit einer Gesellschaft in einer globalisierten Welt.

Direkt nach der berühmten Klammer führt Gramsci aus, wie im Unterschied dazu die klassenlose bzw. freie, wie Gramsci es nennt, regulierte Gesellschaft sich zum Staat verhält:
«In einer Staatslehre, die [den Staat] als tendenziell dem Erlöschen und der Auflösung in der regulierten Gesellschaft unterworfen begreift, ist das Thema fundamental. Das Element Staat-Zwang kann man sich in dem Maße als erlöschend vorstellen, wie sich immer beträchtlichere Elemente von regulierter Gesellschaft (oder ethischem Staat oder Zivilgesellschaft) durchsetzen.» (ebd.)

Die regulierte Gesellschaft bezeichnet Gramsci explizit als Utopie, jedenfalls wie sie theoretisch imaginiert wird,
«insofern sie auf der Voraussetzung beruhte, daß alle Menschen wirklich gleich und folglich in gleicher Weise vernünftig und moralisch sind, das heißt fähig, das Gesetz spontan, frei anzuerkennen, und nicht durch Zwang, also von einer anderen Klasse auferlegt, als dem Bewußtsein äußere Sache.» (ebd.)

Gramsci unterscheidet in den Gefängnisheften (schon früh und) immer wieder zwischen politischer Gesellschaft und Zivilgesellschaft. Ähnlich wie es sich bei Hegemonie nicht um Gramscis Erfindung handelt, verhält es sich mit Zivilgesellschaft. Dennoch verleiht Gramsci dem Begriff eine andere Bedeutung als Tocqueville, Hegel oder Marx. In der Sekundärliteratur (vgl. z.B. Buci-Glucksmann 1981) hat sich für Gramscis Staatsverständnis der Begriff des «erweiterten Staates» bzw. des «integralen Staates» für das Verhältnis von politischer Gesellschaft und Zivilgesellschaft durchgesetzt. In den Gefängnisheften gibt es den erweiterten Staat nicht und die Formulierung «integraler Staat» taucht nur an zwei Stellen auf, nämlich einmal im Zusammenhang mit der Französischen Revolution (vgl. GH, Bd. 4, H6, §19, S. 718) und einmal in einer kurzen Notiz über Politik und Kriegskunst, in der der Staat als «(in integraler Bedeutung:) Diktatur + Hegemonie» bezeichnet wird.

Gramsci geht dem Gedanken nach, Struktur und Superstruktur mit der «Kriegstechnik» zu vergleichen bzw. die Probleme sprachlich und strukturell zusammenzubringen. Anhand der unterschiedlichen Kriegstaktiken während des Ersten Weltkriegs, in dem Russland erfolglos auf Bewegungskrieg und seine Gegner auf den Stellungskrieg setzten, sieht Gramsci auch eine Parallele zu den unterschiedlichen Staatsstrukturen in Ost und West. Im Westen, *«wenigstens in den fortgeschrittensten Staaten […], wo die ‹Zivilgesellschaft› eine sehr komplexe und gegenüber den katastrophenhaften ‹Einbrüchen› des unmittelbaren ökonomischen Elements (Krisen, Depressionen usw.) resistente Struktur geworden ist: die Superstrukturen der Zivilgesellschaft sind wie das System der Schützengräben im modernen Krieg.» (GH, Bd. 4, H6, §10, S. 867)*

Die politische Gesellschaft fungiert dabei im Westen nur als erste Linie der Verteidigung (des Staates) und, um in der Metaphorik zu bleiben, die dahinterliegende Zivilgesellschaft sei eine auch nach der Zerstörung dieser ersten Linie (politische Gesellschaft) «noch wirksame Verteidigung» (vgl. ebd.: 868). Die Gedanken zur Parallelität von Krieg und Staatsgefüge kommen in seinen Ausdrücken und seiner Sprache immer wieder vor, um genauer benennen zu können und um sich mit dem sowjetischen Russland auseinanderzusetzen. In einer späteren Notiz im gleichen Heft, wo Gramsci über die Politik Lenins reflektiert, wird die Parallele fortgesetzt. Gramsci spekuliert, dass die sowjetische Strategie der Einheitsfront genau auf den unterschiedlichen Bedingungen in Ost (Bewegungskrieg) und West (Stellungskrieg) fußt, nur dass Lenin nicht genug Zeit geblieben sei, dies weiter auszuarbeiten.

«Im Osten war der Staat alles, die Zivilgesellschaft war in ihren Anfängen und gallertenhaft; im Westen bestand zwischen Staat und Zivilgesellschaft ein richtiges Verhältnis, und beim Wanken des Staates gewahrte man sogleich eine robuste Struktur der Zivilgesellschaft. Der Staat war nur ein vorgeschobener Schützengraben, hinter welchem sich eine robuste Kette von Festungen und Kasematten befand […].» (GH, Bd. 4, H7, §16, S. 874)

Die politische Verfasstheit von Gesellschaften analysiert Gramsci anhand von prototypischen Entwicklungsphasen. Diese Phasen oder Momente gesellschaftlicher Kräfteverhältnisse stehen im Zusammenhang der Bestimmung von Struktur und Superstruktur. Zu Recht wird angemerkt, dass Struktur und Superstruktur in den romanischen Sprachen oft als Entsprechung für Basis und Überbau, wie Marx sie verwendet, herangezogen werden. Die Beziehung von Struktur und Superstruktur nennt Gramsci das «Schlüsselproblem des historischen Materialismus». (vgl. GH, Bd.3, H4, §38, S. 493)

Den Überlegungen zu diesem Verhältnis stellt er, sich aus dem Kopf auf «Zur Kritik der Politischen Ökonomie» beziehend, eine Reihe von Anmerkungen voran, die einerseits historisch-exemplarischer und andererseits methodischer Natur sind. So macht er die Unterscheidung zwischen «dem Gelegentlichen» und «dem Permanenten», dessen Missinterpretation zu einer Fehleinschätzung von Ursächlichkeit führe. Als Beispiele werden hier der Ökonomismus, der die mechanischen Ursachen überschätze, sowie der Ideologismus, der die individuellen Ursachen überschätze, angeführt. Die Beziehung der beiden Perspektiven beschreibt er als dialektisch. «Diese methodologischen Kriterien können ihre Bedeutung erst erlangen, wenn sie auf die Untersuchung konkreter historischer Forschung angewandt werden.» (ebd., 494) Anhand der Unterscheidung von günstigen oder ungünstigen Kräfteverhältnissen wird das deutlich. Stattdessen markiert Gramsci drei grundlegende «Momente oder Grade» von Kräfteverhältnissen.

Der erste Moment bezieht sich auf das Verhältnis von Struktur und gesellschaftlichen Kräften, die das gesellschaftliche Terrain ausmachen: «[E]s gibt ein eng an die Struktur gebundenes Verhältnis der gesellschaftlichen Kräfte; dies ist ein objektives Verhältnis, es ist eine ‹naturwissenschaftliche› Gegebenheit, die mit den Verfahren der exakten oder mathematischen Wissenschaften gemessen werden kann.» (ebd.: 495) Dieses objektive Verhältnis drückt sich im Entwicklungsgrad der Produktionsverhältnisse und der damit zusammenhängenden verschiedenen gesellschaftlichen Gruppierungen aus, ihrer Stellung bzw. Anordnung zueinander. Die Anordnung der Gruppierungen zueinander entscheidet über die Möglichkeiten der gesellschaftlichen Umgestaltung: «[S]ie ermöglicht es, den Grad von Realismus und Verwirklichbarkeit der verschiedenen Ideologien zu kontrollieren, die auf ihrem eigenen Terrain entstanden sind, dem Terrain der Widersprüche, die jene (Anordnung) im Laufe der Entwicklung hervorgebracht hat.» (ebd.)

Das zweite Moment geht auf das politische Bewusstsein der einzelnen gesellschaftlichen Gruppierungen ein und charakterisiert das politische Kräfteverhältnis. Gramsci unterteilt dieses in einem weiteren Dreischritt. In der ökonomischen Phase sind Angehörige einer Berufsgruppe, wie etwa Kaufleute, bewusst untereinander solidarisch, aber nicht unbedingt mit den Fabrikanten, also nicht innerhalb der gleichen gesellschaftlichen Gruppe. Diese Interessensolidarität innerhalb einer gesellschaftlichen Gruppe nennt Gramsci ökonomisch-politisch und bezeichnet sie als die zweite Phase. In dieser Phase geht es für die entsprechenden Gruppen um die Teilhabe am Staat, um die «Frage des Staates», insofern um das Recht, auf die Verwaltung und Gesetzgebung einwirken zu dürfen. In der dritten Phase, der korporativen Phase, versuchen Gruppen ihre Interessen auf untergeordnete Gruppen auszudehnen, und das über ihre ökonomischen Interessen hinaus (vgl. ebd., 495f):

«[D]ies ist die eigentlich ‹politische Phase›, die den klaren Übergang von der bloßen Struktur zu den komplexen Superstrukturen bezeichnet, es ist die Phase, in der die zuvor aufgekeimten Ideologien in Kontakt kommen und in Kontrast treten, bis eine einzige von ihnen, oder zumindest eine einzige Kombination derselben, dazu tendiert, das Übergewicht zu erlangen, sich durchzusetzen, sich über das gesamte Gebiet zu verbreiten, über die ökonomische und politische Einheit hinaus auch die intellektuelle und moralische Einheit determinierend, auf einer nicht korporativen, sondern universellen Ebene der Hegemonie einer gesellschaftlichen Hauptgruppierung über die untergeordneten Gruppierungen. Staat-Regierung wird somit aufgefaßt als eigener Organismus einer Gruppierung zur Schaffung des für die maximale Expansion dieser Gruppierung günstigen Terrains […].» (ebd., 496)

Als das dritte Moment benennt Gramsci als «das der ‹militärischen Kräfteverhältnisse›, das jedes Mal das unmittelbar entscheidende ist. Die historische Entwicklung schwankt fortwährend zwischen dem ersten und dem dritten Moment, wobei das zweite vermittelt.» (ebd., 497) Auch hier nimmt er eine Differenzierung zwischen «militärisch» und «militärisch-politisch» vor. Er trifft diese Unterscheidung am Beispiel eines nationalen, militärischen Unterdrückungsverhältnisses und hat dabei das Risorgimento vor Augen, also einen Unabhängigkeitskampf gegen einen hegemonialen Staat, «(das Beispiel) eines militärisch gut organisierten Staates, der Territorien anderer Nationalität unterdrückt» (ebd., 497). Für diese Situation, also ohne die Möglichkeit direkt militärisch vorzugehen, beschreibt Gramsci den Einsatz einer politisch-militärischen Kraft: «das heißt Elemente politischer Aktion, die militärische Auswirkungen in folgendem Sinn haben: 1. daß sie eine [innere] auflösende Wirkung auf die Kriegstauglichkeit der hegemonialen Nation haben; 2. daß sie die militärische Hegemonialkraft zwingen, sich über ein großes Territorium zu zerstreuen und dadurch einen Teil der Kriegstauglichkeit zunichte zu machen.» (ebd.) Eine Besonderheit dieses hegemonialen Verhältnisses eines Staates über ein anderes staatliches Territorium sei, dass die gesellschaftlich herrschende Gruppe dieses Territoriums den Interessen der herrschenden Gruppe untergeordnet wird.

Diese recht schematische Unterteilung in Momente von Kräfteverhältnissen ist allerdings nicht statisch und in der Transformation der Kräfteverhältnisse liegt die politische Aufgabe. Den Moment des Umbruchs charakterisiert Gramsci als organische Krise, die damit beginnt, dass sich gesellschaftliche Gruppen von ihren traditionellen Parteien bzw. ihrer Repräsentation in der Gesellschaft lösen und dadurch die Kräfteverhältnisse in Frage stellen:

«In jedem Land ist der Prozeß ein anderer, obwohl der Inhalt der gleiche ist. Und der Inhalt ist die Hegemoniekrise der führenden Klasse, die entweder eintritt, weil die führende Klasse in irgendeiner großen politischen Unternehmung gescheitert ist, für die sie den Konsens der großen Massen mit Gewalt gefordert oder durchgesetzt hat (wie der Krieg), oder weil breite Massen (besonders von Bauern und intellektuellen Kleinbürgern) urplötzlich von der politischen Passivität zu einer gewissen Aktivität übergegangen sind und Forderungen stellen, die in ihrer unorganischen Komplexität eine Revolution darstellen. Man spricht von ‹Autoritätskrise›, und das eben ist die Hegemoniekrise oder Krise des Staates in seiner Gesamtheit.» (GH, Bd. 7, H13, §23, S. 1577f)

Die Philosophie der Praxis ist in der Lage, alle (spekulativen) Philosophien als ein «Moment des geschichtlich-politischen Lebens» zu interpretieren, also als Produkt menschlichen Handeln und Denkens und damit sowohl als Erkenntnis als auch als politisch. Denn «die Philosophie der Praxis begreift die Wirklichkeit der menschlichen Erkenntnisbeziehungen als Element politischer ‹Hegemonie›». (GH, H 10 II, §6, S. 1260) Die Philosophie der Praxis wird als grundlegende Methode der Erkenntnis positioniert, die zur Überwindung gesellschaftlicher Kräfteverhältnisse unabdingbar ist. Den Übergang von einem Zustand in einen anderen beschreibt Gramsci als Katharsis:

«Der Terminus ‹Katharsis› läßt sich verwenden, um den Übergang vom bloß ökonomischen (oder leidenschaftlichen) Moment zum ethisch-politischen Moment zu bezeichnen, das heißt die Hinaufarbeitung der Struktur zur Superstruktur im

Bewußtsein des Menschen. Dies bedeutet auch den Übergang vom ‹Objektiven zum Subjektiven› und von der ‹Notwendigkeit zur Freiheit›. Von einer äußerlichen Kraft, die den Menschen erdrückt, ihn sich assimiliert, ihn passiv macht, wird die Struktur transformiert in ein Mittel der Freiheit, in ein Instrument zur Schaffung einer neuen ethisch-politischen Form, in den Ursprung neuer Initiativen. Die Fixierung des ‹kathartischen› Moments wird meines Erachtens somit zum Ausgangspunkt für die gesamte Philosophie der Praxis; der kathartische Prozeß fällt zusammen mit der Kette von Synthesen, die Resultat der dialektischen Entwicklung sind.» (ebd., S. 1259)

Was hier als Struktur und Superstruktur, fast beiläufig, erwähnt wird, ist als Interpretation der Marx'schen Basis-Überbau-Dialektik, also dem Verhältnis der Produktionsverhältnisse und der (politischen und juristischen) Staatsapparate, zu verstehen, wobei schon die Bezeichnung bzw. die Entscheidung bei der Übersetzung ins Deutsche (vgl. GH, Bd. 3, H4, A213) anzeigt, dass «struttura/superstruttura» inhaltlich nicht identisch ist mit Basis/Überbau, sondern eine andere Beziehung bei Gramsci anzeigt.

Die Bearbeitung von Marx, den er, genau wie Engels, Begründer der Philosophie der Praxis nennt, hat zwei Hauptmotive. Das eine ist Gramscis Argumentation, dass die Marx'sche Theorie bzw. die Philosophie der Praxis, zu der Marx und Engels gehören, eine eigenständige Philosophie ist, die als Grundlage aller anderen Theorien und Philosophien, inklusive der Naturwissenschaften, dienen kann:

«Auf der theoretischen Ebene läßt die Philosophie der Praxis sich mit keiner anderen Philosophie verwechseln oder auf sie zurückführen: sie ist nicht nur original, weil sie die vorangegangenen Philosophien überwindet, sondern vor allem, weil sie einen völlig neuen Weg erschließt, das heißt die Weise, die Philosophie selbst zu begreifen, von oben erneuert.»[88]

Den Fokus auf das Eigenständige an Marx' Arbeit zu legen und als eigenständige Philosophie zu sehen, verbindet Gramsci mit der Forderung eben auch Marx zu historisieren, wodurch

88 H11, §27 Orthodoxie, S. 1430, C-Text. Vgl. auch: H4 §11 Grundprobleme des Marxismus, S. 471: «[D]er wesentliche Teil des Marxismus liegt in der Aufhebung (superamento) der alten Philosophien und auch in der Weise, die Philosophie aufzufassen, und dies ist es, was systematisch gezeigt und entwickelt werden muß.»

der Historische Materialismus zur Position und undogmatischen Methode eines Denkens wird und über Marx und Marxismus hinausgeht. Aufgrund seiner Bedeutung für Gramsci sei der Gedanke hier wiederholt: «Bei diesem Ausdruck ‹historischer Materialismus› hat man das Hauptgewicht auf das zweite Glied gelegt, während es dem ersten gegeben werden müßte: Marx ist wesentlich ‹Historizist› usw.» (GH, Bd. 6, H11, §27, S. 1430)[89] Im korrespondierenden C-Text, enthalten in H11 §27, bezeichnet er den zweiten Teil des Ausdrucks, also Materialismus, als ‹metaphysischen Ursprung› und konkretisiert diese beiden Motive: «Die Philosophie der Praxis ist der absolute ‹Historizismus›, die absolute Verweltlichung und Diesseitigkeit des Denkens, ein absoluter Humanismus der Geschichte. Auf dieser Linie ist der Richtung der neuen Weltauffassung auf den Grund zu gehen.» (GH, Bd. 6, H11, §27, 1430)

Hier spiegelt sich die Interpretation der Thesen über Feuerbach (siehe oben) wider. Das ist auch die Perspektive der Kritik an der idealistischen Abstraktion Croces und den formalen Darlegungen Bucharins im Gemeinverständlichen Lehrbuch (vgl. Frosini 2003: 87f). Das Formulieren von allgemeingültigen Regeln und ihre Einhaltung ist näher an einer Religion, die Gehorsam und Akzeptanz der überlieferten Dogmen fordert, als an einer Theorie und Philosophie, die auf die Veränderung des praktischen Lebens zielt und damit notwendigerweise auch die menschengemachte Philosophie verändert. Logik und Überlieferung ersetzen die Auseinandersetzung mit der erfahrbaren Welt. Für den Begriff des Materialismus bedeutet das, dass nicht die rein wissenschaftlich-physikalische oder logisch-philosophische Wortbedeutungen relevant sind, sondern Materie eine praktisch-sozialen Bedeutung bekommt. «Die Materie wird folglich nicht als solche in Betracht gezogen, sondern gesellschaftlich und historisch für die Produktion organisierte, als menschliches Verhältnis.» (GH, Bd. 3, H4, §25, S. 482) Dieses Verhältnis beinhaltet nicht nur die von Marx theoretisierte Beziehung des Menschen zur Natur und die Veränderung dieser durch menschliche Arbeit, sondern auch die Auffassung der Welt durch den Menschen. Anders als Marx denkt Gramsci den

89 Die Herausgeber*innen der deutschsprachigen Gefängnishefte übersetzen das italienische Original «storicista» bzw. «storicismo» stets mit Historizismus etc. (vgl. die editorische Vorbemerkung in GH, Bd.1, S. 19).

Überbau (ideologische Formen) nicht als reinen Ausdruck der Produktionsbedingungen (Basis). Die Superstruktur(en) gründen sich immer auf ein (gelebtes) Verhältnis von Praxis und Theorie, wodurch sie historisch also durch Handeln entstehen, veränderbar und damit immer politisch sind. (vgl. Frosini 2003: 92)

So sucht Gramsci nach einer Antwort auf die Frage nach der «objektiven Existenz der Wirklichkeit» innerhalb der Realität des Menschen (vgl. GH, Bd. 3, H4, §41, S. 505f). «Für den historischen Materialismus läßt sich nicht das Denken vom Sein, der Mensch von der Natur, die (historische) Tätigkeit von der Materie, das Subjekt vom Objekt ablösen: wenn man diese Ablösung macht, verfällt man in Geschwätz, in die sinnlose Abstraktion.» (ebd.)

Im Unterschied zur begrifflichen Zweiteilung bei Marx in Basis und Überbau, reflektiert Gramsci über die Bedeutung materieller Verhältnisse unter anderem mit den Begriffen Struktur und Superstruktur. Dabei bezieht er sich immer wieder auf den Aspekt der Technik bzw. der Technologie.[90]

«Man verwechselt Struktur mit ‹materieller Struktur› im allgemeinen und ‹technisches Instrument› mit jedem materiellen Instrument usw., um schließlich zu behaupten, daß sich eine bestimmte Kunst entwickelt hat, weil sich die spezifischen Instrumente entwickelt haben, durch welche die vollständigen künstlerischen Ausdrucksformen Gemeingut werden, reproduziert werden können. Eine gewisse Beziehung läßt sich nicht bestreiten, aber {es ist} keine direkte und unmittelbare.» (GH, Bd. 3, H4 §12, S. 472f)

Es gebe bestimmte «technische Instrumente», Gramsci nennt dabei als Beispiel die Druckindustrie, die sowohl Struktur, im Sinne eines Produktionsverhältnisses inklusive Eigentum und Klassenverhältnissen, als auch Superstruktur sind, insofern in Beziehung zu Wissenschaft, Literatur, Religion und Politik stehen. Gramsci folgert:

«Es gibt Superstrukturen, die eine ‹materielle Struktur› haben: aber ihr Charakter bleibt der von Superstrukturen: ihre Entwicklung ist nicht ‹immanent› in ihrer besonderen ‹materiellen Struktur›, sondern in der ‹materiellen Struktur› der Gesellschaft. Eine Klasse bildet sich auf der Basis ihrer Funktion in der Welt der Produktion: die Entwicklung und der Kampf um die Macht

90 So auch in GH, Bd. 2, H4, §15, Croce und Marx; sowie in §18, §21 und den Anmerkungen zu §18.

und um die Erhaltung der Macht bringt Superstrukturen hervor, welche Bildung einer ‹speziellen materiellen Struktur› für ihre Verbreitung determinieren usw. […] Logisch und auch chronologisch ergibt sich: gesellschaftliche Struktur – Superstruktur – materielle Struktur der Superstruktur.» (ebd.)

Bewusstsein bzw. Ideologie, die bei Marx klar von den Produktionsverhältnissen unterschieden werden können, werden bei Gramsci von dieser direkten Kausalität befreit. Gramsci hält an der Bedeutung der Ökonomie bzw. der Produktionsbedingungen einer Gesellschaft fest, denn sie bringen die gesellschaftlichen Klassen hervor. Allerdings bedarf es eines gründlichen Verständnisses der Superstrukturen, denn sie sind das Terrain, das die politischen Kämpfe hervorbringt und erst ermöglicht. Im Kontext einer ausführlicheren Passage zu Croces Interpretation der Philosophie der Praxis und Ideologie heißt es:

«Für die Philosophie der Praxis sind die Ideologien alles andere als willkürlich; sie sind reale geschichtliche Fakten, die man bekämpfen und ihrem Wesen als Herrschaftsinstrumente enthüllen muß, nicht aus Gründen der Moral usw., sondern aus Gründen des politischen Kampfes: um, als notwendiges Moment der Umwälzung der Praxis, die Regierten von den Regierenden intellektuell unabhängig zu machen, eine Hegemonie zu zerstören und eine andere zu schaffen.» (GH, Bd. 7, H10 II, §41, S. 1325)

Und das Gleiche gilt für die Philosophie der Praxis selber, die Gramsci, im Gegensatz zu allen anderen Philosophien, die Widersprüche harmonisieren oder verdecken, als organisch und als «Theorie der Widersprüche» bezeichnet. «Für die Philosophie der Praxis sind die Superstrukturen eine objektive und wirksame Realität […]. [D]ie Philosophie der Praxis ist selbst eine Superstruktur, ist das Terrain, auf dem bestimmte gesellschaftliche Gruppen Bewußtsein von ihrem eigenen Sein, ihrer eigenen Stärke, ihren eigenen Aufgaben, ihrem eigenen Werden erlangen.» (ebd.)

Dieses Bewusstsein ist eine Bedingung für die politische Entfaltung und Organisation, die Subalternen überhaupt erst politischen Kampf und sichtbare Politik ermöglicht. Superstrukturen, also Ideologie, die Sphäre der Kultur, aber auch die staatlichen Organisationen sind Orte des Politischen, die Teil der Herrschaftsausübung sind und als Teil von Hegemonie, in einer Kombination von Zwang und Konsens, notwendigerweise umkämpft sind.

Die Fähigkeit des Menschen, gemeinsam und zielgerichtet im Rahmen der gegebenen historischen Umstände zu handeln, oder «das Politische» bekommt in der Philosophie der Praxis als Weiterentwicklung des Marxismus bei Gramsci eine zentrale Bedeutung, die er teilweise aus seiner Interpretation von Marx und zu keinem unbedeutenden Teil durch das Lesen Machiavellis gewinnt. In den Gefängnisheften spricht Gramsci über die Möglichkeit, über die beiden «als Theoretiker der militanten Politik, der Aktion«, eine größere Abhandlung zu verfassen, mit dem Ziel ein Buch nach Art von «Der Fürst» zu schreiben. Dessen «Thema wäre die politische Partei in ihren Beziehungen zu den gesellschaftlichen Klassen und zum Staat: nicht die Partei als soziologische Kategorie, sondern als Partei, die den Staat gründen will.» (GH, Bd. 3, H4, §10, S. 470)

Der Stellenwert Machiavellis für Gramsci ist vergleichbar mit dem Hegels und wird vielleicht nur von Marx übertroffen. (vgl. Frosini 2003: 162ff) Nicht umsonst widmet Gramsci Machiavelli ein eigenes Themenheft (Heft 13) und die Bedeutung seiner Auseinandersetzung mit «Der Fürst» ist nur schwer zu überschätzen. In Heft 4 und dann mit einiger Bearbeitung eben in Heft 13 verbindet Gramsci Machiavelli und Marx, indem er zuerst die theoretische Position von Marx bzw. der Philosophie der Praxis herausstellt,

«daß es kein abstraktes ‹menschliches Wesen› gibt, feststehend und unveränderlich [...], sondern, daß das menschliche Wesen das Ensemble der historisch bestimmten gesellschaftlichen Verhältnisse ist, das heißt ein geschichtliches Faktum, das – in gewissen Grenzen – mit den Methoden der Philologie und der Kritik festgestellt werden kann. Darum muß die Politische Wissenschaft in ihrem konkreten Inhalt (und auch in ihrer logischen Formulierung) als ein in ihrer Entwicklung befindlicher Organismus aufgefaßt werden.» (GH, Bd. 7, H13, §20, S. 1574)

Direkt hieran anschließend, in beiden Varianten des Textes[91], zeigt Gramsci seine Wertschätzung für die Auffassung von Politik bei Machiavelli, die eben die (relative) Autonomie der Politik begründet und die für seine Konzeption politischen Handelns

91 Die A-Texte zu Machiavelli finden sich in Heft 4 und werden zum Teil in Heft 13 wieder aufgenommen. Hier werden die (später entstandenen) Stellen aus Heft 13 zitiert. Heft 13 versammelt Notizen zu Machiavelli, die zu großen Teilen aus Heft 8 und Heft 9 (Miszellen) stammen, aber zum Teil auch aus Heft 1, Heft 4 und Heft 7 (vgl. Kritischer Apparat zu Band 7, A 659–670). Alle bis auf einen Text sind C-Texte (H13, §25 = B-Text).

bzw. des Verhältnisses von Struktur und Superstuktur, die er wiederum, wie oben gezeigt, aus Marx ableitet, ausschlaggebend ist, sich aber, so Gramsci, als Idee nicht allgemein durchgesetzt hat.

«Dennoch ist zu beobachten, daß Machiavellis Herangehensweise an die Frage der Politik (und zwar die in seinen Schriften implizierte Aussage, daß die Politik eine autonome Tätigkeit sei, die ihre Grundsätze und Gesetzmäßigkeiten (hat), die sich von denen der Moral und Religion unterscheiden, eine Aussage die von großer philosophischer Tragweite ist, weil sie implizit die Auffassung von der Moral und von der Religion erneuert, das heißt, die gesamte Weltauffassung erneuert) heute noch diskutiert und bestritten wird, es aber nicht geschafft hat, ‹Alltagsverstand› zu werden.» (GH, Bd. 7, H13, §20, S. 1574)

In der Folge bringt Gramsci Politik, wie Machiavelli sie im «Fürsten» und Staat seiner Zeit darstellt, mit den Beziehungen zwischen Klassen zusammen. Er argumentiert dabei, dass auch im «Fürsten» der Schlüssel zur Macht und Staatsführung im Buhlen um die Gunst des Volkes, also der Organisation von Konsens, bestand. Gramsci sieht bei Machiavelli einerseits die Einheit konkreter und historischer Analyse zeitgenössischer Politik sowie deren programmatische Umsetzung und andererseits in der fiktiven, wie Gramsci mit Blick auf Sorel meint, mythischen Figur des Fürsten den Ausdruck dessen, was Gramsci Kollektivwillen nennt. «Der moderne Fürst, der Fürst-Mythos kann keine wirkliche Person, kein konkretes Individuum sein, er kann nur ein Organismus sein; ein komplexes Gesellschaftselement, in welchem ein Kollektivwille schon konkret zu werden beginnt, der anerkannt ist und sich in der Aktion teilweise behauptet hat.» (GH, Bd. 7, H13, §1, S. 1537)

Machiavellis «Der Fürst» bedient sich des Mythos' der Utopie, insofern der von Machiavelli beschriebene Fürst nie existiert hat, sondern eine Idealform darstellt. Gramsci zu Folge macht das die besondere dramatische Form des Buches aus: Der ideale Kondottiere als künstlerische Personifizierung der Ideale und eines Kollektivwillens wird dargestellt, um dann im Schlussteil von «Der Fürst» den «realen Kondottiere», also nicht den fiktiven, direkt anzurufen (vgl. ebd.). «[I]n der Konklusion wird Machiavelli selbst zum Volk, geht im Volk auf, aber nicht in einem ‹allgemein› verstandenen Volk, sondern in dem Volk, das Machiavelli mit seiner vorangegangenen Abhandlung überzeugt hat […].» (ebd., S. 1536) Das sei, was auch ein moderner Fürst tun muss: dialogisch selbst das Volk werden. Für Gramsci ist der moderne Fürst die Partei und die Forderung an die Partei ist die Herausbildung eines kollektiven Willens. Gramsci grenzt den Mythos bei Machiavelli von Sorels Mythos, der als Syndikalist die Gewerkschaft meint, ab. (vgl. ebd., S. 1538) Vielmehr müsse sich der moderne Fürst am Jakobinismus orientieren, insofern er als historisches Beispiel für die originelle und historisch konkrete Formierung eines Kollektivwillens exemplarisch steht. «[E]rforderlich ist, daß der ‹Kollektivwille› und der politische Wille im allgemeinen im modernen Sinn definiert werden, der Wille als handelndes Bewußtsein der geschichtlichen Notwendigkeit, als Protagonist eines realen, geschichtlichen Dramas.» (ebd.) Mit dem Begriff des «modernen Fürsten» («principe moderno») stellt Gramsci Überlegungen zum Kollektivwillen und der Konzeption militanter Politik eines solchen, zeitgenössischen Akteurs an. Im Unterschied zu Machiavellis Fürst stellt sich Gramsci einen kollektiven Akteur, der den positiv konnotierten Jakobinismus (siehe oben) repräsentiert, vor. «Dieser Organismus ist durch die geschichtliche Entwicklung bereits gegeben und ist die politische Partei, die erste Zelle, in welcher Keime von Kollektivwillen zusammengefaßt werden, die dahin tendieren, universal und total zu werden.» (ebd.)

Dieser moderne Fürst ist also keine Einzelperson, «sondern die politische Partei, das heißt jeweils den unterschiedlichen inneren Verhältnissen der verschiedenen Nationen gemäß die bestimmte Partei, die einen neuen Staatstyp zu gründen beabsichtigt [...].» (GH, Bd. 7, H13, §21, S. 1576) Abseits der Repräsentation einer bestimmten «gesellschaftlichen Gruppe» oder Klasse sorgt sie dafür, «daß die Entwicklung der repräsentierten Gruppe sich mit dem Konsens und der Unterstützung der verbündeten Gruppen, wenn nicht gar der entschieden gegnerischen Gruppen vollzieht». (ebd., S. 1577) Die von Gramsci gedachte Partei ist also im Kampf um das Erobern von Hegemonie, denn das ist mit der Gründung eines neuen Staates gemeint, von strategisch zentraler Bedeutung, dadurch, dass sie in der Lage ist, einen kollektiven Willen mitherauszubilden, (Klassen-)Bündnisse einzugehen und idealerweise Gegner in die eigene Politik einzubeziehen. Gramsci übersetzt das, was Machiavelli über die Kunst der Politik und der Führung schreibt, in seine Gegenwart. Er interpretiert den «Fürsten» nicht als wirkliche Person, sondern als Kollektiv, dessen Funktion im Kampf der Arbeiter*innenschaft von der Partei ausgefüllt werden soll. Dieser moderne Fürst, die revolutionäre Partei, das politische Kollektiv, soll das Volk intellektuell-moralisch führen, als organisatorischer Dienst für die Interessen des Volkes, der sich vage im Kollektivwillen, den der Fürst bzw. der moderne Fürst bzw. die Partei repräsentiert, ausdrückt. Er knüpft dabei an die Überlegungen zum Jakobinismus, der Hegemonie, den Intellektuellen (vgl. die Überlegungen zu Intellektuellen und Partei in Heft 12) und dem Komplex der Kräfteverhältnisse (Heft 4) an.

3.4 Kultur, Alltagsverstand und Subalternität

In einem hegemonialen Verhältnis vollzieht sich Herrschaft in einer Dialektik von Regierenden und Regierten, von Führenden und Geführten, von Herrschenden und Beherrschten. Wenn Herrschaft nicht ausschließlich auf Zwang basiert, was für Gramsci über einen längeren Zeitraum notwendigerweise der Fall ist, bedarf sie der (teilweisen) Zustimmung der Regierten. Dieser Konsens zur Herrschaft drückt sich nicht nur in Wahlen aus (falls es sich um demokratisch legitimierte Herrschaft handelt), sondern organisiert sich in der Zivilgesellschaft (società civile) und ist damit in entscheidendem Maße abhängig von der kulturellen Praxis der Menschen bzw. ihren Wert- und Moralvorstellungen. Diese werden gesellschaftlich verhandelt, in Romanen, Zeitungen, im Theater, Digitalformaten, Musik, Film und Radio sowie an allen anderen Orten, wo öffentlich gesprochen wird oder Philosophie praktisch wird – auch da, wo wir «privat» sprechen und uns ein «Bild von den Dingen» machen. Diese kulturellen Praxen und Kulturproduktionen prägen den Umgang der Menschen miteinander, ihre ideologischen Annahmen und beeinflussen, wie wir politisch Denken und Handeln.

Da, wie Gramsci schreibt, das Wesen des Menschen kein feststehendes Gefüge, keine ewige Stabilität besitzt, sondern vom Ensemble der gesellschaftlichen Verhältnisse bestimmt wird, ist das die konsequente Fortsetzung eines Historischen Materialismus, der eben auch den Menschen als durch die menschliche Geschichte produziert betrachtet. Um die Beziehung zwischen dem Komplex Struktur/Superstruktur und dem theoretisierten Subjekt bzw. seiner Wahrnehmung der Welt zu beschreiben, benutzt Gramsci die Begriffe «Alltagsverstand» (senso comune) und «gesunder Menschenverstand» (buon senso).[92] Die Begriffe sind die Verbindung zwischen der Philosophie und der Praxis der Menschen, der Kultur bzw. «civiltá», um die es zu kämpfen gilt. Die Notizen dazu sind überall in den Gefängnisheften zu finden. Schon im ersten Heft spricht Gramsci von Sedimenten vorangegangener Philosophien, die sich im Denken der Menschen abgelagert haben.

«Jede soziale Schicht hat ihren ‹Alltagsverstand›, der im Grunde genommen die verbreitetste Lebens- und Moralauffassung ist. Jede philosophische Strömung hinterläßt Ablagerungen von ‹Alltagsverstand›: diese ist ein Zeugnis ihrer historischen Leistung. Der Alltagsverstand ist nicht Erstarrtes oder Unbewegliches, sondern verändert sich fortwährend, indem er sich mit in das Alltagsleben übergegangenen wissenschaftlichen Begriffen und philosophischen Meinungen anreichert.» (GH, Bd.1, H1, §65, S. 137; vgl. auch GH, Bd. 9, H24, §4, S. 2179f)

Das Konzept des Senso Comune ist Giambattista Vico (1668–1744) entlehnt und auch in die deutschsprachige Philosophie eingegangen, wie etwa bei Kant in seinen Ausführungen zum ästhetischen Urteilen als «sensus communis». Gramsci stellt auch eine Verbindung zu «Die Brautleute» (1827 als «I promessi sposi» erschienen), einen der bedeutendsten italienischen Romane von Manzoni, her. Im Roman wird die mangelnde Bereitschaft der Bevölkerung, sich gegen die Pest während des Dreißigjährigen Krieges zu schützen, aufgrund von Konventionen, wie folgt kommentiert: «...die gesunde Vernunft war da; aber sie hielt sich aus Furcht vor der öffentlichen Meinung verborgen».[93] Der Alltagsverstand ist also das unhinterfragte Denken, das unsere Geschmacksurteile und Ansichten über Politik, Ethik, Kultur und implizite Philosophie umfasst. Er ist

92 Die Begriffe in deutscher Übersetzung liegen in ihrer Semantik nah beieinander, insofern sich der Sinn der Dinge ohne große Anstrengung erschließen lässt. Die Originalbegriffe tragen eine normative Wertung in sich, insofern «comune» auch die Bedeutung von «gemein», also «einfach», haben kann und dadurch das «buon» als Gegenstück stärker als «guter» Sinn oder Verstand erscheint. Damit wird die normalisierende Qualität der deutschen Begriffe etwas abgeschwächt.

93 Der Verweis wird im Italienischen deutlicher: «Il buon senso c'era; ma se ne stava nascosto, per paura del senso comune.» Verweise auf den Roman finden sich in den Gefängnisheften hier: Bd. 6, H11, §56 bzw. H8, §19 «buon senso», zu Manzoni und «I Promessi Sposi» siehe Bd. 7, H14, §45).

das Resultat des allgemeinen Lebens in einer Gesellschaft und findet sich überwiegend im Einklang mit der gesellschaftlichen Ordnung.

In den Gefängnisheften ist der Alltagsverstand an Betrachtungen zur Folklore gebunden. Vico beschreibt Senso Comune als «ein Urteil ohne jede Reflexion, allgemein empfunden von einem ganzen Stand, einem ganzen Volksstamm, einem ganzen Volk oder dem ganzen Menschengeschlecht».[94] (zit. nach Na 2002: 222) Die Unterscheidung zwischen «Senso Comune» und «Buon Senso» ist bei Gramsci nicht überall klar. Ab und zu werden «Buon Senso» und «Senso Comune» scheinbar gleichgesetzt (GH, Bd. 1, H1, §65, S. 136), an anderen Stellen werden sie voneinander unterschieden. Tatsächlich ist beides gleichzeitig möglich, wenn man den Buon Senso als (progessiven) Teil des widersprüchlichen Senso Comune begreift.

«Im Übrigen ist ‹Alltagsverstand› eine Kollektivbezeichnung wie ‹Religion›: es gibt nicht einen einzigen Alltagsverstand, denn auch dieser ist ein historisches Produkt und ein geschichtliches Werden. Die Philosophie ist die Kritik sowie die Überwindung der Religion und des Alltagsverstands und fällt in diesem Sinn mit dem ‹gesunden Menschenverstand› zusammen, der sich dem Alltagsverstand entgegensetzt.» (GH, Bd. 6, H11, §12, S. 1377)

Dieses Verhältnis ist bedeutsam, weil der Buon Senso damit die Kritik des Alltagsverstandes, der in der Zivilgesellschaft verankerten Denk- und Lebensformen, liefert, die Konsens und damit Stabilität von Hegemonie ermöglichen. Die Zielsetzung der Philosophie der Praxis, Hegemonie handelnd und denkend zu verändern, findet sich auch bei Peter Thomas.Er stellt heraus, dass die wichtigste Aufgabe der Philosophie der Praxis die Entwicklung des Alltagsverstandes, der eher praktischer Natur ist, in die Richtung kritischer Selbsterkenntnis sei. Erst die kritische Selbsterkenntnis erlaube den Bruch mit Passivität und Zusammenhangslosigkeit. (Thomas 2008: 374)

Die gesamten Überlegungen zum Alltagsverstand bzw. gesunden Menschverstand gehen davon aus, dass die Menschen nicht gleich sind, auch wenn sie es im juristischen und gesellschaftlichen Sinne sein sollten. Das lässt sich durchaus als Kritik

94 Im ital. Original: «un giudizio senz'alcuna riflessione, comunemente sentito da tutto un ordine, da tutto un popolo, da tutta una nazione o da tutto il gener humano.»

an der Aufklärung und am Liberalismus verstehen. Die Aktivität von Einzelnen und Organisationen, die auf revolutionäre gesellschaftliche Veränderung hinarbeiten, muss, in Gramscis Sinne, das kulturelle Niveau der Massen anheben. Die Überwindung des Alltagsverstands und der bei Gramsci tief verankerten Forderung, das kulturelle Niveau der Einfachen und der Arbeiterschaft anzuheben, erweckt den Eindruck, dass die Menschen aus ihren primitiven sozialen Verhältnissen und kulturellen Lebensweisen befreit werden müssen.

Im Zusammenhang mit der Kritik an Bucharins «Gemeinverständlichem Lehrbuch der Philosophie» erklärt Gramsci eine für Laien gedachte Einführung in die Philosophie müsse vom Alltagsverstand, der «Philosophie der Nicht-Philosophen», ausgehen[95] und beginnt die Qualität des Alltagsverstandes zu umreißen. Als Alltagsverstand bezeichnet Gramsci die unhinterfragte Weltauffassung, die sich aus ideologischen und moralischen Vorstellungen und Überlieferungen der vorangegangenen Epochen und somit aus den widersprüchlichen Elementen zusammensetzt. In diesem Zusammenhang bezeichnet er den Alltagsverstand auch als «Folkore der Philosophie». Jede «homogene gesellschaftliche Gruppe» arbeitet eine mehr oder weniger «kohärente und systematische Philosophie» aus, die sich gegen den Alltagsverstand abhebt. Philosophie in diesem Sinne ist wirkmächtig, wenn auch nicht direkt:

«Diese Systeme beeinflussen die Volksmassen als äußere politische Kraft, als Element von zusammenhaltender Kraft der führenden Klassen, daher als Element der Unterordnung unter eine äußere Hegemonie, die das originale Denken der Volksmassen negativ begrenzt, ohne als vitales Ferment der inneren Transformation dessen, was die Massen embryonal und chaotisch über die Welt und das Leben denken, positiv zu beeinflussen.» (GH, Bd. 6, H11, §13, S. 1394)

Wenn wir uns in Erinnerung rufen, dass die «privaten» Teile der Gesellschaft, die Zivilgesellschaft, als Teil der Herrschaft, als der Teil, in dem Konsens zu explizit politischen Vorgängen und des politischen Systems (politische Gesellschaft) generiert werden, wird deutlich, welche politische Stellung der Alltagsverstand für die politische Herrschaft einnimmt. Die Schaffung von Ideen, Wertesystemen und Kultur im Sinne von privaten und

95 vgl. GH, Bd. 6, H11, §13, S. 1393f (C-Text) bzw. Bd. 5, H8, §173, S. 1039f (A-Text)

kulturellen Praxen ist systematisch Teil der Aktivität herrschender Gruppen, dem die gelebte und historisch willkürliche Kultur, die nicht an einer kohärenten, kulturellen Bewegung hängt, passiv gegenübersteht. Die Frage, wer worüber öffentlich sprechen kann, wer kulturelle Initiativen vorgibt und ausdeutet wird zur politischen Frage, die die Wahrnehmung und Vorstellung der Welt und die daraus resultierenden Handlungsmöglichkeiten zumindest indirekt beeinflusst.

Gramsci geht indes keineswegs davon aus, dass «die Massen» zur Passivität verdammt sind bzw. nicht über die nötigen kritischen Fähigkeiten verfügen sich zu wehren. Im Gegenteil, wie sich in seinem Intellektuellenbegriff deutlich zeigt und wie er im Themenheft 11 zu Beginn seiner «Notizen zu einer Einführung und einer Einleitung ins Studium der Philosophie und der Kulturgeschichte» bezüglich der Philosophie wiederholt:

«Man muß nur vorab zeigen, daß alle Menschen ‹Philosophen› sind, indem man die Grenzen und die Wesenszüge dieser ‹spontanen› Philosophie definiert, die ‹jedermann› eigen ist, nämlich der Philosophie, die enthalten ist: 1. in der Sprache selbst, die ein Ensemble von bestimmten Bezeichnungen und Begriffen ist und nicht etwa nur von grammatikalisch inhaltsleeren Wörtern; 2. Im Alltagsverstand und gesunden Menschenverstand; 3. in der Popularreligion und folglich auch im gesamten System von Glaubensinhalten, Aberglauben, Meinungen, Sicht- und Handlungsweisen, die sich in dem zeigen, was allgemein ‹Folklore› genannt wird.» (GH, Bd. 6, H11, §12, S. 1375)

In der Konzeption des Menschen und seinen Fähigkeiten liegt bei Gramsci etwas tief Demokratisches, insofern er zu zeigen sucht, dass die Selbstbestimmtheit jedes einzelnen Menschen, genauso wie intellektuelle und politische Teilhabe, möglich ist und ihm zusteht. Zwar sagt Gramsci, «[m]an ist immer ein Masse-Mensch oder Kollektiv-Mensch» (ebd., S. 1376) und damit teilweise konform mit übernommenen und in sich widersprüchlichen Ansichten, aber Menschen sind fähig zur Kritik. «Die eigene Weltauffassung zu kritisieren heißt mithin, sie einheitlich und kohärent zu machen und bis zu dem Punkt anzuheben, zu dem das fortgeschrittenste Denken der Welt gelangt ist.» (ebd.) Wie oft in den Gefängnisheften, nimmt Gramsci hier Begriffe der croceanischen Philosophie, transformiert sie und gibt ihnen eine andere Richtung. Croce vertritt ebenso die Auffassung, dass alle Menschen Philosophen sind (vgl. ebd., S.

1396) und geht von der Wirkmächtigkeit der Ideen aus. Für Gramsci ist allerdings entscheidend, wer die Philosophie macht, also woher das Verständnis der Welt kommt. Gramsci deutet die Konzepte um und setzt sie in eine neue Beziehung, indem er das deskriptive Konzept Croces nimmt und diesem die aktive Transzendierung des «senso comune«, des Alltagsverstandes, hin zu einem «buon senso» entgegensetzt:

«Die Philosophie ist eine intellektuelle Ordnung, was weder die Religion noch der Alltagsverstand sein können. […] Im übrigen ist ‹Alltagsverstand› eine Kollektivbeziehung wie ‹Religion›: es gibt nicht einen einzigen Alltagsverstand, denn auch dieser ist ein historisches Produkt und ein geschichtliches Werden. Die Philosophie ist die Kritik sowie die Überwindung der Religion und des Alltagsverstands und fällt in diesem Sinne mit dem ‹gesunden Menschenverstand› zusammen, der sich dem Alltagsverstand entgegensetzt.» (GH, Bd. 6, H11, §12, S. 1377)

Aus der Kritik der Folklore bzw. des Alltagsverstandes, der machtförmig in Zusammenhang mit den herrschenden Gruppen produziert wird und Ausdruck einer Weltauffassung ist, wird ein widerständiges Moment, weil der Alltagsverstand tief in den Lebensgewohnheiten der Menschen verankert ist und dialektisch mit über das eigene Handeln entscheidet. Selbstverständlich ist für Gramsci, dass die Philosophie der Praxis die geeignete Weltauffassung ist, weil sie in der Lage ist, die bisherige Philosophie zu kritisieren und zu «einer höheren Lebensauffassung zu führen». (GH, Bd.6, H11, §12, S. 1383) Die Beziehung von Intellektuellen und «Einfachen» soll nicht das einseitige und hierarchische Verhältnis reproduzieren. Die Philosophie der Praxis, so Gramsci, fördere diesen Kontakt «gerade um einen moralisch-intellektuellen Block zu errichten, der einen massenhaften intellektuellen Fortschritt und nicht nur einen von spärlichen Intellektuellengruppen politisch möglich macht». (ebd., S. 1384) Für das Verständnis von Hegemonie und seinen Wirkweisen schließt sich im politischen Denken Gramscis mit dem Alltagsverstand und seiner machttheoretischen Bedeutung ein Kreis. Die Kritik des Alltagsverstandes ist direkt verbunden mit der Kritik der Herrschaft durch Hegemonie und damit mit dem alltäglichen und kulturellen Leben der Regierten und dem vermeintlich privaten Leben des Einzelnen.

Wie an vielen Stellen bereits nachvollziehbar geworden ist, ist das Politische in den Gefängnisheften nicht auf die Sphäre der Politik im engen Sinne der Regierung und Institutionen beschränkt. Es umfasst das Private, die Zivilgesellschaft und das kulturelle Leben. Das Politische wird in sämtlichen menschlichen Handlungen und Sprechakten sichtbar und wirksam. Auf die Bedeutung der Kultur – in Form von Literatur, Theater, Philosophie etc. – als Ort der Verallgemeinerung von Ideen und damit als Ort, wo die politischen Machtverhältnisse verhandelt werden, kommt Gramsci immer wieder zurück. Schon in den ersten Entwürfen für ein Arbeitsprogramm, das Gramsci an Tanja Schucht schickt, sind Kulturthemen (Pirandellos Theater, etc.) sehr präsent. Auch in der Liste der «Argomenti principali», die dem ersten Gefängnisheft vorangestellt ist, findet sich das Konzept der Folklore und des Alltagsverstands. Sie nehmen überwiegend die Form von verstreuten Notizen an, insbesondere zu bestimmten Formen der Kulturproduktion: zum Feuilletonroman (Dumas etc.), zur religionsnahen Literatur und zum Melodram. Gramsci reflektiert, immer wieder auch vergleichend mit anderen europäischen Nationen, über die Qualität und Geschichte der italienischen Kulturproduktion (national-popular).

Kultur ist allerdings auch essentieller Bestandteil von Gramscis Theoriebildung und Überlegungen zu Hegemonie. Immer dort, wo es um die Fähigkeiten eines jeden Menschen zum Handeln und Denken geht, wie im Verhältnis von Intellektuellen und «Einfachen», wo es um Sprache und Philosophie oder wo es um die Organisation der Masse geht, spricht Gramsci über die Bedeutung der Kultur. In Heft 1 geht er auf Bedingungen für die «einheitliche Heranbildung eines kollektiven Bewußtseins» ein, zu denen er vor allem die «Verbreitung einer homogenen Denk- und Handlungsweise von einem homogenen Zentrum aus» (GH, Bd. 1, H1, §43, S. 93) zählt.

«Ein sehr verbreiteter Fehler besteht darin zu glauben, daß jede soziale Schicht ihr Bewußtsein und ihre Kultur auf dieselbe Weise, mit denselben Methoden, das heißt mit den Methoden der berufsmäßigen Intellektuellen ausarbeitet. Auch der Intellektuelle ist ein ‹Professioneller›, der seine spezialisierten ‹Maschinen› und seine Lehrjahre hat, der sein eigenes Taylorsystem hat. Es ist illusorisch, allen diese ‹erworbene› und nicht angeborene Fähigkeit zuzuschreiben. Es ist illusorisch, zu denken, daß eine in geeigneter Weise verbreitete ‹klare Idee› in unterschiedliches Bewußtsein mit denselben ‹organisatorischen› Effekten allgemein verbreiteter Klarheit eingeht. Das ist ein ‹aufklärerischer› Irrtum.

Die Fähigkeit des berufsmäßigen Intellektuellen, Induktion und Deduktion geschickt miteinander zu kombinieren, zu verallgemeinern, abzuleiten, ein Unterscheidungskriterium aus einer Sphäre in die andere zu übertragen und es den neuen Bedingungen anzupassen usw., ist eine ‹Spezialität›, es ist keine Gegebenheit des ‹Alltagsverstandes›.» (GH, Bd. 1, H1, §43, S. 93f)

Dass Gramsci den Intellektuellen in Bezug auf die Verallgemeinerung von Ideen und (politischen) Inhalten eine besondere Rolle zuschreibt oder dass er alle Menschen als Intellektuelle bzw. Philosoph*innen im praktischen Sinne versteht, ist bereits bekannt. Deutlich wird hier allerdings die Macht der Sprecher*innenposition und die Notwendigkeit der kontextuellen Aufbereitung von Inhalten. Gleichzeitig ergibt sich daraus nicht nur die Ungleichheit von Berufsintellektuellen und Einfachen, sondern auch die Ungleichheit zwischen den Schichten, was schon an der rhetorischen Parallelisierung von intellektueller Tätigkeit und Fabrikarbeit sichtbar ist. Die Formulierung deutet an, dass die Schichten, die nicht direkt an der Ausübung von gesellschaftlicher Macht beteiligt und benachteiligt von sozialen und ökonomischen Hierarchien sind, nicht in gleichem Maße eine planvolle und wirksame Ausarbeitung von kollektivem Bewusstsein erreichen, da die Fähigkeiten dazu erworben werden müssen und nicht im Alltagsverstand enthalten sind. Der Alltagsverstand erscheint im obigen Zitat als Gegebenes, als unbearbeitet Vorhandenes. Wir müssen uns den Alltagsverstand als ein Set von Wahrheiten vorstellen, die bei jedem Menschen potentiell individuell sind, aber nicht von den jeweiligen Menschen erfunden oder konstruiert, sondern passiv übernommen und erlernt werden. Auf Basis des Alltagsverstandes ordnen Menschen ihre Erfahrungen, (be)urteilen (diese) und vollziehen tagtäglich Handlungen für sich und andere. Da viele dieser Vorstellungen überliefert sind, sich zum Beispiel auf Wert- und Moralvorstellungen ganz anderer Zeiten beziehen, und weil sie nicht unbedingt überprüft wurden, fordert Gramsci den Alltagsverstand zu kritisieren und zu überwinden. Er nennt es, kohärent (mit der Wirklichkeit) machen und damit weiten Teilen der Bevölkerung die Kontrolle über die eigene Philosophie und Politik geben. Diese Prozesse finden im gesellschaftlichen Kontext der Zivilgesellschaft statt.

Um Gramscis eigenes Urteilen nachvollziehen zu können, helfen die verstreuten Notizen zu Folklore, Kultur und Literatur.

Dabei ist es sinnvoll, sich in Erinnerung zu rufen, dass Gramsci dezidiert zu Kulturthemen geschrieben hat, insbesondere in den frühen Jahren seiner journalistischen Arbeit, aus denen viele der Theaterkritiken stammen. Die besondere Bedeutung der Kultur schlägt sich auf diese Weise sowohl im Programm als auch in der inhaltlichen Gestaltung der *L'Ordine Nuovo* nieder. Aus den Frühschriften stellen insbesondere die Kritik an den Futuristen eine frühe, theoretische Position zur Rolle der Kultur dar. (vgl. Kebir 1979: 94) Die «kulturelle» Ausrichtung des *L'Ordine Nuovo* und die Theaterkritiken müssen zusammen mit den theoretischen und historischen Argumentationsweisen aus den Gefängnisheften gedacht werden.

Für Gramsci gibt der Erfolg eines Kulturproduktes Hinweis darauf, ob dieses die Bedürfnisse der Menschen anspricht und befriedigt. Daher beschäftigte sich Gramsci mit den Bestsellern seiner Zeit: Romane, Krimis, das Melodrama und besonders Feuilletonromane, die seriell in Zeitungen erschienen und für die «Der Graf von Monte Christo» bei Gramsci ein wiederkehrendes Beispiel ist. Gramscis Anliegen bezüglich Kulturproduktion in Literatur und Theater ist eine normative Reform in der Darstellung durch Erzählung und der politisch-moralischen Konsequenz in Kulturerzeugnissen, also was und wer auf der Bühne auf welche Art und Weise dargestellt wird. Dem Italien seiner Zeit attestierte er eine Distanz der Schriftsteller*innen und Kulturschaffenden zu den «Einfachen». Dies drücke sich einerseits dort aus, wo Einfache in Romanen und Stücken in einer paternalistischen Darstellung auftauchen und andererseits auch in der Haltung der Schreibenden zum Publikum/Lesenden. Künstlerische Literatur, «letteratura artistica», fand in Italien keine nennenswerte Verbreitung wie zum Beispiel in Frankreich. Für Gramsci erklärte das auch, warum Übersetzungen, insbesondere französische und russische, in Italien erfolgreicher waren als die eigene «popular-nationale» Literatur – ein entscheidender Mangel in der Beziehung zwischen den Intellektuellen und ihrem Publikum. (vgl. GH, Bd. 8, H 21, § 5, S. 2041) Exemplarisch geht Gramsci dabei immer wieder auf De Sanctis ein und stellt ihm die vergeistigte Kulturkonzeption Croces als Negativbeispiel gegenüber. Im Gegensatz zu Croce, der nach universalistischen Wahrheiten strebe und als Idealist eine bürgerlich-elitäre Ideologie produziere, verkörpere De Sanctis eine den Einfachen und breiten Schichten zugewandte Kritik, was Gramsci in den

Gefängnisheften als «nazionale-popolare» konzipiert. (vgl. GH, Bd. 9, H29, §1, S. 2105)

«De Sanctis' Kritik ist kämpferisch, nicht ‹kalt› ästhetisch, sie ist die Kritik einer Periode kultureller Kämpfe, von Gegensätzen zwischen antagonistischen Lebensauffassungen. Die Inhaltsanalysen, die Kritik der ‹Struktur› der Werke; das heißt der logischen und aktuell-geschichtlichen Kohärenz der Massen von künstlerisch dargestellten Empfindungen sind mit diesem kulturellen Kampf verknüpft: gerade darin scheint die tiefe Humanität und der Humanismus von De Sanctis zu bestehen, die den Kritiker noch heute so sympathisch machen. Mit Freude spürt man bei ihm die leidenschaftliche Begeisterung des engagierten Menschen, der feste moralische und politische Überzeugungen hat und sie nicht verhehlt und auch nicht zu verhehlen versucht.

Croce gelingt es, diese verschiedenen Aspekte der Kritikers auseinanderzuhalten, die bei De Sanctis organisch vereint und verschmolzen waren. Bei Croce sind die gleichen kulturellen Motive wie bei De Sanctis lebendig, aber in der Periode ihrer Ausbreitung und ihres Triumphes; der Kampf wird fortgesetzt, aber für eine Verfeinerung der Kultur (einer bestimmten Kultur), nicht für ihr Lebensrecht […].» (GH, Bd. 9, H29, §3, S. 2107)

Interessant ist hier, nicht nur als Nebenbetrachtung, dass Gramsci De Sanctis und Croce dem gleichen Kampf um eine bürgerlich-liberale Ordnung zuordnet. Dennoch wird De Sanctis durch seine Art und Weise bzw. national-populare Perspektive und wegen der auch durch De Sanctis' veränderte historisch-politische Situation als progressiv dargestellt. Gramsci sieht in De Sanctis immer im Kontext der politischen Kämpfe zu Zeiten des Risorgimento einen politischen Verbündeten, der sich für eine demokratische Kultur und Gesellschaft stark gemacht hat. Croce dagegen, der später, zu Gramscis Lebzeiten und darüber hinaus, wirkte, wird als herrschaftsdienend und als kanonisch-statisch kritisiert. Grund dafür sind seine abstrakt-ästhetische, eben «ideale» Perspektive und die in der Zwischenzeit verwirklichte bürgerliche Beteiligung an der Herrschaft. Gramsci sieht in De Sanctis' Literatur, trotz seiner Losung des «Zum-Volke-Gehen» ein nicht ausschließlich paternalistisches Werk, denn in ihm werden Figuren des alltäglichen Lebens realistisch und mitunter positiv dargestellt.

«Kurz, der für die Philosophie der Praxis charakteristische Typus von Literaturkritik wird von de Sanctis geboten, nicht von Croce oder irgendeinem andern (und am allerwenigsten von Carducci): in ihr müssen der Kampf für eine neue Kultur, das heißt für einen Humanismus, die Kritik der Gewohnheit, der Gefühle und Auffassungen von der Welt mit der ästhetischen oder rein künstlerischen Kritik im leidenschaftlichen Überschwang, sei es auch in Gestalt des Sarkasmus, miteinander verschmelzen.» (GH, Bd. 9, H29, §3, S. 2108)

Wie so oft in den Gefängnisheften, entwickelt Gramsci hier seine Positionen in Abgrenzung zu Croce, stellvertretend für das «höchste» theoretische Niveau Italiens, stellvertretend für eine liberal-bürgerliche und idealistische Haltung. «Croce glaubt, ‹reine Wissenschaft› zu machen, reine ‹Geschichte›, reine ‹Philosophie›, aber in Wirklichkeit macht er ‹Ideologie›, bietet er bestimmten politischen Gruppen praktische Handlungsinstrumente [...].» (GH, Bd. 4, H6, §112, S. 799) Gramsci greift in den Notizen zu Literatur und Kultur die isolierte Betrachtung eben dieser an, ohne jemals ein definitives methodisch-disziplinäres Konzept zu artikulieren. Er bindet die Kulturproduktion zurück an ihren historisch-politischen Kontext bzw. an ihre politische Bedeutung in der Gegenwart. Darüber hinaus formuliert er das Kriterium der gesellschaftlichen Bedeutung von Kultur aus der Perspektive einer Allgemeinheit. «Wenn das Individuum nicht außerhalb der Gesellschaft gedacht werden kann und man folglich kein Individuum denken kann, das nicht historisch bestimmt ist, dann ist offenkundig, daß kein Individuum und kein Künstler, und keine ihrer Tätigkeiten, außerhalb der Gesellschaft, einer bestimmten Gesellschaft gedacht werden kann.» (GH, Bd. 7, H14, §28, S. 1653) Darin steckt der basisdemokratische Gedanke, dass Urteile über Kulturprodukte nicht allein der herrschenden Elite obliegen, und die Erzählungen, die in und durch diese verbreitet werden, sich an einer wahrgenommenen Realität und gelebten Praxis des Alltags beweisen müssen. So fragt sich Gramsci in den Gefängnisheften, «was unter ‹interessant› in der Kunst im Allgemeinen und speziell in der erzählenden Literatur und im Theater zu verstehen ist.» (GH, Bd. 3, H5, §54, S. 618) Dieses Interesse, also wie man sich einer Sache nähert, könne dabei unglaublich vielfältig und eben auch einer speziellen (Fach)Perspektive entspringen, wie sie auch für Kunst selber notwendig sei: «Indessen interessiert die Kunst selbst, ist interessant [also] um ihrer selbst willen, da sie einer Forderung des Lebens nachkommt.»[96] (ebd.). Gramsci geht es allerdings um Interesse im breiten Sinne des Wortes und die Interessen, die eine gewisse Dauerhaftigkeit aufweisen. Werturteile und Geschmack unterliegen historischen Konjunkturen und sind nicht statisch[97]:

«Die ‹interessanten› Elemente variieren nach den Zeiten, den kulturellen Klimata und nach persönlichen Idiosynkrasien. Das stabilste Element von ‹Interesse› ist gewiß das positive oder negative ‹moralische› Interesse, das heißt aus Zustimmung oder aus Widerspruch: ‹stabil› in einem gewissen Sinne, das heißt im Sinne der ‹moralischen Kategorie›, nicht des konkreten moralischen Gehalts.» (ebd.)

Der zeitgenössischen italienischen Literatur attestiert Gramsci allerdings Lebensferne. «Es fehlt das Interesse für den lebendigen Menschen.» (GH, Bd. 4, H6, §29, S. 732). Die Literaten seiner Zeit hingen in Bezug auf Kunst und Literatur einem verklärten Renaissance-Ideal des Genies, der Eingebung und der Muße an. «Diese Denkweise hängt mit dem Mäzenatentum der Höfe zusammen, das im übrigen falsch gedeutet wird, da die großen Literaten der Renaissance neben dem Schreiben in irgendeiner Weise arbeiteten […].» (GH, Bd. 4, H6, §29, S. 733). In dieser Bemerkung steckt ein Teil des konventionell-sozialistischen Ideals der intellektuellen Arbeiter*innenschaft bzw. arbeitender Intellektuellen und der Verschränkung von Hand- und Kopfarbeit. Wie auch die Notizen zu den Intellektuellen deutlich machen, geht es Gramsci bei der Ökonomie der Kunstproduktion allerdings um die Kritik der Intellektuellen und intellektueller Arbeit, die sich über den Alltag und seine Erfordernisse stellt.

«Die intellektuelle Funktion kann nicht von der produktiven Arbeit getrennt werden, nicht einmal für die Künstler: es sei denn, sie haben gezeigt, wirklich ‹künstlerisch› produktiv zu sein. Das wird der ‹Kunst› auch nicht schaden, vielleicht sogar nützen: es

96 Auffallend ist hier die Formulierung «Forderung des Lebens», ursprünglich wahrscheinlich eine biblische Phrase, taucht sie auch in Tolstois Aufsatz zur Volksbildung auf. Der Zusammenhang ist deshalb interessant, weil sich Gramsci immer wieder auf Tolstoi als Schriftsteller bezieht und, weil bei Tolstoi das Element der Pädagogik, die erzieherische Funktion, wichtig ist.

97 Vgl. FN 48 in Zusammenhang mit Gramscis Arbeitsprogramm zu Beginn der Gefängniszeit.

schadet höchstens der künstlerischen ‹Bohème›, und das wird kein Übel sein, ganz im Gegenteil.» (ebd.)

Ein Phänomen des Geschmacks seiner eigenen Zeit ist die Literatur von Antonio Bresciani (1798–1862), der Gramsci in den Gefängnisheften eigens eine wiederkehrende Kategorie von Notizen widmet. Der «Brescianesimo» bezeichnet triviale Literatur für die breiten Bevölkerungsmassen nach dem Vorbild der Werke des Jesuiten Bresciani. Gramsci interpretierte diese klerikale Art von Literatur, die es verstand die Leserschaft auf der emotionalen Ebene anzusprechen und die althergebrachte Ordnung sowie ihre Moralvorstellungen zu verbreiten, als wirkmächtigen Typus von Kultur, auf den er in den Gefängnisheften immer wieder in ganzen Abschnitten zurückkommt. «Für Gramsci war der Brescianesimo die auch noch das moderne Italien beherrschende Literaturströmung, ‹die Form der Opposition gegen jede volksverbunden-volkstümlich (nazionale-popolare) Bewegung, geprägt vom korporativen Kastengeist mittelalterlich-feudalen Ursprungs›.» (Kebir 1979: 106)

Italien habe immer eine kosmopolitische Kultur gehabt, so Gramsci. Das heißt, die Intellektuellen (Autor*innen, Kunstschaffenden etc.) bilden eine soziale Schicht für sich, die nicht mit den Leben und Interessen außerhalb der Elite in Berührung kommt, was sich in der produzierten Kunst niederschlägt. Das müsse sich ändern, wenn sich die Machtverhältnisse ändern sollten. Die Künstler*innen, die Intellektuellen, die kulturellen Errungenschaften müssen «national-popular» werden, um eine neue Kultur hervorzubringen. Die kosmopolitische Form von Kultur bedeute nicht nur, dass die künstlerische Elite den Staat, die Nation, die Politik alleine darstelle, während die Mehrheit der Bevölkerung nicht nur von der Produktion eigener Kunst ausgeschlossen sei, sondern sogar in der Produktion der künstlerischen Elite nicht mit ihren eigenen Erzählungen repräsentiert sei. Die in den Gefängnisheften oft benutzte Formel national-popular (»nazionale-populare») ist erklärungsbedürftig und so sieht es auch Gramsci. Er nähert sich dem Begriffspaar in seiner historisch-politischen und linguistischen Bedeutung. Über die sprachlichen Unterschiede bezüglich national-popular gibt Gramsci zu Protokoll:

«Es ist der Umstand zu beobachten, dass in vielen Sprachen ‹national› und ‹popular› Synonyme oder beinahe Synonyme sind (im Russischen, im Deutschen, wo ‹volkisch› [sic] eine noch

tieferliegende Bedeutung, die von Rasse, hat, so in den slawischen Sprachen allgemein; im Französischen hat ‹national› eine Bedeutung, in welcher der Terminus ‹popular› politisch schon stärker ausgearbeitet ist, weil an den Begriff ‹Souveränität› gebunden, nationale Souveränität und Volkssouveränität haben gleichen Wert oder haben ihn gehabt). In Italien hat der Terminus ‹national› ideologisch eine sehr eingeschränkte Bedeutung und fällt auf keinen Fall mit ‹popular› zusammen, weil in Italien die Intellektuellen fern vom Volk, das heißt von der ‹Nation›, und vielmehr an eine Kastentradition gebunden sind, die nie von einer starken popularen oder nationalen politischen Bewegung von unten durchbrochen werden: die Tradition ist ‹papieren› und abstrakt […].» (GH, Bd. 8, H21, §5, S. 2042f)

In dieser Passage aus Heft 21, in der Gramsci eine Art Zusammenfassung der Notizen zu national-popular unternimmt, ist erkennbar, dass er das Begriffspaar semantisch einkreist und ihm eine deutliche politische Richtung gibt: von unten. Gramsci schreibt zum einen während der faschistisch-nationalsozialistischen Periode Europas und zum anderen aus einer italienischen Perspektive. Das erklärt zum einen die Fokussierung auf «papierene» Kultur, denn Medien wie das Fernsehen und auch das Radio setzten sich erst deutlich später in Italien durch. Und zum anderen befand sich Italien, insbesondere in Süditalien, noch in den 1930er-Jahren im Prozess der Alphabetisierung und Standard-Italienisch war noch dabei, die unterschiedlichen Dialekte regional abzulösen. Für die Zustände und die mangelnde Bindung zwischen «dem Volk», der Kultur und den Intellektuellen macht Gramsci die Eliten seit der Renaissance und insbesondere während und nach dem Risorgimento verantwortlich, weswegen er immer wieder kontrastierend in die europäischen Nachbarländer schaut. Dabei ist im Hinterkopf zu behalten, dass das Risorgimento, wie alle europäischen Einheitsbewegungen, erst die Idee der Nation konkret verwirklicht hat.

Gramsci geht gedanklich allerdings davon aus, dass sich Probleme konkret und historisch spezifisch stellen. Daher bedeutet das Darstellen von und durch Kultur sowie generell die Durchlässigkeit von Kultur überhaupt erst die Möglichkeit der Beteiligung der Menschen bzw. «des Volkes» an der Öffentlichkeit. So erscheint die Herausbildung einer national-popularen Kultur als Errungenschaft gegenüber dem abstrakt-elitären Kosmopolitismus, den Gramsci angreift. Die politische Bedeutung von Kultur und die Rolle der Intellektuellen, wie Gramsci sie für eine zu entstehende Bewegung herausstellt, erklärt, warum Gramsci die national-populare Organisation von Kultur hervorhebt.

«Was bedeutet die Tatsache, dass das italienische Volk vorzugsweise die ausländischen Schriftsteller liest? Es bedeutet, dass es der intellektuellen und moralischen Hegemonie der ausländischen Intellektuellen unterliegt, *dass es sich mehr an die ausländischen Intellektuellen gebunden fühlt als an die ‹einheimischen›, das heißt, dass es im Land keinen intellektuellen und moralischen Block, keinen hierarchischen und schon gar nicht einen auf Gleichheit beruhenden gibt. Die Intellektuellen kommen nicht aus dem Volk, auch wenn zufällig einer von ihnen dem Volk entstammt, sie fühlen sich nicht mit ihm verbunden (abgesehen von der Rhetorik), sie kennen und fühlen nicht die Bedürfnisse, die Bestrebungen, die weitverbreiteten Gefühle desselben, sondern sind dem Volk gegenüber etwas Losgelöstes, in der Luft Hängendes, das heißt eine Kaste und kein mit organischen Funktionen ausgestattetes Glied des Volkes selbst.» (ebd., 2043f)*

Rufen wir uns in Erinnerung, welche Rolle Gramsci den (organischen) Intellektuellen in der Gesellschaft zugedacht hat. Die Intellektuellen verallgemeinern die Belange gesellschaftlicher Gruppen durch ihr öffentliches Wirken. Wenn das Verhältnis im positiven Sinne funktioniert, stehen die Intellektuellen in einem wechselseitigen Austausch mit der Realität, die sie (künstlerisch) verarbeiten: Die Intellektuellen erziehen, in dem sie reformulieren und neue Formen finden. Und sie werden gleichermaßen erzogen, insofern sie in Verbindung mit den Menschen stehen, die sie indirekt repräsentieren.

In einer der Notizen «Einführung in das Studium der Philosophie» (H10 II, §44, 1334ff) stellt Gramsci fest, dass im Grunde genommen «jedes sprechende Wesen eine eigene persönliche Sprache hat, das heißt eine eigene Denk- und Fühlweise. Auf ihren verschiedenen Ebenen vereint die Kultur eine größere oder geringere Menge an Individuen in zahlreichen Schichten mit mehr oder weniger expressivem Kontakt, die sich in unterschiedlichem Grad verstehen usw.» (ebd., 1334f) Als Problem formuliert Gramsci hier die Heterogenität von Auffassungen, die menschlichem Handeln zu Grunde liegen, was nicht mit der grundsätzlichen Vielfalt von Menschen verwechselt werden sollte. Vielmehr denkt Gramsci über die Bedingungen politischen Handelns heterogener Gruppen nach:

«[J]eder geschichtliche Akt kann nur vom ‹Kollektivmenschen› vollzogen werden, setzt also die Erreichung einer ‹kulturell-gesellschaftlichen› Einheit voraus, durch die eine Vielzahl auseinanderstrebender Willen mit heterogenen Zielen für ein und dasselbe Ziel zusammengeschweißt werden, auf der Basis einer (gleichen) und gemeinsamen Weltauffassung […].» (ebd.)

Um dieses «Sprachproblem» gesellschaftlich zu lösen, bedient er sich in der Folge metaphorisch des Verhältnisses von Lehrer und Schüler, das er als «ein aktives Verhältnis wechselseitiger Beziehungen» auffasst, in dem «jeder Lehrer immer auch Schüler und jeder Schüler Lehrer» sei. (vgl. ebd.) Bei Gramsci wird diese Dialektik zu einem grundsätzlichen Machtverhältnis:

«Dieses Verhältnis existiert in der ganzen Gesellschaft in ihrer Gesamtheit und für jedes Individuum in bezug auf andere Individuen, zwischen intellektuellen und nicht-intellektuellen Schichten, zwischen Regierenden und Regierten, zwischen Eliten und Anhängern, zwischen Führenden und Geführten, zwischen Avantgarden und dem Gros der Truppen. Jedes Verhältnis von ‹Hegemonie› ist notwendigerweise ein pädagogisches Verhältnis und ergibt sich nicht nur im Innern einer Nation, zwischen verschiedenen Kräften, aus denen sie sich zusammensetzt, sondern auf der gesamten internationalen und globalen Ebene, zwischen nationalen und kontinentalen Zivilisationskomplexen.» (ebd.)

Pädagogik ist hier als Logik und nicht als Ziel zu verstehen. Die reine, bessere Vermittlung von schon Bekanntem bringt keine grundlegende gesellschaftliche Veränderung, im Gegenteil kommt es so zu einer Verschiebung vom politischen Anliegen hin zu organisatorischen Fragen der Gesellschaft. Dagegen benennt Gramsci hier die dialektische Ausarbeitung einer Sprache, im konkreten wie im metaphorischen Sinn, mit dem Ziel, die gemeinsame politische Aktivität der Arbeiterschaft zu entfalten und die Lebensbedingungen und Ökonomie neu zu organisieren. Aus Gramscis Ausführungen folgt, dass es Teil der Aufgabe einer Bewegung sein muss, dieses pädagogische Verhältnis für die eigene Sache zu erkennen und zu nutzen, um die Herrschaftsverhältnisse zu verändern. Dieses pädagogische Verhältnis umfasst die Kunst- und Kulturschaffenden, die per Definition in der Lage sind, öffentlich zu sprechen sowie Menschen und

Themen zu repräsentieren und sich mit «privaten» wie öffentlichen Belangen wirksam auseinanderzusetzen. In der Kultur und darin, wer Kultur für sich und andere organisieren kann, setzt sich die Frage ökonomischer und politischer Teilhabe fort, also die Frage der Machtverhältnisse. Die Menschen, die auf diese Art und Weise marginalisiert sind, bezeichnet Gramsci in den Gefängnisheften, parallel zum Klassenbegriff, als «Subalterne».

In Heft 25 «An den Rändern der Geschichte (Geschichte der Subalternen Gruppen)» versammelt Gramsci die in den vorherigen Heften verstreuten Notizen zu den Subalternen. In diesen Notizen geht Gramsci vor allem auf drei historische Beispiele ein: Davide Lazaretti (s.u.), italienische Kommunen im Mittelalter sowie utopische Romane. Dazu kommen zwei ebenfalls in Heft 25 wieder aufgenommene und weiter bearbeitete Notizen, (§2 und §5 «Methodologische» bzw. «Methodische Kriterien»), die auf theoretischer Ebene Gramscis Gedanken zu subalternen gesellschaftlichen Gruppen bzw. Klassen enthalten.

Als ein Beispiel für Devianz und die Mechanismen von Subalternität behandelt Gramsci die Figur des Davide Lazaretti. Lazaretti war der charismatische Führer einer christlich-utopischen Bewegung im 19. Jahrhundert. Diese Bewegung wurde anfänglich vom Vatikan, der im Zuge des Risorgimento seine weltliche Macht verlor, in der Hoffnung unterstützt, einen ländlichen Widerstand gegen den neuen italienischen Staat zu organisieren. Letztlich wurde die Bewegung, die gegen die Monarchie und für eine Republik kämpfte, unterdrückt und Lazaretti 1878 durch Carabinieri bzw. Militärpolizei während einer Prozession zusammen mit drei weiteren Menschen erschossen. Gramsci sieht in der Bewegung eine Reaktion auf die unabgeschlossene Revolution des Risorgimentos und ihn interessiert der Umgang und die retrospektive Einordnung der Ereignisse durch Kommentatoren und Gelehrte:

«(dies war der kulturelle Brauch der Zeit: anstatt die Ursprünge eines kollektiven Ereignisses und die Gründe dafür zu untersuchen, dass es sich verbreitete und kollektiv war, isolierte man den Protagonisten und beschränkte sich darauf, seine Krankheitsgeschichte zu schreiben, wobei man allzu oft von unbewiesenen oder unterschiedlich interpretierbaren Motiven ausging: für eine gesellschaftliche Elite haben die Elemente der subalternen Gruppen immer etwas barbarisches und Krankhaftes an sich).» (GH, Bd. 9, H25, §1, S. 2187)

Lazaretti als krankhaften Einzeltäter zu behandeln, die Delegitimierung der Bewegung und Depolitisierung der Morde sind klassische Instrumente der Herrschaft, die insbesondere über die (offizielle) Geschichtsschreibung ausgeübt werden. Gramsci bemerkt, dass mit dem süditalienischen Brigantentum ähnlich verfahren wurde.

Noch weiter zurück in der Geschichte der subalternen Klassen geht Gramsci für «Hinweise auf die Entwicklung der Volksklassen in den italienischen Kommunen» (GH, BD. 9, H25, §4, S. 2191–2194), die er aus einer Darstellung römischer Geschichte von Ettore Ciccotti gewinnt. Gramsci entwickelt in doppelter Auseinandersetzung mit Ciccotti und seiner eigenen Lesart der Geschichte der toskanischen Stadtstaaten im Italien des 12. und 13. Jahrhundert, insbesondere Siena, Florenz und Bologna, Ansichten über die Verschiebung der damaligen Machtverhältnisse zugunsten des Volkes. Diese Zeit war, nicht nur in der Toskana, von dem Kampf um die weltliche Macht zwischen Kirche und Adel geprägt. Zeitgleich strebten die Bewohner der Städte immer mehr nach politischer Autonomie und es entstanden nach und nach Kommunen, die von Räten regiert wurden. Sie war die politische Organisation der Bürger einer Stadt, die von den jeweiligen Stadtherren, Adligen, dem Landesherrn oder kirchlichen Vertretern wie Bischöfen, gebilligt wurde. Mit den städtischen Kommunen als republikanische und demokratischere Organisationsform bilden sich Rechte und Freiheiten von Bürgern besonders bezüglich des Handels und politischer Teilhabe heraus und das Stadtbürgertum als eigene soziale Gruppe.

Gramsci interessieren die toskanischen Kommunen unter dem Gesichtspunkt der Ausdehnung ihrer Macht bzw. der schrittweisen Ablösung des Adels durch die Bürger sowie die Beteiligung des Volkes an der Stadtpolitik und ihre Strategien. «Und in dem Maße, in dem die Emanzipationsbewegung Fuß fasst und auch die Grenzen und die Form dieser Gesellschaften übersteigt, fordert und erlangt das populare Element die Teilnahme an den höheren öffentlichen Ämtern.» (GH, Bd. 9, H25, §4, S. 2192) Gramsci mischt hierbei Betrachtungen zur römischen Kommune und den späteren toskanischen und begreift die Akteure, die zunächst von direkter politischer Teilhabe ausgeschlossen sind, jeweils als subalterne gesellschaftliche Gruppen. «Die einzige von jedem organisierten gemeinschaftlichen

Eigenleben ausgeschlossene Gruppe war die der Sklaven (und die der Proletarier, die nicht Sklaven waren) in der klassischen Welt, und die der Proletarier sowie die Leibeigenen und der Kolonen in der mittelalterlichen Welt.» (GH, Bd. 9, H25, §4, S. 2194) Zwar gebe es in mancher Hinsicht Ähnlichkeiten zwischen der historischen Situation der antiken Sklaven und der mittelalterlichen Proletarier, aber sie seien dennoch nicht identisch.

«Oft sind die subalternen Gruppen ursprünglich anderer Rasse (anderer Kultur und anderer Religion) als die herrschenden, und oft sind sei eine Mischung verschiedener Rassen, wie im Falle der Sklaven. Die Geschichte der Frauen in der römischen Geschichte ähnelt derjenigen der subalternen Gruppen, aber nur zu einem gewissen Punkt; der ‹Maskulinismus› kann nur in einem bestimmten Sinn mit einer Klassenherrschaft verglichen werden, er hat daher mehr Bedeutung für die Geschichte der Sitten als für die politische und Sozialgeschichte.» (GH, Bd. 9, H25, §4, S. 2193)

Mit dem Begriff der Subalternität bzw. subalterne Gruppen theoretisiert Gramsci die Auswirkungen von Herrschaft auf Menschen, die an der Herrschaft nicht gestaltend beteiligt sind bzw. durch sie nicht repräsentiert werden. An der Auswahl von historischen Gruppen, die er in diesen Notizen als Beispiele nennt, nämlich Sklaven, Menschen anderer Herkunft und Hautfarbe sowie auf gesonderte Art und Weise Frauen, wird deutlich, dass er Herrschaft nicht ausschließlich als Klassenherrschaft begreift. Mit Blick auf die subalternen Gruppen denkt er die durch Herrschaftsverhältnisse produzierten Marginalisierungen differenzierter. Dabei unterscheidet sich selbstverständlich die Herrschaftsform des alten Roms von der des modernen Staats, wie es die repräsentative Demokratie ist, und von Diktaturen, wie es der Faschismus ist:

«Der moderne Staat ersetzt den mechanischen Block der gesellschaftlichen Gruppen durch ihre Unterordnung unter die aktive Hegemonie der führenden und herrschenden Gruppe, beseitigt folglich einige Selbstständigkeiten, die jedoch in anderen Formen als Parteien, Gewerkschaften und Bildungsvereine wiedererstehen. Die zeitgenössischen Diktaturen beseitigen auf legale Art und Weise auch diese neuen Formen von Selbstständigkeit und bemühen sich, sie der staatlichen Aktivität einzuverleiben: die legale Zentralisierung des gesamten nationalen Lebens in

den Händen der herrschenden Gruppe wird ‹totalitär›.» (GH, Bd. 9, H25, §4, S. 2194)

Die hier erwähnten Selbstständigkeiten des antiken Staats beziehen sich auf den geringeren Grad der Zentralisierung des Staats in diesen Epochen, der dadurch das Leben der Menschen unter dieser Herrschaft nicht in gleichem Maße durchdrang. Gramscis Herangehensweise an Subalternität erinnert an die Perspektive seines Aufsatzes «Einige Gesichtspunkte der Frage des Südens» (1926), in dem er am Beispiel des ländlichen Südens Italiens die Position der Landbevölkerung und ihre gesellschaftliche Position beschreibt: «Die Gesellschaft des Südens ist ein großer agrarischer Block, der sich aus drei sozialen Schichten zusammensetzt: der großen, gestaltlosen und zusammenhanglosen Bauernmasse, den Intellektuellen aus der kleinen und mittleren Dorfbourgeoisie sowie den Großgrundbesitzern und den großen Intellektuellen. Die Bauern des Südens sind ständig in Aufruhr, aber als Masse können sie ihren Bestrebungen und ihren Nöten keinen zentralisierten Ausdruck verleihen.[98] Mit der Entwicklung des modernen Staats, dessen Merkmal Hegemonie als Herrschaftsverhältnis ist, stieg die Durchdringung des «privaten» Lebens und er organisierte den privaten und öffentlichen Raum, wie Gramsci ihn mit den Begriffen Società Civile und Società Politica als integralen Staat beschreibt. Diktaturen dagegen streben in der Tendenz danach, auch diese zivilgesellschaftlichen Räume juristisch und politisch zu zentralisieren und unter den direkten, also nicht indirekt vermittelten Einfluss und potentiellen Zwang des Staates zu stellen, was im Resultat den totalitären Staat charakterisiert.

Dadurch dass subalterne Gruppen marginalisiert sind, dass sie über keine nennenswerte Selbstorganisation verfügen und dass sie gesellschaftlich keine systematische Repräsentation und Anerkennung erfahren, sind sie in den Zeugnissen der Geschichte nur am Rande, wie aus Versehen berücksichtigt. Sie sind in diesem Sinne unsichtbar und verfügen nicht über ein eigenes, verbindendes Narrativ. Gramsci geht davon aus, dass die Unterordnung von subalternen Gruppen erst durch die Beseitigung des zugehörigen Herrschaftssystems, das sie als marginalisierte Gruppen hervorbringt, endet:

98 Vergleiche zu diesem Aspekt und generell zu Subalternität Marcus Green (2002: 3–5).

«Die Geschichte der subalternen gesellschaftlichen Gruppen ist notwendigerweise bruchstückhaft und episodisch. Zweifellos gibt es in der geschichtlichen Aktivität dieser Gruppen eine Tendenz zur Vereinigung, sei es auch nur auf provisorischen Ebenen, aber diese Tendenz wird durch die Initiative der herrschenden Gruppen fortwährend gebrochen, und deshalb kann sich erst bei Vollendung des geschichtlichen Zyklus zeigen, ob er erfolgreich abgeschlossen wird. Die subalternen Gruppen erleiden immer die Initiative der herrschenden Gruppen, auch wenn sie rebellieren und sich auflehnen; erst der ‹dauerhafte› Sieg bricht die Unterordnung, und auch nicht sofort. In Wirklichkeit sind die subalternen Gruppen, auch wenn sie zu triumphieren scheinen, nur in Alarmbereitschaft (diese Wahrheit lasst sich anhand der Geschichte der französischen Revolution mindestens bis 1830 demonstrieren). Jede Spur autonomer Initiative seitens der subalternen Gruppen sollte deshalb für den integralen Historiker von unschätzbarem Wert sein; daraus ergibt sich, dass eine solche Geschichte nur durch Monographien behandelt werden kann und dass jede Monographie eine sehr große Anhäufung von Materialien verlangt, die häufig schwer zusammenzutragen sind.» (GH, Bd. 9, H25, §2, S. 2191)

Der Staat ist Terrain, auf dem die gesellschaftlichen Positionen der Menschen und Gruppen zugewiesen und ausgehandelt werden. Für den modernen Staat und die Herrschaftsform der Hegemonie bedeutet das, dass bestimmte gesellschaftliche Gruppen und die korrespondierende Form der ökonomischen Organisation bzw. der Produktionsweise in einem historisch-politischen Prozess Staat geworden sind. Die herrschenden Gruppen machen ihre Geschichte zur allgemeinen Geschichte und vereinheitlichen so auf ideologischer Ebene ihre Herrschaft.

«Die geschichtliche Einheit der führenden Klassen vollzieht sich im Staat, und ihre Geschichte ist im wesentlichen die Geschichte der Staaten und der Staatengruppen. Man darf indes nicht glauben, dass diese Einheit rein rechtlich und politisch wäre, obwohl auch diese Form von Einheit ihre Bedeutung und keine bloß formale hat: die grundlegende geschichtliche Einheit ist in ihrer Konkretheit das Ergebnis der organischen Beziehungen zwischen Staat oder politischer Gesellschaft und ‹Zivilgesellschaft›. Die subalternen Klassen sind per definitionem keine vereinheitlichten und können sich nicht vereinheitlichen, solange sie nicht ‹Staat› werden können: ihre Geschichte ist deshalb

verwoben in die der Zivilgesellschaft, ist eine ‹zersetzte› und diskontinuierliche Funktion der Geschichte der Zivilgesellschaft und, auf diese Weise, der Geschichte der Staaten oder Staatengruppen.» (GH, Bd. 9, H25, §5, S. 2194f)

Gramsci fasst hier beiläufig sein Staatsverständnis, den integralen Staat, zusammen. Direkt im Anschluss entwirft er Kriterien zur historiographischen Betrachtung subalterner Gruppen, die er auch als Phasen beschreibt. Trotz der unterschiedlichen Fähigkeit der Vereinheitlichung gesellschaftlicher Gruppen in Abhängigkeit ihrer Stellung innerhalb von Gesellschaften, finden sich Spuren subalterner Aktivität, von Widerstand und von kultureller und politischer Unabhängigkeit subalterner Gruppen. Diese sind Anknüpfungspunkte, weswegen Gramsci vorschlägt, eine Historiografie subalterner Gruppen zu unternehmen. Dafür formuliert er ebenfalls in Heft 25 ein vorläufiges Programm:

«1. die objektive Herausbildung der subalternen gesellschaftlichen Gruppen aufgrund der Entwicklung und der Umwälzungen, die sich in der Welt der ökonomischen Produktion vollziehen, ihre quantitative Verbreitung und ihre Herkunft aus vorher bestehenden gesellschaftlichen Gruppen, deren Mentalität, Ideologie und Ziele sie eine gewisse Zeit lang beibehalten; 2. ihre aktive oder passive Zugehörigkeit zu den herrschenden politischen Formationen, die Versuche, auf die Programme dieser Formationen Einfluss zu nehmen, um eigene Forderungen durchzusetzen, und die Folgen, die solche Versuche bei der Bestimmung von Prozessen der Auflösung und Erneuerung oder der Neuformierung haben; 3. die Entstehung neuer Parteien der herrschenden Gruppen, um den Konsens und die Kontrolle der subalternen Gruppen aufrechtzuerhalten; 4. die eigenen Formationen der subalternen Gruppen für Forderungen beschränkter und partieller Art; 5. die neuen Formationen, welche die Selbständigkeit der subalternen Gruppen beanspruchen, jedoch in den alten Rahmen; 6. die Formationen, welche die völlige Selbständigkeit beanspruchen usw.» (GH, Bd. 9, H25, §5, S. 2195)

Gramsci sieht diese Auflistung als provisorisch und als erweiterungsbedürftig an. Sie gibt aber Aufschluss darüber, dass Gramsci subalternen Gruppen die Emanzipation und Selbstorganisation, in einem langen Prozess, zutraut und ihn interessiert wie bzw. ob der Arbeiter*innenklasse dies in Teilen gelungen ist und was man daraus lernen kann. Wie oben erwähnt (GH, Bd.

9, H25, §2), greift eine so gedachte Historiografie subalterner Gruppen auf notwendigerweise verstreute Quellen, Zeugnisse und Dokumente subalterner Aktivität zurück. Diese finden sich implizit in den Geschichtsdarstellungen der herrschenden Klassen, wie Gramsci am Beispiel Lazarettis diskutiert, und insbesondere in literarischen Werken. So nennt Gramsci utopische und «philosophische» Romane – erwähnt werden u.a. Morus, Bacon und Shakespeare – als «indirekte Quellen». Denn sie enthalten, oft unbewusst, Reflexionen über die «Bestrebungen subalterner gesellschaftlicher Gruppen». Nach Gramscis Auffassung seien die berühmtesten Utopien in protestantischen Ländern entstanden, was er in Beziehung zur Ablehnung der Gegenreformation setzt. Am Beispiel der Gegenreformation und der damit verbundenen ideologischen Rückschritte und Repressionen beschreibt er, dass sich die Kirche spätestens zu diesem Zeitpunkt zugunsten von Herrschaftsinteressen von «den Niedrigen» losgelöst habe.

«[...] [D]ie Kirche löste sich mit der Gegenreformation endgültig von den Massen der ‹Niedrigen› ab, um den ‹Machthabern› zu dienen; einzelne Intellektuelle versuchten mittels der Utopien eine Lösung für eine Reihe von lebenswichtigen Problemen der Niedrigen zu finden, suchten also nach einer Verbindung zwischen Intellektuellen und Volk; sie müssen deshalb als die ersten historischen Vorläufer der Jakobiner und der Französischen Revolution gelten, des Ereignisses also, das der Gegenreformation ein Ende setzte und die liberale Häresie verbreitete, die sehr viel wirksamer gegen die Kirche als die protestantische war.» (GH, Bd. 9, H25, §7, S. 2198f)

Gramsci spekuliert hier, dass die Französische Revolution das Projekt des Protestantismus, nämlich die Entmachtung der katholischen Kirche und die Demokratisierung von Herrschaft, fortgesetzt habe. Er stellt einen unmittelbaren Zusammenhang zwischen der politischen Dimension von Literaturproduktion – also utopischer Literatur, die von der Realität abweichende, ideale Gesellschaften herbeisehnt – und Jahrhunderte übergreifenden politischen Systemen her. Ob man seinen Thesen folgt oder nicht, insbesondere an den Notizen zu Subalternität wird sichtbar, welche Bedeutung Gramsci Geschichte und Geschichtsschreibung, hier im Sinne von Zeugnissen, beimisst und wie er dabei (kulturelle) Partikularaspekte und die großen politischen Umbrüche der Geschichte in seinem Denken vereint.

4 Rezeption

4.1 Bemerkungen zur Veröffentlichungsgeschichte von Gramscis Werk

Die Aufbereitung der Schriften und Briefe Gramscis wurde nach der Überführung seines Nachlasses in die Hände der Parteiführung der *PCI* übergeben. Dementsprechend sind die ersten Veröffentlichungen maßgeblich von der Sichtweise Togliattis geprägt, der als Parteivorsitzender nach dem Zweiten Weltkrieg Gramsci und sein Werk in den Dienst der Neuausrichtung der *PCI* als «partito nuovo» als regierungsfähige Massenpartei stellte. (vgl. Femia 1981: 202–203) Gramsci wurde so post-mortem zum legitimierenden Element der Nachkriegspolitik der italienischen Kommunist*innen einschließlich der Ära Berlinguer (Parteivorsitzender 1972–1984), in dessen Amtszeit der sogenannte Eurokommunismus und der «historische Kompromiss» fällt.[99] Die erste Rezeption geht in zwei Richtungen: Einerseits wird Gramsci als Nachfolger Lenins gesehen, wie er von Togliatti schon vor der Veröffentlichung seiner Schriften und Briefe dargestellt wird. Andererseits und etwas später wird Gramsci als Idealist in der Tradition von Croce und Gentile gedeutet, auch als Antithese zum leninistischen Gramsci. Noch 1958, während des ersten Kongresses, der sich wissenschaftlich mit Gramscis Werk beschäftigt,[100] positioniert Togliatti Gramsci als Leninist und versucht nachzuweisen, dass Gramsci sich in der Zeit vor dem Gefängnis intensiv mit Lenins Werk beschäftigt hat. Erst mit den Veröffentlichungen der Gefängnishefte ab 1954, der nach und nach erfolgten Veröffentlichung der Briefe und insbesondere mit der kritischen Ausgabe der Gefängnishefte beginnt eine informierte Debatte, die diese dogmatischen Positionen nach und nach aufhebt. Allerdings halten sich bis heute die «Vorwürfe» des Idealismus bzw. des Volontarismus und des Trotzkismus bzw. des Leninismus sowie für Marxisten

99 Zur Politik der *PCI* nach dem Zweiten Weltkrieg und den Kontinuitäten vergleiche Dörr 2006 sowie Neubert 2009.

100 Siehe die Dokumentation der Veranstaltung in: Istituto Antonio Gramsci (1958) «Studi gramsciani: atti del Convegno tenuto a Roma nei giorni 11–13 gennaio 1958», Rom.

die Frage, wie Gramsci eigentlich einzuschätzen ist, hartnäckig in der Literatur. Diese frühe Rezeption bzw. das fortwährende Verlangen, Gramscis Denken bestehenden Kategorien unterzuordnen, zeigt am besten das lebendige Missverständnis in Bezug auf die Bedeutung der Philosophie der Praxis. Schon während seiner Haftzeit hatte Togliatti damit begonnen, das Bild Gramscis in der Öffentlichkeit zu prägen. (vgl. Liguori/Frosini 2004: 156–175) Allerdings wurde nach Veröffentlichung der ersten Texte und Ausgaben von Gramscis Nachlass offensichtlich, dass die Auswahlen Togliattis durchaus politischen Kriterien unterliegen.[101]

Abgesehen von einigen Auszügen noch während des Krieges und vor der Veröffentlichung der ersten Bände von Gramscis Werk (vgl. hierzu Liguori 1991), erschien in Italien 1947 zuerst eine Auswahl der Gefängnisbriefe (Gramsci 1947), die sogar den prestigeträchtigen Literaturpreis *Premio Viareggio* gewann. Zwischen 1948 und 1951 publizierte dann das renommierte Verlagshaus *Einaudi* die erste Ausgabe der Gefängnishefte, in thematisch geordneter Form und ohne die Herausgeber, zu denen Felice Platone und Togliatti zählen, zu nennen.[102] Darauf folgten in den Jahren danach die Frühschriften Gramscis in einer fünfbändigen Ausgabe (1958–1972).[103] Letztendlich führte auch die Kritik an Togliatti als Herausgeber von Gramscis Schriften zu der von Valentino Gerratana herausgebrachten kritischen Gesamtausgabe der Gefängnishefte (1975), die bis heute der unersetzliche Standard der Gramsci-Forschung ist und die auch den Publikationen von Übersetzungen der Gefängnishefte in andere Sprachen zu Grunde liegt. Die Ausgabe Gerratanas rekonstruiert die Reihenfolge der Anfertigung der Hefte und enthält einen äußerst hilfreichen Anmerkungsapparat, der Hinweise zur Interpretation und zum Hintergrund der

101 Siehe hierzu Vacca, Giuseppe (1991) «Appunti su Togliatti editore delle Lettere e dei Quaderni», Studi Storici, 3, S. 639–662.

102 Die thematischen Ausgaben sind im Einzelnen: «Il materialismo storico e la filosofia di Benedetto Croce» (1948); «Gli intellettuali e l'organizzazione dellacultura» (1949); «Il Risorgimento» (1949); «Note sul Machiavelli, sulla politica e sullo Stato moderno» (1949), «Letteratura e vita nazionale» (1950) sowie «Passato e presente» (1951).

103 Die Ausgabe gliedert sich im Einzelnen in: «Scritti giovanili, 1914–1918» (1958); «L'Ordine Nuovo, 1919–1920» (1954); «Sotto la mole, 1916–1920» (1960); «Socialismo e fascismo. L'Ordine Nuovo, 1921–1922» (1967) und «La construzione del Partito comunista, 1923–1926» (1972).

Notizen liefert. Inzwischen sind Übersetzungen der kritischen Gesamtausgabe der Gefängnishefte in vielen Sprachen verfügbar. Kurioserweise liegt jedoch bisher keine vollständige englischsprachige Übersetzung vor. Dieses Projekt war von dem bekannten und inzwischen verstorbenen Gramsci-Forscher Joseph A. Buttigieg (1947–2019) begonnen worden. Bis dato sind allerdings erst drei Bände, die die Hefte eins bis acht enthalten, fertiggestellt. Neben den schon erschienenen Bänden müssen sich englischsprachige Leser*innen, sofern sie nicht auf eine der anderen Sprachen zurückgreifen können, der Anthologien aus den 1970er-Jahren bedienen.[104]

4.2 Rezeption in der Politischen Theorie

Aus der Veröffentlichungsgeschichte der Gefängnishefte ergibt sich eine weitläufige, ausdifferenzierte, oft ambivalente und sich nicht immer berührende Rezeption von Gramscis Werk. Sie konzentriert sich in der Regel auf die Gefängnishefte und geht, mit wenigen Ausnahmen, kaum auf die Schriften vor dem Gefängnis ein. Im Zentrum der auf Gramsci aufbauenden Theoriebildung steht das Konzept der Hegemonie und Gramscis Staatsverständnis. Aufbauend auf der Tradition von Marx wird Gramsci, insbesondere ab den 1960ern als Vertreter des sogenannten westlichen Marxismus gelesen, zusammen mit u.a. Rosa Luxemburg, Karl Korsch, Georg Lukács und der Frankfurter Schule. Diese Kategorie impliziert eine Einordnung als praxisfernen, eher ideologisch-idealistischen Theoretiker. Im angelsächsischen Raum führte in den 1960er-Jahren das Aufgreifen Gramscis durch die britische *New Left* zu einer gewissen Mode. (vgl. Anderson 1976) Gleichzeitig und paradoxerweise ist Gramscis Name mit dem Eurokommunismus der 1970er- und 1980er-Jahre, also der auf Regierungsfähigkeit abzielenden Reform- und Bündnispolitik der kommunistischen Parteien in Europa, verbunden, da diese Strategie oft hegemonietheoretisch gestützt wurde. (vgl. Neubert 2009) Zwar wird und wurde Gramsci immer wieder relevant von politischen Gruppen und Aktivist*innen benutzt, auch außerhalb Europas, die Rezeption

104 Insbesondere: «Selections from the Prison Notebooks» (1971), «Selections from Political Writings, 1910–1920» (1977); «Selections from Political Writings, 1921–1926» (1978); und «Letters from Prison» (1975).

bleibt in der Masse aber vorrangig eine akademisch-theoretische. Von der französischsprachigen Literatur ausgehend, unter dem Eindruck des *Linguistic Turn*, wird Gramsci ab spätestens der 1970er-Jahre von strukturalistischen und poststrukturalistischen Theoretiker*innen entdeckt. Ebenfalls ab den 1970er-Jahren bilden sich neue Theorieströmungen, die sich mehr oder weniger auf Gramscis Werk beziehen. In den nachfolgenden Unterkapiteln werden einzelne Aspekte dieser globalen und regionalen Aneignung Gramscis behandelt.

Unzweifelhaft gehört Gramscis Werk – als Weiterentwicklung der Arbeit von Marx, Engels und Lenin, aber auch einer Vielzahl anderer bekannter und weniger bekannter Autor*innen – zum Kanon der kritischen Wissenschaft. Im Allgemeinen changiert die Gramsci-Rezeption, je nach Standpunkt, zwischen einer Wertschätzung der Gefängnishefte als undogmatisch, offen und pluralistisch und der Kritik, in-sich-widersprüchlich, idealistisch und reformistisch zu sein. Viele Lesarten und Interpretationen, vor allem des letzteren Typs, verstehen die für Gramsci programmatische Philosophie der Praxis nicht als eigenständiges politisches Theorem und epistemologische Haltung, sondern als Synonym für Marxismus (vgl. hierzu Kapitel 3.2). Mit der Zeit sind durch die Rezeption von Rezeption ebenso Zuschreibungen bzw. Verzerrungen von Begriffen entstanden. Ein Beispiel dieser Dynamik ist der Begriff «Gegenhegemonie», der bei Gramsci nicht auftaucht. Der Begriff meint in der Regel herrschaftskritische Strategien oder das Ziel einer neuen Ordnung bzw. einen neuen geschichtlichen Block. Gegenhegemonie ist vermutlich als Übersetzung von «counter-hegemony» aus der neogramscianischen Rezeption bei Cox und Gill entstanden (vgl. Bieling/Deppe 1996), wo der Einfluss des realistischen Hegemoniebegriffs der internationalen Beziehungen nachwirkt (vgl. Kapitel 4.5) und wird insbesondere von Ulrich Brand benutzt. (vgl. Brand 2005)

Am Anfang der deutschsprachigen Rezeption steht beispielsweise das von Christian Riechers stammende und bis heute ab und zu wiederholte idealistisch-voluntaristische Ressentiment: «Eine ‹Philosophie der Praxis›, gleichgültig ob im Ansatz offen oder nur latent subjektiv-idealistisch, trägt, von der Hypostasierung des ‹schöpferischen› Subjekts ausgehend, stark voluntaristische Züge, die in Fatalismus umschlagen, der die gesamtgesellschaftliche Bewegung als tendenziell starr und abgeschlossen setzt.» (Riechers 1970: 140; kritisch dazu Roth 1972; Kramer 1975; sowie Altvater 1987: 161). Riechers kritisiert Gramsci doppelt und jeweils zu Unrecht dafür, dass er das Individuum bzw. sein Handeln und Bewusstsein zum Ausgangspunkt nimmt und paradoxerweise auch dafür gesellschaftliche Veränderung nicht denken zu können. Dass es möglich zu sein scheint, Gramscis Werk dem Idealismus zuzuordnen, lässt sich nicht nur aus der Veröffentlichungsgeschichte und der unabgeschlossenen Form der Gefängnishefte erklären. Tatsächlich ist Gramscis Vorgehen und Denken unorthodox, insofern, als dass er die Gesellschafts- und Herrschaftsstruktur nicht wie im Marxismus aus ökonomischen Verhältnissen herleitet, sondern das Historische statt des Ökonomischen im Zentrum seines Denkens steht. Folglich analysiert er die Produktionsverhältnisse zusammen mit kulturell-politischen Formationen.

In der DDR galt der Marxismus-Leninismus als in sich abgeschlossen und Gramsci «eher wie eine Nippes-Figur auf dem Regal für teure Andenken, denn als Bestandteil der Bibliothek notwendigen Wissens für denjenigen, der in der DDR ‹Diamat› zu studieren hatte». (Altvater 1987: 161) In der westdeutschen Debatte hingegen erhielt Gramsci erst spät durch die Veröffentlichung der Auswahl von Christian Riechers, mit einem Vorwort von Wolfgang Abendroth versehen, sowie geprägt durch Riechers Interpretation Gramscis (1970) als idealistisch-ideologischen Theoretiker und im Kontext staatstheoretischer Überlegungen Einzug. Erst im Anschluss an die Staatsableitungsdebatte der 1970er-Jahre (vgl. Hirsch et al 2015: 107–112), also darüber wie sich nach Marx Formen gesellschaftlicher Reproduktion sowie politische Organisationen und Institutionen aus den ökonomischen Bedingungen ableiten, und unter dem Eindruck der strukturalistischen Interpretation von Louis Althusser und Nicos Poulantzas in Frankreich, sind die Theorien Gramscis in der deutschsprachigen Debatte relevant geworden. In der Folge wurden diese Ansätze als materialistische Staatstheorie bzw. Trans- und Internationalisierung des Staates unter anderem von Joachim Hirsch (2005), Jens Wissel (2007), Sonja Buckel (2007) bzw. der Forschungsgruppe «Staatsprojekt Europa» (2014) weiterentwickelt.

Althusser, der Marx und dem Marxismus einer strukturalistischen Kritik unterzieht (vgl. Althusser et al: 1972[1965]), greift Gramsci in seinem vielbeachteten Aufsatz «Ideologie und ideologische Staatsapparate» (1977[1970]) auf. In «Für Marx» (1968[1965]) hatte Althusser zuvor gegen Gramscis Marxismus-Rezeption und seinen Historizismus polemisiert, da Gramsci durch Letzteren auch die Lehre des Marxismus als historisch kontingent ansehen müsse und daher der historische Materialismus als Wissenschaft gelten könne. (vgl. dazu Spiegel 1997: 61–63; sowie Thomas 2009: 9–13) In seiner Absicht, die Bedeutung von Ideologie für die Stabilität und Reproduktionsfähigkeit von Gesellschaftsformationen zu ergründen, unterscheidet Althusser «zwischen der Staatsmacht (Verteidigung der Staatsmacht oder Eroberung der Staatsmacht), dem Ziel des politischen Klassenkampfes einerseits und dem Staatsapparat andererseits». (Althusser 1977: 118) Denn Revolutionen, wie die Französische Revolution und die russische Oktoberrevolution, haben zwar einen Wechsel des Besitzes der Staatsmacht gebracht, aber die Staatsapparate – die hier die Regierung, den Polizeiapparat, die Gerichte, die Armee usw. meinen – intakt gelassen. Diese Erkenntnisse seien in der marxistischen Theorie bereits erkannt worden, blieben aber auf der beschreibenden Ebene. Es gehe für eine erfolgreiche proletarische Revolution aber auch um die Zerschlagung der bürgerlichen Staatsapparate und das Ersetzen eben dieser. Daher müsse der Theorie hier etwas hinzugefügt werden und zwar das Konzept der «ideologischen Staatsapparate», die in den «privaten Sektor» einer Gesellschaftsformation fallen, wo ein großer Teil der Reproduktion der Produktionsverhältnisse geschieht:

«Wenn wir davon ausgehen wollen, daß im Prinzip die ‹herrschende Klasse› über den (repressiven) Staatsapparat verfügt, so können wir annehmen, daß die gleiche herrschende Klasse aktiv wird in den Ideologischen Staatsapparaten in dem Maße, in dem letztlich durch ihre eigenen Widersprüche hindurch die herrschende Ideologie in den Ideologischen Staatsapparaten realisiert wird. Natürlich ist es etwas völlig anderes, ob man mit Hilfe von Gesetzen und Dekreten im (repressiven) Staatsapparat vorgeht oder ob man vermittels der herrschenden Ideologie in den Ideologischen Staatsapparaten vorgeht.» (ebd.: 121)

Althusser denkt die ideologischen Staatsapparate als einen nicht komplett systematisierten Ort, wo sich Herrschaft und Produktionsverhältnisse reproduzieren und wegen seiner Unabgeschlossenheit bzw. Eingrenzbarkeit eine relative politische Autonomie möglich ist. Diese Überlegungen Althussers haben eine große Nähe zu der Unterscheidung von öffentlich und privat bzw. von società civile und società politica, wie sie Gramsci in den Gefängnisheften darlegt, und das ist auch Althusser bewusst:

«Gramsci ist meines Wissens der einzige, der jenen Weg gegangen ist, den wir einschlagen. Er hatte jenen ‹eigenartigen› Gedanken, daß der Staat sich nicht auf den (repressiven) Staatsapparat reduziert, sondern, daß er – wie er sagte – eine Reihe von Institutionen der ‹bürgerlichen Gesellschaft› (‹societas civilis›) umfasse: die Kirche, die Schulen, die Gewerkschaften usw. Gramsci hat leider seine Intuitionen nicht systematisiert, die im Zustand scharfsinniger, aber unvollständiger Anmerkungen geblieben sind.» (Althusser 1977: 152)

In Althussers strukturellem Marxismus sind ideologische Staatsapparate und ihre Funktionsweise dennoch nicht identisch mit società civile und ihrer Rolle innerhalb eines hegemonialen Verhältnisses. Althusser geht zwar auch davon aus, dass sich Ideologie in den sozialen Praxen ausdrückt, also eine materielle Basis hat. Die ideologischen Staatsapparate seien vielmehr Institutionen, denen die ideologische Reproduktion der staatlichen und kapitalistischen Herrschaft zukommt.

«Eben die Ablehnung dieses Typs von Dichotomie zwischen dem Feld der Reproduktion und dem Feld der Konstitution der Klasse geht die Erweiterung des Staatsbegriffs bei Gramsci voraus. Die Artikulierung des Hegemonie-Apparats in seinen konstitutiven Momenten: ökonomischen, politischen und kulturellen, überschreitet das ausschließliche Modell der Reproduktion, um die Erweiterung des Staatsbegriffs etwas anderem zu unterwerfen: der doppelten Beziehung Staat-Klasse und Staat-Gesellschaft.» (Buci-Glucksmann 1981: 75)

Gramscis integraler Staat bezieht sich dagegen auf Herrschaftsverhältnisse als Ergebnis von Kämpfen durchzogener Beziehungen (vgl. hierzu auch Liguori/Frosini 2004: 221) und ist daher nicht nur Ort ideologischer Reproduktion, sondern von Widerstand und Selbstorganisation gesellschaftlicher Gruppen, die die jeweilige Herrschaft bekämpfen und ihr etwas entgegensetzen.

Nicos Poulantzas, der einen großen Teil seines Lebens in Paris verbrachte und von Althusser und den Strukturalisten beeinflusst wurde, hat seinerseits die materialistische Staatstheorie erweitert. «Wie schon Althusser und Gramsci betont Poulantzas, dass Staatsapparat und Staatsmacht nicht identisch sind. Die Staatsapparate erschöpfen sich nicht in der Staatsmacht der Bourgeoisie. Der Staatsapparat stellt ein materielles Gerüst dar, das sich nicht auf die Macht der Bourgeoisie reduzieren lässt.» (Hirsch et al 2015: 99–100). Poulantzas geht davon aus, dass die Trennung von Staat und Ökonomie ein Strukturmerkmal des Kapitalismus und somit als Beziehung stabil ist, aber dadurch, dass der Kapitalismus eine stetige Transformation durchmacht, auch die staatlichen Strukturen konstantem Wandel unterliegen, um als Struktur weiterzubestehen. (vgl. Poulantzas 1978: 152–155) Um den Staat und seine Funktionsweise im Kapitalismus zu theoretisieren, verwendet Poulantzas zwei Formulierungen: «Block an der Macht», ein Begriff den man als eine herrschaftssichernde Allianz betrachten kann, und «Kräfteverhältnisse», die an die gramscianischen Konzepte des geschichtlichen Blocks und Hegemonie anschließen. Zudem beschreibt er den «Staat als Verdichtung von Kräfteverhältnissen». (ebd.: 117–121) «Die herrschenden Klassen organisieren sich, um ihre Herrschaft zu erhalten, in einem Machtblock. Dieser Machtblock mit seinen vielseitigen Herrschaftsbeziehungen im Verhältnis zu den beherrschten Klassen existiert in der Form des Staates.» (Demirovic 2010: 61) Die Trennung von Staat und Produktionsverhältnissen «resultiert aber auch aus seiner Struktur als Verdichtung eines Kräfteverhältnisses, also aus der in seinem Innern entscheidenden Stellung der hegemonialen Klasse oder Fraktion gegenüber den anderen und Fraktionen des Blocks an der Macht». (Poulantzas 1978: 127) Der Staat wird dadurch zum Terrain, auf dem Konflikte um Kräfteverhältnisse ausgetragen werden.

Eine weitere theoretische Spielart, die an die strukturalistische Theoriebildung anschließt und sich bei Gramsci bedient, haben Ernesto Laclau und Chantal Mouffe in «Hegemonie und radikale Demokratie» (1991[1985]) entwickelt. Sie lesen dabei Gramsci als Theoretiker der spezifischen historischen Rückständigkeit Italiens und als Theoretiker der Revolution im Westen: «Kurz: Gramsci war ein origineller Theoretiker und ein politischer Stratege der ungleichen Entwicklung, nur sind seine Begriffe für die Bedingungen des entwickelten Kapitalismus kaum von Bedeutung.» (Laclau/Mouffe 1991: 109) Sie würdigen seine Arbeit zum Hegemoniebegriff, argumentieren allerdings, dass Gramsci durch das Festhalten am Klassenbegriff in einem marxistischen Essentialismus verhaftet sei:

«Für Gramsci muß es, selbst wenn die verschiedenen sozialen Elemente eine lediglich relationale, durch artikulatorische Praxen erworbene Identität besitzen, in jeder hegemonialen Formation immer ein einziges *vereinheitlichendes Prinzip geben, und dies kann nur eine fundamentale Klasse sein. [...] Klassenhegemonie ist nicht ein gänzlich praktisches Resultat des Kampfes, sondern hat eine letzte ontologische Grundlage. Die ökonomische Basis mag nicht den endgültigen Sieg der Arbeiterklasse sicherstellen, da dies von deren Fähigkeit zur hegemonialen Führung abhängt. Indes kann auf ein Scheitern der Hegemonie der Arbeiterklasse nur eine Rekonstitution der Hegemonie der Bourgeoisie folgen, so daß der Kampf am Ende ein Nullsummenspiel zwischen Klassen ist. Dies ist der verborgene essentialistische Kern, der im Denken Gramscis immer noch lebendig ist und der dekonstruktiven Logik der Hegemonie Schranken setzt.» (ebd.: 113–114)*

Laclau und Mouffe verwerfen also Gramscis historizistischen Ansatz bzw. interpretieren die historische Herleitung der Klassenbeziehungen als ontologische Setzung. Dadurch entgeht ihnen, unter anderem, dass Gramsci gerade historische Kontingenz theoretisiert und eine nicht-deterministische Theorie entwickelt hat.

Aufbauend auf der Sprachtheorie von Ferdinand de Sassure, die eine Reihe von (post)strukturalistischen Theoretiker*innen, darunter auch Foucault, inspiriert hat, reformulieren sie Hegemonie auf Grundlage artikulatorischer Praxen. Sie grenzen sich und ihr Theorieprojekt dabei bewusst von marxistischen Traditionen ab und situieren ihre Arbeit als Beitrag «im Kampf für eine radikale, libertäre und plurale Demokratie». (ebd: 37) Hegemonie entsteht, laut Laclau und Mouffe, nicht durch die materiellen oder gesellschafts-institutionellen Verhältnisse, sondern Hegemonie wird durch Artikulationen als Diskurs hergestellt. «Im Kontext dieser Diskussion bezeichnen wir als Artikulation jede Praxis, die eine Beziehung zwischen Elementen so etabliert, daß ihre Identität als Resultat einer artikulatorischen Praxis modifiziert wird. Die aus der artikulatorischen Praxis hervorgehende strukturierte Totalität nennen wir Diskurs.» (ebd.: 155) Laclau und Mouffe sehen also die Bedeutung von Objekten und Subjekten durch artikulatorische Praxen sozialer Akteure als konstituiert an und gehen daher nicht von einer materiellen Realität aus. Die Bedeutung der Praxis von Artikulation sei von der marxistischen Theoretisierung nicht korrekt erfasst worden:

«*Seine charakteristische Form war die von Gramsci bis Althusser wachsende Bekräftigung des materiellen Charakters von* Ideologien, *insofern diese nicht einfache Ideensysteme darstellen, sondern in Institutionen, Ritualen und so weiter verkörpert sind. Was jedoch zum Hindernis für die vollständige theoretische Entfaltung dieser Intuition wurde, war die Tatsache, daß sie in allen Fällen dem Feld der* Ideologien *zugeordnet war, das heißt zu Formationen, deren Identität mit dem Begriff des ‹Überbaus› gedacht wurde. Gegenüber der Verstreuung ihrer Materialität war er eine apriorische Einheit, so daß ein Rückgriff entweder auf eine vereinheitlichende Rolle einer Klasse (Gramsci) oder auf die funktionalen Erfordernisse der Reproduktionslogik (Althusser) erforderlich wurde. Aber sobald diese essentialistische Annahme fallengelassen wird, bekommt die Kategorie der Artikulation eine andere theoretische Geltung: Artikulation ist nun eine diskursive Praxis, die keine Konstitutionsebene vor oder außerhalb der Verstreuung der artikulierten Elemente besitzt.» (Laclau/Mouffe 1991: 160)*

Die Bedeutung der Objekte resultiert folglich nicht aus einem den Objekten innewohnenden Sinn, sondern ist das Ergebnis von Relationen und Differenzen zwischen ihnen. «Sinn entsteht dadurch, dass zwei Elemente miteinander in Beziehung gesetzt und damit zugleich als differente Elemente konstituiert werden.» (Nonhoff 2007: 175) Diskurse sind dementsprechend als relationale Differenzsysteme zu verstehen, in denen die einzelnen Elemente nicht von sich aus eine Bedeutung haben, sondern diese erst durch eine Differenz zu anderen Elementen des Diskurses, durch ihre Verknüpfung bzw. Beziehung zueinander, entsteht. Die Differenzen gehen dabei den Identitäten voraus. Identität wird nach dieser Theorie über die Gleichsetzung differentieller Elemente erreicht (Äquivalenzkette). «Das Problem ist, den Inhalt dieses ‹identischen Etwas› zu bestimmen, das in den verschiedenen Gliedern der Äquivalenz anwesend ist.» (Laclau/Mouffe 1991: 183) Der genaue Inhalt dieses «identischen Etwas» kann allerdings nicht genau bestimmt werden, da es sich nur über eine negative Äquivalenz konstituiert. Laclau/Mouffe nennen das die Logik der Äquivalenz, die sie als Vereinfachung des politischen Raums verstehen, «während die Logik der Differenz eine Logik seiner Erweiterung und zunehmenden Komplexität ist». (ebd.: 187) «Der *endgültige* Charakter dieser Nicht-Fixiertheit, die *endgültige* Unsicherheit jeder Differenz, zeigt sich folglich in einem Verhältnis totaler Äquivalenz, in dem die differentielle Positivität all ihrer Begriffe aufgelöst ist. Dies ist genau die Formel des Antagonismus, der sich somit als die Grenze des Sozialen erweist.» (ebd. 184–185) In Laclau und Mouffes postmarxistischem und formal äußerst komplexem Ansatz entsteht Hegemonie folglich aus dem Antagonismus differentieller Artikulation, die Identisches erst herstellen muss und sich nicht aus einer materiellen Praxis handelnder Subjekte ableitet.

4.3 Stuart Hall und die Cultural Studies

Die Entstehung der *Cultural Studies CS* ist eng mit dem politischen Klima Großbritanniens, der *New Left* ab den 1960er-Jahren und dem Begehren der britischen Linken nach einer politischen und theoretischen Erneuerung verknüpft, die u.a. nach Alternativen zum sowjetischen Sozialismus suchte. Die CS können als die akademische Form der *New Left* gesehen werden, deren Vertreter sich und ihre Arbeit explizit politisch verstanden und sich mit der Gründung des *Birmingham Centre for Contemporary Cultural Studies* (*CCCS*) 1964 institutionalisierten. Einflussreiche Figuren waren insbesondere der marxistische Theoretiker und Autor Raymond Williams, der marxistische Historiker und Aktivist E.P. Thompson und Richard Hoggart, der 1964 das *CCCS* gründete und Stuart Hall an das *CCCS* holte. Stuart Hall gilt bis heute als die Schlüsselfigur der Cultural Studies und seine theoretische Arbeit wird heute häufig synonym mit dem Begriff verstanden. Hall ist außerdem der Vertreter der Cultural Studies, der am intensivsten zu Gramsci publiziert hat und ihre Theoriebildung vorangetrieben hat. Die frühen Klassiker der Cultural Studies widmeten sich auf historische Weise dem Phänomen der Massenkultur und der Rolle der Arbeiter*innenklasse während und nach der Industrialisierung. In «Culture and society, 1780–1950» (1958) zeichnet Williams anhand von theoretischen und literarischen Texten Konzepte von Kultur in der britischen Geschichte nach, geleitet von der These, dass diese sich mit den ökonomischen, politischen und gesellschaftlichen Bedingungen und der jeweiligen Form von Öffentlichkeit verändern.

Hoggarts Buch «The uses of Literacy» (1957) thematisiert die Entstehung der Massenkultur («massification») und die Transformation der «Class Culture» der Arbeiter*innenklasse unter anderem anhand von Pulp-Magazinen bzw. Trivialliteratur, die die Class-Culture abgelöst habe. Thompsons historiografisches Werk «The Making of the English Working Class» (1963) rückt die Geschichte und Kultur der Arbeiter*innenklasse in den Mittelpunkt und stellt die auf die herrschende Klasse beschränkte und aus ihrer Perspektive erfolgte Geschichtsschreibung in Frage. Die Cultural Studies entstanden also als Weiterentwicklung der Traditionen der Literaturwissenschaft, Geschichtswissenschaft und Soziologie. Gemeinsamkeiten der methodisch und theoretisch ausdifferenzierten Cultural Studies sind die Interpretation von Text bzw. Textualität und die Wahl von Kultur, besonders der populären Kultur und Arbeiter*innenkultur, als Untersuchungsgegenstand sowie die Kultur als politische Sphäre und ideologisches Terrain.

Die ersten Auszüge aus den Gefängnisheften (Gramsci 1971) und später auch die Texte aus der Zeit vor dem Gefängnis (Gramsci 1977) erschienen in den 1970er-Jahren auf Englisch. In die gleiche Zeit fallen eine Reihe von Arbeiten Halls, etwa zu Marx' «18. Brumaire» und der Einleitung zu den «Grundrissen», mit denen er sich von den damals einflussreichen Theorien Louis Althussers und seinem strukturalistischen Marxismus abgrenzte. Hall war dabei bewusst, wie sehr Althussers und Poulantzas' Theoriearbeit von Gramsci beeinflusst waren. (Hall 1977: 166)

Hall bezieht sich in «Rethinking the ‹Base and Superstructure› Metaphor» (2018a [1977]) neben Althusser auch auf Gramsci, um ausgehend von Marx' «Das Kapital» das «Basis-Überbau-Problem» neuzudenken. Er identifiziert dabei drei Beiträge, die Gramsci zur Auflösung dieses Problems geleistet habe. Als ersten dieser Beiträge nennt Hall die Aufgabe des Staates im kapitalistischen System oder wie er es formuliert: «This expansion of the conception of what it is the superstructures ‹do› for capital is Gramsci's first contribution.» (ebd.: 164) Der zweite Beitrag Gramscis liege in den spezifischen Formen der Superstrukturen, wie sie bei Gramsci mit den Begriffen Kräfteverhältnissen, Hegemonie, Caesarismus etc. konkret bezeichnet sind: «Once again, in Gramsci's concept of ‹hegemony›, for example, we discover the beginnings of a way of conceptualizing how classes, constituted at the fundamental level of production relations, come to provide the basis of the social authority […].» (ebd.: 165) Und der dritte gramscianische Beitrag zu diesem Problem sei zu erklären, wie der kapitalistische Staat in seiner erzieherischen Funktion ideologischen Konsens generiert, «at the level of the superstructures and of ideologies, that ‹cement› which welded the social formation together under the hegemonic sway of an alliance founded on the fundamental class of capital». (ebd.) Seine Anerkennung für Gramsci ist allerdings zumindest ambivalent. Zwar lobt er die konzeptionellen und theoretischen Fortschritte, die Gramsci zu verdanken seien, jedoch verkennt Hall die historischen Herleitungen, die zu Gramscis Arbeitsweise gehören, als eine Art Ballast, der der Theorie im Wege steht: «Gramsci's work remains, of course, theoretically underdeveloped: the concepts are often in what Althussereans would call their ‹practical› state: they are hardly ever ‹pure› – never thoroughly or radically dismembered from their location within specific conjunctures.» (ebd.: 166)

Wie Hall ausführlich anhand der Entstehungsgeschichte der Cultural Studies diskutiert (vgl. Hall 2018b [1980]), gibt es in dieser Tradition die sich gegenüberstehenden «kulturalistischen» und die «strukturalistischen» Strömungen, die jeweils Kernbegriffe der Cultural Studies, wie eben Kultur und Ideologie, unterschiedlich auffassen. (vgl. ebd.: 60) Hall positioniert Gramsci (vgl. ebd.: 65) und auch Foucault als mögliche Wegbereiter dazu, die Polarisierung zwischen diesen beiden Tendenzen zu überwinden:

«Foucault has made possible a welcome return to the concrete analysis of particular ideological and discursive formations, and the sites of their elaboration. Foucault and Gramsci between them account for much of the most productive work on concrete analysis now being undertaken in the field: thereby reinforcing and – paradoxically – supporting the sense of the concrete historical instance which has always been one of culturalism's principal strengths.» (ebd.: 67)

Zwei zentrale Aufsätze aus dem Jahr 1986, «Marxism without guaranatees» und «Gramsci's relevance for the study of race and ethnicity», konkretisieren den Nutzen von Gramsci für Hall. Der Stellungskrieg im Kampf auf dem Gebiet der Ideologie, wie ihn Gramsci beschreibt, sei notwendig für materielle Veränderungen, denn: «No ideological conception can ever become materially effective unless and until it can be articulated to the field of political and social forces and to the struggles between different forces at stake.» (Hall 1986a: 41) Der Kampf um Ideen und Vorstellungen – Hall zieht hier ab und an «Demokratie» als Beispiel für einen umkämpften Begriff heran – sei auch ein Kampf um den wenig kohärenten Alltagsverstand, also wie sich Menschen die Welt vorstellen (können): «That terrain, Gramsci suggested, was above all the terrain of what he called ‹common sense›: a historical, not a natural or universal or spontaneous form of popular thinking, necessarily ‹fragmentary, disjointed and episodic›.» (ebd.: 42). Hall charakterisiert so auch Gramscis eigene Theorie. «Gramsci was not a ‹general theorist›.» (Hall 1986b: 22) Er erkennt also Gramscis Kerntheorem der Philosophie der Praxis nicht als allgemeine theoretische Position an, was sich auf Halls einflussreiche Gramsci-Rezeption auswirkt. Dennoch ist Hall von der Richtung des gramscianischen Denkens überzeugt:

«I do not claim that, in any simple way, Gramsci ‹has the answers› or ‹holds the key› to our present troubles. I do believe that we must ‹think› our problems in a Gramscian way – which is different. We mustn't use Gramsci (as we have for so long abused Marx) like an Old Testament prophet who, at the correct moment, will offer us the consoling and appropriate quotation.» (Hall 1988: 161)

Den «fragmentarischen Textkörper» der Gefängnishefte, wie er hier genannt wird, stellt Hall zwar einerseits als den Umständen der Schreibbedingungen geschuldet dar, andererseits sei er jedoch auch Ausdruck von Gramscis Verhältnis zum Marxismus, den Hall hier als «Open Marxism» (vgl. 1986b: 22) bezeichnet.[105] Da er oft gar nicht beabsichtigt habe, große Theorien zu entwerfen, sondern auf einer niedrigeren Ebene historisch-politischer Konkretheit ansetze, ergebe sich die Notwendigkeit einer besonderen Vorsicht im Umgang mit Gramscis Texten, um das jeweilige Niveau von Abstraktion richtig einzuschätzen:

«Gramsci's work often appears almost too concrete: too historically specific, too delimited in its references, too ‹descriptively› analytic, too time- and context-bound. His most illuminating ideas and formulations are typically of this conjunctural kind.

105 Vergleiche zu Halls ambivalenter Gramsci-Interpretation auch Lauggas 2013: 138–148.

To make more general use of them, they have to be delicately disinterred from their concrete and specific historical embeddedness and transplanted into new soil with considerable care and patience.» (Hall 1986b: 23)

So wie Cultural Studies nicht auf Stuart Hall beschränkt sind, gibt es neben der Britischen Cultural Studies, wie sie am *CCCS* in Birmingham entstanden, international eigenständige Entwicklungen und Traditionen von Cultural Studies. Im deutschsprachigen Raum findet dies ihre Entsprechung in den heterogenen Kulturwissenschaften. Sie arbeiten jedoch eher selten mit den gramscianischen Theoremen. (vgl. Wagner 2001: 226)

Die American Cultural Studies haben ihre eigenen Traditionen, aber wurden von Hall und den British Cultural Studies beeinflusst.[106] Sie sind stärker von poststrukturalistischen Ansätzen geprägt, was sich zum Teil auf den Zeitpunkt ihres Entstehens zurückführen lässt. Während in Großbritannien Gramsci bereits bekannt, rezipiert und einflussreich war, stand in den USA zunächst Foucault an erster Stelle und Gramsci wurde dementsprechend durch die Augen von Foucault gelesen.

4.4 Postkoloniale Theorien

Gramscis Ideen sind auch von Theoretiker*innen des globalen Südens aufgegriffen worden und besondere für die frühen Jahre postkolonialer Theorie von Bedeutung. In den Artikeln, die Gramsci vor seiner Inhaftierung u.a. für *L'Ordine Nuovo* schrieb, macht er Imperialismus und Kolonialismus der westlichen Mächte bzw. den Widerstand gegen diese zum Thema. Ihnen setzte er die Möglichkeit eines revolutionären Internationalismus entgegen:

«Der Kapitalismus, der in seiner imperialistischen Phase die hervorgehobene Form annahm, die ihn heute kennzeichnet, hat zwei grundlegende Probleme hervorgebracht: die groß angelegte Industrialisierung der Landwirtschaft, die Ausweitung der industriellen Zivilisation auf den gesamten Globus, nicht als hierarchische Unterdrückung Europas über die Kolonien, sondern

106 Zur Verbreitung und Institutionalisierung von Cultural Studies in den USA siehe: Stratton/Ang 1996: 371–373 und für eine Einführung in American Cultural Studies siehe Campbell/Kean 2016.

als autonome Entwicklung aller Bevölkerungen. Diese beiden Probleme können nur vom revolutionären Proletariat, d.h. der Klasse, gelöst werden, die keine privaten und nationalen Eigentumsinteressen hat, sondern das Interesse hat, die Entwicklung aller Produktivkräfte der Welt zu fördern, um ihre Freiheit auszudehnen und endgültig zu bestätigen.» («Le popolazioni coloniali», 26. Juni 1929, L'Ordine Nuovo, in: L'Ordine Nuovo, S. 341f)

Auch in den Gefängnisheften widmet Gramsci sich dem Kolonialismus in einigen Notizen. So spekuliert er über die Möglichkeit eines Panafrikanismus und die Rolle, die schwarze Intellektuelle, die aus den USA nach Afrika migrieren, dabei spielen könnten (vgl. GH, Bd. 3, H4, §49, S. 520f) und ihn interessieren die ökonomischen Aspekte (GH, Bd. 5, H9, §70, S. 1127f) und die politisch-historischen Gründe für den italienischen Kolonialismus (vgl. GH, Bd. 1, H1, §44, S. 106f). Für die heterogene postkoloniale Theoriebildung hat Gramsci dennoch eine gewisse Bedeutung, allerdings spielen dabei seine zeitgenössischen Artikel und Beobachtungen in der Rezeption kaum eine Rolle. Es ist stattdessen insbesondere das Konzept der Subalternität (siehe insbesondere Kapitel 3.4) und, damit verbunden, der Hegemonie, die durch postkoloniale Theoretiker*innen rezipiert und angeeignet wurden.

Der Begriff «postkolonial» hat in den letzten drei Jahrzehnten einen anhaltenden Aufstieg erfahren, auch über wissenschaftliche und aktivistische Kreise hinaus. Bezeichnete postkolonial in den 1970er-Jahren noch den Zustand von Ländern, die als ehemalige Kolonien ihre Unabhängigkeit erreicht hatten (vgl. Dhawan 2015: 15), ist er inzwischen zu einem Schlagwort für eine nicht klar umrissene (sozialwissenschaftliche) Theorierichtung und gesellschaftliche Kritik an Herrschaftsverhältnissen geworden. Dabei ist das Spektrum theoretischer Ansätze sehr breit und bei weitem nicht homogen, es handelt sich eher um eine Sammelbezeichnung, wie im Folgenden deutlich werden wird.

Dennoch lassen sich ein paar Verallgemeinerungen anstellen. Das Postkoloniale bezeichnet nicht einfach einen «nachkolonialen» Zustand oder Zeitabschnitt, der nach dem Ende kolonialer Herrschaft eintritt. Wesentlicher Kern bleibt dagegen das Andauern kolonialer Geschichte und Herrschaft, das in den Gesellschaften weiterlebt und die Politik und Geschichte mitbestimmt. In einem postkolonialen Verhältnis bedeutet also das Ende der kolonialen Macht nicht das Ende der kolonialen Herrschaft. Postkoloniale Theorie sieht es als ihre Aufgabe, die Widersprüche, Brüche und das Schweigen, die sich aus diesen Verhältnissen ergeben, offen zu legen und zu bearbeiten, mit dem Ziel der Dekolonialisierung, also zukünftigem Erreichen tatsächlicher Selbstbestimmung von Gesellschaften und Subjekten. Es geht um die politisch-ökonomischen Verflechtungen staatlicher und nicht-staatlicher Akteure sowie die eingeschriebenen Identitäten von Subjekten in der Jetztzeit. Postkolonialismus und Dekolonisierung sind daher ein lebendiger und täglicher Prozess, der von tatsächlichen politischen und ideologischen Kämpfen abhängt und auf Widerstand bei (historischen) Eliten sowie ihren Nachkommen stößt und in Konkurrenz zu politisch-ökonomischen Interessen und neokolonialen und neoliberalen Projekten steht. (vgl. ebd.: 16) Als ein gemeinsamer Bezugspunkt gilt die Bewertung des Kolonialzeitalters:

«The claim is that, along with related processes of colonialism and imperialism, empire has been central to the making of modern societies, so much so that its powerful legacies persist to the present (however, imperceptibly sometimes). And modernity itself, then, is the product of imperial relations. The industrial wealth of Anglo-European societies was made possible through imperial expansion and accumulation overseas.» (Go 2016: 19)

Zu den wichtigsten postkolonialen Theoretiker*innen gehören Frantz Fanon («Schwarze Haut, weiße Masken» (1952) [1980]); «Die Verdammten dieser Erde» (1961) [1966]); Aimé Césaire («Über den Kolonialismus» (1955) [1968]), Edward Said («Orientalism» (1978)), Ranjit Guha («Subaltern Studies I» (1982)); Gayatri Chakravorty Spivak («Can the subaltern speak» (1988); «A Critique of Post-Colonial Reason» (1999)); bell hooks («Talking Back» (1989)); und Homi Bhabha («Nation and Narration» (1990); «The location of culture» (1994)). An dieser Stelle können und sollen die grundlegenden Texte der postkolonialen Theorie nicht in Gänze und ausführlich diskutiert werden. Es sei hier lediglich auf ein paar der einschlägigen Einführungen zu diesem Thema (Castro Varela/Dhawan 2005; Gandhi 2019; Kerner 2012) und einführende Sammelbände (Chaturvedi 2012; Choudhury 2016; Reuter/Karentzos 2012) verwiesen. Die frühen Bezugspunkte und Texte, auf die sich postkoloniale Theorie stützt, exemplarisch sei Fanon genannt, entspringen dem praktischen Anliegen der Überwindung des Kolonialismus und der Thematisierung des Umgangs mit dem politischen Erbe des Kolonialismus. Zu diesen auf eine direkte politische Praxis zielenden Texten und literarischen Bearbeitungen von postkolonialen Themen kommen ab den 1980er-Jahren mit den Arbeiten der Subaltern Studies Group und insbesondere Spivaks Texte hinzu, die jeweils ausgehend von einer Kritik des Marxismus und Poststrukturalismus Grundlagen für die wissenschaftlichen Debatte um postkoloniale Theorie geschaffen haben. Aus der Kritik des Universalismus, die der Philosophie der Aufklärung zugeschrieben wird, folgte auch eine Kritik des (westlichen) Marxismus. Zwar bezogen sich Du Bois, Fanon, Césaire, Cabral und andere auf Marx und seine Interpretationen, sie wendeten sich allerdings auch gegen die Vorstellung, die Erfahrungen des europäischen Proletariats und der politischen Kämpfe könnten einfach auf den Rest der Welt übertragen werden, wie es vielfach im Westen und auch in der Kommunistischen Partei gedacht wurde. (vgl. Go 2016: 34–38) In diesen Debatten der 1960er- und 1970er-Jahren wurde deutlich, dass das theoretische Werkzeug des Westens, auch das kritische, nicht ohne Weiteres für politische und theoretische Arbeit mit der Erfahrung des Kolonialismus und in einem andauernden postkolonialen Verhältnis einsetzbar ist.

Der Einfluss von Edward Saids Buch «Orientalism» (1978) [1979] ist kaum zu überschätzen und zählt bis heute zu den wichtigsten Einflüssen zeitgenössischer postkolonialer Theorie. Orientalismus bedeutet bei Said einen Denkstil über «den Orient», der mit einem Set von kulturellen, ideologischen und epistemischen Repräsentationen und dem Sprechen über «den Osten» verbunden ist und der von Said, mit Foucault, als Diskurs verhandelt wird.

«I have begun with the assumption that the Orient is not an inert fact of nature. It is not merely there, just as the Occident itself is not just there either. We must take seriously Vico's great observation that men make their own history, that what they can know is what they have made, and extend it to geography: as both geo-graphical and cultural entities – to say nothing of historical entities – such locales, regions, geographical sectors as ‹Orient› and ‹Occident› are man-made.» (Said 1978: 4–5)

Said versichert anschließend, dass der Orient selbstverständlich nicht ausschließlich eine Idee oder reine Fiktion ist, aber dass die Vorstellung des Orients durch ideologische und den damit korrespondierende Mechanismen von Macht, und in der gegenwärtigen Konfiguration der Welt, durch westliche Hegemonie geprägt ist – weswegen Said zwischen Orientalismus und Orient unterscheidet. «The relationship between Occident and Orient is a relationship of power, of domination, of varying degrees of a complex hegemony […].» (ebd.: 5) Der orientalistische Diskurs bestehe nicht ausschließlich aus Lügen und Mythen, aber er ist strukturell, systematisch verankert und mit «very close ties to the enabling socio-economic and political institutions, and its redoubt-able durability». (ebd.: 6) Als Erklärung für die Dauerhaftigkeit des Orientalismus bezieht sich Said auf Gramsci und seine methodische Unterscheidung von Zivilgesellschaft und politischer Gesellschaft:

«In any society not totalitarian, then, certain cultural forms predominate over others, just as certain ideas are more influential than others; the form of this cultural leadership is what Gramsci has identified as hegemony, an indispensable concept for any understanding of cultural life in the industrial West. It is hegemony, or rather the result of cultural hegemony at work, that gives Orientalism the durability and the strength I have been speaking about so far.» (ebd.: 7)

Saids textuelle Analyse und Argumentation in «Orientalismus» zielt indes nicht darauf ab, den Orient durch sein Verhältnis zum imperialistischen Westen zu erklären oder eine Verschwörung gegen ihn zu belegen. Vielmehr interpretiert Said den Orientalismus – die Beschäftigung des Westens mit dem Orient – als einen Ort, an dem sich dieses hegemoniale Verhältnis in ästhetischen, akademischen und kulturellen Formen manifestiert und durch den eigenen Blick «den Orient» als «das Andere» zum Orientalismus macht. (vgl. ebd.: 12–13; sowie Prakash 2000: 232) Homi Bhabha greift unter Anderem das bei Said aufgeworfene «Othering» auf und merkt an, dass der koloniale Diskurs eben nicht homogene Bilder und Bedeutungen produziere, sondern komplexer sei und dadurch Elemente von Ambivalenz enthalte. Die Kolonisierten nähern sich ihren Herrschern durch Mimikry. Gleichzeitig sei der koloniale Diskurs auf Wiederholung angewiesen, was Möglichkeiten von Brüchen und Widerstand zulasse. (vgl. Go 2016: 44)

Das dabei entstehende Verhältnis zwischen Kolonisierten und Kolonisator*innen fasst Bhabha unter dem Konzept der Hybridität zusammen:

«The language of critique is effective not because it keeps forever separate the terms of the master and the slave, the mercantilist and the Marxist, but to the extent to which it overcomes the given grounds of opposition and opens up a space of translation: a place of hybridity, figuratively speaking, where the construction of a political object that is new, neither the one nor the other, properly alienates our political expectations, and changes, as it must, the very forms of our recognition of the moment of politics.» (Bhabha 1994: 25)

Das durch den Orientalismus produzierte Othering verdeutlicht bei Said, euphemistisch ausgedrückt, die ideologischen Begleiterscheinungen des Willens des Westens, in der Welt führend zu sein, oder deutlicher, zu herrschen. «[I]n order to rule and dominate something, it has to be seen as a thing to be ruled and dominated in the first place. Orientalism, by analytically bifurcating East from West, is the discourse that creates the ‹thing› that Western imperialism could then rule, manage, colonize and exploit.» (Go 2016: 40)

Um diesen Vorgang aufzeigen zu können, entwickelt Said eine Kritik an Marx und Raymond Williams «The long revolution» (1961), indem er sich auf Gramsci und insbesondere Foucaults «Archäologie des Wissens» sowie «Überwachen und Strafen» bzw. Theoreme bezieht, die heute allgemein als poststrukturalistische Diskurstheorie gelten. «Orientalism is after all a system of citing works and authors.» (Said 1978: 23) Über seine Haltung zu Foucaults Analyse schreibt Said:

«Foucault believes that in general the individual text or author counts for very little; empirically, in the case of Orientalism (and perhaps nowhere else) I find this not to be so. Accordingly my analyses employ close textual readings whose goal is to reveal the dialectic between individual text or writer and the complex collective formation to which his work is a contribution.» (ebd.: 23–24)

In «Orientalismus» diskutiert Said Marx' Werk einerseits unter dem Gesichtspunkt eines unterliegenden Universalismus, der der Verallgemeinerung der ökonomisch-sozialen Entwicklung der Produktivkräfte im Westen entspringe, andererseits im Hinblick auf Marx' eigenen, zeitgenössischen Orientalismus, der sich, wie Said zusammenträgt, in beiläufigen Verallgemeinerungen und Romantizismen zeige. (vgl. ebd.: 153–7, vgl. auch Gandhi 2019: 71–74) Die Rezeption von Gramscis Konzept der Hegemonie dagegen kann bei Said als genereller Rahmen beschrieben werden, der für Said bei Gramsci fehlt und verdeutlicht «how cultural hegemony works in civil society not by domination but by consent». (Kennedy 2000: 31) Damit ermöglicht Said, den Diskurs über den Orient als Teil eines (postkolonialen) Herrschaftsverhältnisses zu analysieren.

«Wird Kolonialismus nicht nur als ein Prozess territorialer Eroberung gesehen, sondern im Sinne des französischen Philosophen Michel Foucault als Subjektivierung – also die gleichzeitige Unterdrückung und Produktion des Subjekts – betrachtet, dann umfasst das Feld postkolonialer Theorie nicht nur die Rekonstruktion historischer Dominierung des ‹Südens› durch den ‹Norden› über den Einsatz ökonomischer und militärischer Gewalt, sondern auch eine kritische Analyse von Konstruktions- und Formationsprozessen an deren Ende schließlich ‹Europa› und die ‹Anderen› stehen. Kolonialismus und Neokolonialismus bleiben damit nicht beschränkt auf militärische Besetzungen, Genozid und Plünderungen, sondern umfassen ebenso epistemische und diskursive Gewalt.» (Castro Varela 2008: 21–22)

Der erste Band der Subaltern Studies Group (1982) mit dem Untertitel «Writings on South Asian History and Society» genauso wie die fünf darauf folgenden Bände (bis 1989 herausgegeben von Guha) versammelt Beiträge, die sich kritisch mit der Kolonialzeit und dem Widerstand in Indien beschäftigen. Im Vorwort und im ersten Beitrag des Bandes «On Some Aspects of the Historiography of Colonial India», das inzwischen als eine Art Manifest der Subaltern Studies Group gilt, liefert Guha Arbeitsdefinitionen, erklärt das Programm des Kollektivs und geht auch auf den namensgebenden Begriff ein:

«The word ‹subaltern› in the title stands for the meaning as given in the Concise Oxford Dictionary, that is, ‹of inferior rank›. It will be used in these pages as a name for the general attribute of subordination in South Asian society whether this is expressed in terms of class, caste, age, gender and office or in any other way.» (Guha 1982: vii)

Subaltern wird bei Guha zu einer allgemeinen Kategorie (post)kolonialer Erfahrung. Er konkretisiert Subalternität als «von untergeordnetem Rang», was sich als Marginalisierung aufgrund von Klasse, Kaste, Alter, Geschlecht und von Amts wegen oder Sonstigem ausdrückt, und markiert die normative Perspektive, die hier eingenommen wird. Die Anerkennung der Subalternen, ihrer Geschichten und ihrer Geschichte und die Bekämpfung der Marginalisierung durch die elitäre und koloniale Geschichtsschreibung und Wissensproduktion ist der Kern dieser Perspektive. Gayatri Chakravorty Spivak hat später das Verhältnis der Subaltern Studies zum Marxismus und Feminismus wie folgt zusammengefasst und bringt dabei die theoretische Sprengkraft des Konzepts auf den Punkt[107]: «Subaltern Studies considers the bottom layer of society, not necessarily put together by capital logic alone. This is its theoretical difference from Marxism. Its theoretical relationship to feminism is that the subaltern is gendered, and hence needs to be studied with the help of feminist theory.» (Spivak 2000: 324)[108] Das thematische Interessengebiet der Gruppe richtet sich nach der Perspektive und Geschichte der Subalternen und wird von Guha sehr weit gefasst:

«The words ‹history and society› in the subtitle are meant to serve as a shorthand for all that is involved in the subaltern condition. As such there is nothing in the material and spiritual aspects of that condition, past or present, which does not interest us. It will be idle of us, of course, to hope that the range of contributions to this series may even remotely match the six-point project envisaged by Antonio Gramsci in his ‹Notes on Italian History›.» (Guha 1982: vii.)

---

107 Allerdings behauptet Spivak in der Folge auch, Gramsci habe «subaltern» synonym mit der Arbeiter*innenklasse gebraucht: «The imprisoned Antonio Gramsci used the word to stand in for ‹proletarian›, to escape the prison censors. But the word soon cleared a space, as words will, and took on the task of analysing what ‹proletarian›, produced by capital logic, could not cover.» (Spivak 2000: 324) Mit Blick auf die Notizen in Heft 25 der Gefängnishefte hält die Behauptung weder inhaltlich noch formal, im Sinne des Zensurargumentes, stand. Schon in der Frage des Südens schließt der Begriff bei Gramsci u.a. die Bauernschaft mit ein und nimmt so also eine klassenübergreifende Bedeutung an.

108 Spivak 2000: The New Subaltern. A Silent Interview, S. 324; in: Mapping subaltern studies. Für einen weiteren Kommentar zur Definition der Subalternen und Guha: «I did not then understand that Guha's understanding of the subaltern world would subsequently take on board a much broader transformation of the Gramscian idea insofar as the subaltern, according to Guha, would call out in a collective voice. I never went that way at all.» (Spivak 2010b, 233)

Das hier erwähnte Sechspunkteprogramm ist eine Referenz auf das von Gramsci in den Gefängnisheften (Bd. 9, H25, §5, «Methodische Kriterien«) umrissene Forschungsprogramm bezüglich der subalternen Klassen, deren Geschichte sich im Gegensatz zu den führenden Gruppen nicht im Staat, sondern in der Zivilgesellschaft verwirklicht und daher notwendigerweise fragmentarisch bleibt. Guha stellt also sich und die Subaltern Studies Group in die Tradition dieses Ansatzes.

Die Historiographie Indiens sei von kolonialem und bourgeoisem Elitismus geprägt, so Spivak, insbesondere von dem Diktum, dass die Formierung des indischen Nationalstaats und das Entstehen eines Nationalbewusstseins alleinig der (nationalen) Elite zu verdanken sei. (vgl. ebd.: 1f) Die Bedeutung der «politics of the people» (ebd.: 4) werde jedoch ignoriert. Dennoch sei die bourgeois-koloniale Geschichtsschreibung Indiens nicht ohne Nutzen, weil sie, laut Guha, u.a. Anhaltspunkte über den Aufbau der kolonialen Herrschaft und die wirkmächtige Ideologie der Eliten in dieser Zeit liefere. Die Wissensproduktion dieser Art bleibt allerdings durch ihre verengte Klassenperspektive blind in Bezug auf die Initiative und den Beitrag der Massen im Prozess der Herausbildung eines nationalen Bewusstseins:

«What, however, historical writing of this kind cannot do is to explain Indian nationalism for us. For it fails to acknowledge, far less interpret, the contribution made by the people on their own, that is, independently of the elite to the making and development of this nationalism. In this particular respect the poverty of this historiography is demonstrated beyond doubt by its failure to understand and assess the mass articulation of this nationalism except, negatively, as a law and order problem, and positively, if at all, either as a response to the charisma of certain elite leaders or in the currently more fashionable terms of vertical mobilization by the manipulation of factions.» (ebd.: 3)

Guha geht in der Folge auf die Unterschiede in (Selbst)Organisation und politischem Aktionismus zwischen den bürgerlich-kolonialen Bestrebungen und den Subalternen ein. Er betont dabei die Bedeutung der Bauernaufstände, die oft durch spontane Mobilisierung zu Stande kamen, für den Kampf um die nationale Einheit und Befreiung Indiens. Guha erklärt, dass in dieser historischen Phase die Politik der Subalternen und die Politik der Elite koexistierten, was er an den politischen Formen und der Erfahrung der Ausbeutung und den daraus resultierenden Normen festmacht. «The co-existence of these two domains or streams, which can be sensed by intuition and proved by demonstration as well, was the index of an important historical truth, that is, the *failure of the Indian bourgeoisie to speak for the nation*. There were vast areas in the life and consciousness of the people which were never integrated into their hegemony.» (ebd: 5–6) Trotz der Bedeutung ihrer politischen Kämpfe seien die Bäuer*innen und die Arbeiter*innenschaft jeweils und zusammen nicht stark genug und zu fragmentiert gewesen, um eine Verwirklichung der eigenen Interessen bis hin zur tatsächlichen Befreiung eigenständig anzuführen. Für das Projekt einer alternativen Historiographie, der Geschichtsschreibung aus Perspektive der Subalternen, sind diese politisch-historischen Umstände der Ausgangspunkt und die Problematik, an der die Subaltern Studies Group ansetzt:

«It is the study of this historic failure of the nation to come to its own, a failure due to the inadequacy of the bourgeoisie as well as of the working class to lead it into a decisive victory over colonialism and a bourgeois-democratic revolution of either the classic nineteenth-century type under the hegemony of the bourgeoisie or a more modern type under the hegemony of workers and peasants, that is, a ‹new democracy› – it is the study of this failure which constitutes the central problematic of the historiography of colonial India. There is no one given way of investigating this problematic. Let a hundred flowers blossom and we don't mind even the weeds.» (ebd.: 7)

Die Kritik der Aufklärung und Moderne des Westens, wie sie seit den frühen postkolonialen Texten thematisiert und bei Said und der Subaltern Studies Group entwickelt wird, findet sich auch bei Dipesh Chakrabarty und seinem Projekt der «Provinzialisierung Europas» (2000). Chakrabarty führt die Arbeit an einer alternativen Historiografie fort, indem er das erkenntnistheoretische Prinzip des Historizismus anwendet, das auch bestimmten Varianten marxistischer Geschichtsauffassung in Form von (Entwicklungs-)Phasen zu Grunde liegt und damit systematisch die Perspektive auf (ökonomisch) weniger entwickelte Orte als weniger wert reproduziert: «It is that insofar as the academic discourse of history – that is, ‹history› as a discourse produced at the institutional site of the university – is concerned, ‹Europe› remains the sovereign, theoretical subject of all histories, including the ones we call ‹Indian›, ‹Chinese›,

‹Kenyan›, and so on.» (Chakrabarty 2000: 27) Chakrabarty ruft daher programmatisch dazu auf, Europa zu provinzialisieren. Damit stellt er den universalistischen Anspruch westlicher Theoriebildung und Historiografie in Frage, um den Weg für eine Geschichte und Geschichtsschreibung, die erst noch geschaffen werden muss, zu ebnen:

«Yet the understanding that ‹we› all do ‹European› history with our different and often non-European archive opens up the possibility of a politics and project of alliance between the dominant metropolitan histories and the subaltern peripheral pasts. Let us call this the project of provincializing ‹Europe›, the Europe that modern imperialism and (third world) nationalism have, by their collaborative venture and violence, made universal. Philosophically, this project must ground itself in a radical critique and transcendence of liberalism (that is, of the bureaucratic constructions of citizenship, the modern state, and bourgeois privacy that classical political philosophy has produced), a ground that late Marx shares with certain moments in both poststructuralist thought and feminist philosophy.» (Chakrabarty 2000: 42)

Feministische postkoloniale Theorie, als deren bedeutsamste Vertreterin Spivak zu nennen ist, setzt an der mangelnden Theoretisierung und Repräsentation von Widerstand außerhalb des Westens an. Dazu zählt auch die Unfähigkeit des Westens, Widerstandsformen und -gruppen, die sich nicht allein als «nationale» Befreiungsbewegungen fassen lassen, also andere Formen von Marginalisierungen und ihre Kämpfe zu theoretisieren und anzuerkennen. Spivak, die Saids «Orientalismus» als Gründungstext der akademischen Beschäftigung mit Marginalisierung bezeichnet (vgl. Gandhi 2019: 65), verschiebt und erweitert seit den 1980er-Jahren mit feministischen Interventionen Thematik und Perspektive postkolonialer Theorie. Sie schließt dabei an den Begriff der Subalternität der Subaltern Studies Group an, bindet ihn an die Frage der Repräsentation Marginalisierter und fasst ihn dadurch deutlich enger als Said. Zentral ist bei Spivak dabei der Aspekt epistemischer Gewalt, also die Produktion von Wissen und Theorie, die zur Unterdrückung Marginalisierter beiträgt, der sie mit poststrukturalistischen bzw. differenztheoretischen und dekonstruktiven Methoden nachspürt. Als exemplarisch für ihre Auseinandersetzung mit und ihre Kritik am westlichem Feminismus können die Aufsätze «French Feminism in an International Frame» (1981) und «Three Women's Texts and a Critique of Imperialism» (1985) gelten. Der erste setzt sich anhand von Julia Kristevas «About Chinese Women» (1974) mit der Perspektive weißer, intellektueller Feministinnen auf nicht-westliche Frauen auseinander. Die von Kristeva beobachteten Frauen, so Spivak, werden in kolonialer Kontinuität (vgl. Castro Varela/Dhawan 2005: 59) zum Material westlicher Selbstbespiegelungen und ihnen werde somit nicht gestattet, sich selbst zu repräsentieren bzw. zu Wort zu kommen. Im letzteren Essay bringt Spivak Charlotte Brontës Roman «Jane Eyre» – aufgrund ihrer nach Selbstbestimmung strebenden Titelfigur oft als frühe feministische Erzählung kanonisiert – sowie «Wide Sargasso Sea» von Jean Rhys, das sich kritisch auf Jane Eyre bezieht, und Mary Shelleys «Frankenstein» zusammen und stellt Bezüge zum Imperialismus als Diskurs her.

Die Repräsentation und Verhandlung von Gender und das Verhältnis von globalem Süden und hegemonialem Norden im kapitalistischen Neokolonialismus sind auch die zentralen Themen in Spivaks berühmten und komplexen Essay «Can the subaltern speak?» ((1988) [2008])[109]. Ausgehend von einer Kritik der Subjekttheorie, wie sie bei Foucault, Deleuze und Derrida in verschiedenen Varianten entwickelt wird, zeigt Spivak auf, dass poststrukturalistische Ansätze aufgrund ihrer Neigung von einem universellen Subjekt auszugehen unabhängig von den tatsächlichen Machtverhältnissen, systematisch die internationale Arbeitsteilung, epistemische Gewalt sowie die damit verbundenen Marginalisierungen ignorieren:

«Ignoring the international division of labor rendering ‹Asia› (and on occasion ‹Africa›) transparent (unless the subject is ostensibly the ‹Third World›); reestablishing the legal subject of socialized capital – these are problems as common to much poststructuralist as to structuralist theory. Why should such occlusions be sanctioned in precisely those intellectuals who are our best prophets of heterogeneity and the Other?» (Spivak 1988: 272)

An diesem Problem der Intellektuellen – Spivak bezieht sich hier explizit auf ein veröffentlichtes Gespräch zwischen Fou-

109 Bereits 1983 hat Spivak einen Vortrag gehalten, der als Vorläufer des Textes gilt und 1985 eine erste Version des Textes in Zeitschrift Wedge veröffentlicht. Vgl. hierzu die editorische Nachbemerkung der Übersetzer.

cault und Deleuze (Foucault 1977) – hängt auch die titelgebende Frage. Sie verdeutlicht, dass die Behauptung einer einheitlichen Subjektkonstitution die Situation der Subalternität, wie der subalterner Frauen, nicht erfassen kann: «*Can the subaltern speak? What must the elite do to watch out for the continuing construction of the subaltern? The question of ‹woman› seems most problematic in this context. Clearly, if you are poor, black, and female you get it in three ways.*» In Spivaks Verständnis haben Subalterne keinen eigenen, garantierten Zugang zum öffentlichen Raum und können sich daher dort nicht selbst repräsentieren. Gleichzeitig wendet sich Spivak gegen die Argumentation Foucaults, dass die Subalternen durchaus für sich selbst sprechen können und die Aufgabe der Intellektuellen im Angreifen von Machtstrukturen bestehe. (vgl. Castro Varela/Dhawan 2005: 72–74; Foucault 1977: 207–8) Diese Haltung kritisiert sie als «postrepresentationalist» (vgl. Spivak 1988: 285), weil sie die politische Verantwortung der Intellektuellen negiere.[110] Die Frage «Can the subaltern speak» sei weniger wörtlich zu nehmen, als es häufig geschieht. Tatsächlich geht es Spivak darum, dass Subalternität bedeutet, nicht gehört zu werden bzw. werden zu können. Das heißt, Subalterne sprechen, leisten Widerstand und artikulieren ihre Interessen. Allerdings sind diese verbalen und non-verbalen Artikulationen in die bestehenden Machtverhältnisse eingebettet und unterliegen der Deutungshoheit gesellschaftlicher nicht marginalisierter Gruppen. Diese Deutungshoheit entscheidet über den Zugang zu Diskursen und, um in der Metapher zu bleiben, was und wer gehört wird. Die Situation der Subalternen bei Spivak ist also machttheoretisch so: Einerseits unterliegen sie der ständigen epistemischen Gewalt hegemonialer Herrschaft und gleichzeitig haben sie keinen eigenen Zugang zum Diskurs und können sich nicht selbst repräsentieren. «[A]ll benevolence is colonial, you cannot fully unlearn your privilege.» (Spivak 2007: 182) Das Problem der Repräsentation, eine Repräsentation, die Subalterne nicht vereinnahmt und damit weiter marginalisiert, wirft letztlich die Frage auf, von wem und wie diese Aufgabe der Vermittlung für die Subalternen organisiert werden kann.

110 Castro Varela/Dhawan (2005) geben eine gute Zusammenfassung und auch einen Überblick über die Widersprüche in Spivaks Theoriebildung, siehe insbesondere S. 55–81.

Gramsci verstand, dass Marginalisierung die Ursache für fehlende Repräsentation und gesellschaftliches Schweigen ist. Intersektionalität, also der Möglichkeit von Gleichzeitigkeit verschiedener Diskriminierungsformen, spielt in den Gefängnisheften noch keine Rolle. Denn Gramsci entwickelte seine Theorien mit der überwiegend weißen und männlichen Arbeiter*innenschaft und den Landarbeiter*innen im Sinn. Das spiegelt sich auch in Zusammenhang mit Subalternität wider, insofern er in den allermeisten Fällen von subalternen Gruppen oder Klassen spricht. (vgl. Smith 2010: 45) So lässt sich innerhalb der Theoriebildung die Tendenz ausmachen, die Individuen und ihre Emanzipationsmöglichkeiten zu sehr ins Zentrum zu stellen und Abstand zu nehmen von kollektiven Identitäten oder Klassen. So war das von Gramsci aufgeworfenene Problem der fehlenden Geschichte subalterner Gruppen bzw. der Abwesenheit subalterner Gruppen in der Geschichtsschreibung ein Ausgangspunkt der Subaltern Studies Group, während beispielsweise Spivak ihre Argumentation aus der Perspektive des Individuums entwickelt, aus der Perspektive der subalternen, nicht-weißen Frau.

4.5 Neogramscianische Theorie

Ebenfalls in die 1970er-Jahre fällt der Ursprung der neogramscianischen Theoriebildung, die sich in den folgenden Jahrzehnten bemüht, eine kritische Theorie der Internationalen Beziehungen (IB) und der internationalen Politik zu formulieren. Der Neogramscianismus hat sich insbesondere an den angelsächsischen Universitäten entwickelt und ist seit seiner frühen Phase eng mit den Namen Robert W. Cox und Stephen Gill verbunden. Ab Mitte der 1980er-Jahre bilden sich mit eigenen Forschungszusammenhängen in Marburg und Amsterdam auch auf dem europäischen Kontinent Gruppen von Forscher*innen, die mit Gramsci und auf den Arbeiten von Cox, Gill und anderen aufbauend die Theoretisierung internationaler Politik vorantreiben. Zwar sind für diese Autor*innen theoretische Konzepte wie Hegemonie, historischer Block sowie für manche, wenngleich nicht alle, organische Intellektuelle zentral. Doch variieren nicht nur die Interpretationen der Zusammenhänge in der globalen Politik bzw. der Internationalen Politischen Ökonomie (IPÖ), sondern auch das Verständnis von Gramscis Theoremen und ihre Bedeutung für die jeweiligen neogramscianischen Autoren und Autorinnen sowie die jeweiligen inhaltlichen Anwendungsgebiete zum Teil stark voneinander. Man kann daher eher von einem Spektrum als von einer festen Gruppe oder gar Schule innerhalb der Internationalen Beziehungen sprechen.

Mit zwei viel beachteten Aufsätzen (1981; 1983) führt Cox Gramscis Theorie in die Internationalen Beziehungen ein.[111] Cox definiert Hegemonie unter Bezug auf Gramsci als «a fit between material power, ideology and institutions». (Cox 1981: 141) Cox bezeichnet sein Vorgehen als «eine angemessene Fortführung» (Cox 1981: 153, FN 22) von Gramscis Methode. Theoriebildung habe immer auch normativen Charakter und sei durch ihre sozialen und politischen Entstehungsumstände bzw. durch ihren spezifischen Realitätsbezug historisch bedingt: «Theory is always for someone and for some purpose. All theories have a perspective. Perspectives derive from a position in time and space, specifically social and political time and space.» (Cox 1981: 128) Er unterscheidet den Zweck von Theorien in zwei Arten. Die in den Theorien der Internationalen Beziehungen vorherrschende «problemlösende Theorie» nimmt eine soziale und politische Stabilität der Welt an. Sie zielt auf die Lösung auftretender Probleme, die einen reibungslosen Ablauf innerhalb des Bestehenden gefährden und ist so in der Lage, allgemeine Regeln und Regelmäßigkeiten zu formulieren. Dieser Strömung setzt Cox den zweiten möglichen Zweck, die «kritische Theorie» entgegen. Während problemlösende Theorie Stabilität des zu untersuchenden Gegenstandes voraussetzt, ist kritische Theorie historisch in dem Sinne, als dass sie Geschichte als fortwährenden Prozess begreift und damit zwangsläufig eine veränderte Zukunft erwartet. (vgl. Cox 1981: 129) Im Fall der Neogramscianer*innen heißt das, nicht nur empirisch-deskriptive Theoriebildung vorzunehmen und nach der Beschaffenheit des Untersuchungsgegenstandes zu fragen, sondern auch nach seinem Ursprung und normativen Implikationen der eigenen Position. «Critical Theory argues that knowledge about

111 Zuvor hatte Cox zwei Artikel (einen davon mit Harold K. Jacobson) mit Bezug auf Gramsci über die International Labor Organisation (ILO) geschrieben (vgl. Cox 1977, sowie Cox/Jacobson 1977), allerdings ohne dabei eine systematische theoretische Herangehensweise zu entwickeln.

society is incomplete if it lacks the emancipatory purpose.» (Linklater 1996: 281)

Nachdem Cox einige Kernbegriffe Gramscis, wie etwa Hegemonie, geschichtlicher Block, Intellektuelle u.a., eingeführt hat, überträgt er diese auf die internationale Politik bzw. auf das, was er Weltordnung nennt:

«Hegemony at the international level is thus not merely an order among states. It is an order within a world economy with a dominant mode of production which penetrates into all countries and links into other subordinate modes of production. [...] World hegemony is describable as a social structure, an economic structure, and a political structure; and it cannot be simply one of these things but must be all three. World hegemony, furthermore, is expressed in universal norms, institutions and mechanisms which lay down ground rules of behaviour for states and for forces of civil society that act across national boundaries – rules which support the dominant mode of production». (Cox 1983: 171f)

Der Nationalstaat ist folglich, obwohl an der Ausgestaltung der Weltordnung und ihren Normen direkt beteiligt, nur einer der Akteure innerhalb eines hegemonialen Gefüges. Es sind internationale Organisationen, die diesen universellen Normen als Träger dienen, zu ihrer Ausbreitung beitragen und «gegenhegemoniale» Kräfte assimilieren. Einen Ausweg aus diesem strukturellen Dilemma sieht Cox in «einer effektiven politischen Organisation», das Pendant zu Gramscis modernen Prinzen, die den Stellungskrieg in der Weltordnung führt und für einen alternativen geschichtlichen Block kämpft. (vgl. Cox 1983: 173f)

Schon relativ früh ist mit dem von Stephen Gill herausgegebenen Sammelband «Gramsci, Historical Materialism, and International Relations» (Gill 1993a) eine Bündelung vergangener sowie neuer Beiträge erschienen. (vgl. Gill 1993b) Darin findet sich auch eine erste Reflexion der eigenen Arbeit und Reflexivität ist erklärter Teil des neogramscianischen Theorieverständnisses. Explizite Äußerungen über den wissenschaftlichen und politischen Zweck neogramscianischer Forschungen werden daher immer wieder aufgegriffen, was die eigene Arbeit explizit bestimmten Zielen zuordnet oder dadurch, wie Gill sagt, dass wissenschaftliche Arbeit «*as a part* of the historical process» (Gill 1993b: 16f) begriffen wird. Diese «perspective on perspectives» (vgl. Neufeld 1994: 56) ist der epistemologische Ankerpunkt, von dem aus zuerst Cox und später andere ihre Kritik an den etablierten Theorien der Internationalen Beziehungen konzipieren und nach und nach eigene theoretische Konzepte und empirische Studien im Sinne eines Historischen Materialismus im Feld der IB vorlegen. Die Neogramscianer*innen knüpfen dabei im Laufe der Zeit an verschiedene theoretische und inhaltliche Debatten an. Zu Beginn betrifft das die maßgeblich von Cox betriebene Kritik am Neorealismus. Aber auch Autoren wie Keohane (siehe Keohane 1984) und Waltz (vgl. Keohane 1986) und die «decline-of-hegemony-» bzw. die «hegemonic-stability-Debatte» sind anzuführen, die sich um die Frage drehen, ob die USA seit den 1970er-Jahren an Macht verloren haben und damit einhergehend die Stabilität der durch die USA dominierten Weltordnung thematisieren.

Die Forschung der Neogramscianer differenziert sich, wie auch die Theorien der Internationalen Beziehungen generell, nach 1989 weiter aus. Mit den Begriffen Globalisierung und Global Governance[112] und der Emergenz neuartiger Akteure, wie globaler Bewegungen und NGOs, wird die Vorstellung einer multipolaren und multilateralen Weltordnung popularisiert. Während Cox und Gill weiterhin ihre Positionen hauptsächlich entlang dieser neuen und größeren Debatten um Ordnung internationaler Politik sowie ihrer Theorie entwickeln und sich ihre Arbeiten z.B. mit Autorität (vgl. Gill 2001; 2003) und Globalisierung bzw. Multilateralismus (vgl. Gill 1995; Cox 1996 bzw. Cox 1997; Gill 1997) beschäftigen, verbreitert sich zu Beginn der 1990er-Jahre die neogramscianische Autorenschaft.[113] Wenn die Theoriebildung zu Beginn von angelsächsischen Autoren dominiert wurde, nehmen – mit Kees van der Pijl, Otto Holman, Henk Overbeek, Bastiaan van Apeldoorn sowie Frank Deppe, Hans-Jürgen Bieling, Ulrich Brand und anderen – zu diesem Zeitpunkt immer mehr kontinentaleuropäische Wissenschaftler an den Debatten teil. Insbesondere Brand und Bieling

112 Siehe dazu z.B. Cox 1999 und Brand et al 2000.

113 Es lassen sich selbstverständlich nicht alle Beiträge neogramscianischer Prägung nach 1989 unter diesen Kategorien verhandeln. Zu erwähnen ist u.a. die Arbeit von Mark Rupert (1995) zur Entwicklung von Lohnarbeit unter den Bedingungen der Massenproduktion und der Repräsentation amerikanischer Arbeiter durch die Gewerkschaften in diesem Prozess; die (vereinzelten) Beträge zu Gender (z.B.: Murphy 1996; Bakker 2003; vgl. auch Scherrer 2003); sowie raumtheoretische Perspektiven (z.B. Agnew/Corbridge 1994; Jessop 2006).

schlagen vor, die konzeptionellen Schwächen der neogramscianischen Theoriebildung, was sie als «staatstheoretische Lücke» (Brand 2007: 161) bezeichnen, mit Hilfe der materialistischen Staatstheorie bzw. Poulantzas und Gramsci anzugehen. (vgl. auch Bieling 2007: 145–147, 153f) In Amsterdam und Marburg entstehen Forschungszusammenhänge, die stark von neogramscianischen Ansätzen beeinflusst sind. Während diese Autoren sich hauptsächlich der Forschung um die Europäische Integration widmen, zu der unter anderem auch Stephen Gill beiträgt, entwickelt sich, maßgeblich durch englischsprachige Autoren vorangetrieben, ebenfalls ab den 1990er-Jahren mit dem Konzept der Global Civil Society ein zweiter inhaltlicher Schwerpunkt neogramscianischer Forschung.

Eine weitere wichtige Kritik, die hauptsächlich von Vertretern der Amsterdamer Schule vorgebracht wird, gilt den konstruktivistischen Theorien. Obwohl eine gewisse Nähe zum Konstruktivismus bestehe und dieser im Gegensatz zu rationalistischen Ansätzen bestrebt sei, das Handeln von Akteuren zu berücksichtigen (vgl. Van Apeldoorn 2002: 14)[114], vernachlässigten konstruktivistische wie liberale Ansätze das Problem von Machtbeziehungen. «Critical theory, in contrast, recognizes the power relations, special interests, and arbitrariness contained in market forces and civil-societal relations as well, and relates these to state power (analyzed in terms of historically specific state/civil society complexes' or ‹historic blocs›)». (Ryner et al 1998: 5) Holman, Overbeek und Van Apeldoorn, die zu den wichtigsten Autoren der Amsterdamer Schule zählen, fassen die europäische Integration als Teil der neoliberalen Restrukturierung auf, wobei der disziplinierende Neoliberalismus, im Sinne eines «comprehensive concepts of control» (vgl. i 1984: 7), aufgefasst wird.[115]

Was die theoretischen Ansätze neogramscianischer Prägung, auch in Bezug auf die europäische Integration, eint, ist

114 Van Apeldoorn kritisiert hier explizit liberale und idealistische Varianten des Konstruktivismus, und unterscheidet davon «critical constructivism», zu dem er Wendt zählt.

115 Holman definiert das Konzept wie folgt: «Hegemonic concepts of control are expressions of both structural and behavioural power of capital, reflecting what Gramsci has called a historical bloc [...]. Originating in socio-economic relationships between different fractions of the bourgeoisie and (parts of) the working class, concepts of control must be translated into domestic and foreign policy at the state level to become effective.» (Holman 2001: 168).

dabei eine grundsätzlich historische Argumentation, wie sie auch bei Stephen Gill zu finden ist. Seinen Begriff des Neokonstitutionalismus (vgl. z.B. Gill 1992: 168; Gill 1997: 11, Gill 2000: 26) entwickelt er anhand der historisch-politischen Entwicklungen seit den 1960er-Jahren in Europa. Das «Programm von 1992» (Gill 1992: 164) der Europäischen Gemeinschaft, das auf die ökonomischen Krisen der 1970er- und 1980er-Jahre reagiert, laufe im Wesentlichen auf eine Verzahnung und Deregulierung der inner-europäischen Ökonomien bei gleichzeitigem Protektionismus gegenüber den nicht integrierten Ökonomien hinaus, um wieder international wettbewerbsfähig zu werden.

Vor dem Hintergrund der starken Bedeutung der Ökologie für die Protestierenden in Seattle und deren expliziten Kritik der Implikationen des Patentstrebens von Gentechnik-Unternehmen sieht Gill einen direkten Bezug zu den juridisch-politischen Praktiken, die er unter dem Begriff des Neo-Konstitutionalismus fasst. (vgl. Gill 2000: 135) Gill versucht daran anschließend durch eine Parallelisierung der Konzepte von Machiavellis «Fürst» und Gramscis «moderner Fürst» diese neuen Formen politischen Handelns mit dem Begriff des «postmodernen Fürsten» («postmodern prince») zu fassen. (vgl. ebd.: 137)[116] Dafür löst er die beiden Konzepte, auf die er sich bezieht, aus seinen historischen Kontexten und versucht so die neue Qualität des Widerstands gegen die Globalisierung zu theoretisieren und eine Antwort auf das Akteur-Problem zu finden: Die Anti-Globalisierungsbewegung sei dabei, einen «kollektiven Willen» zu bilden. Allerdings betont Gill, dass die Protestgruppen nur einen relativ kleinen Teil der globalen Zivilgesellschaft ausmachen würden, zu der eben auch NGOs, Parteien, Kirchen etc. zählen, und weist darüber hinaus auf die Rolle von Unternehmen und Staaten hin: «Transnational civil society also involves activities of both transnational corporations, and also governments that are active in shaping a political terrain that is directly and indirectly outside of formal purview of states.» (Gill 2000: 139) Trotzdem verteidigt Gill die Idee des postmodernen Fürsten: «A new ‹postmodern Prince› may prove to be the most effective

116 Gill grenzt den Begriff «postmodern» allerdings ab: «So in this context, let me again be clear that by ‹postmodern› I do *not* mean a form of political agency that is based on postmodern philosophy and the radical relativism it often entails». (Gill 2000: 137)

political form for giving coherence to an open ended, plural, inclusive, and flexible form of politics and thus create alternatives to neoliberal globalisation.» (ebd.: 140)

4.6 Die Neue Rechte

Gramsci und die Gefängnishefte haben nicht nur die weiter oben erwähnten links-intellektuellen und wissenschaftlichen Strömungen beeinflusst, sondern auch die Ideengeschichte und politische Taktik der Rechten. Wenn man über «die Rechte» schreibt, muss differenziert werden: zwischen den historischen Rechten und der Neuen Rechten nach dem Zweiten Weltkrieg; zwischen Konservativen und Neuen Rechten; den historischen Faschisten und Neofaschisten sowie zwischen Rechten, Konservativen und (Neo-)Nazis. Das bedeutet nicht, dass sich diese Kategorien ausschließen und nicht überschneiden würden, aber es existieren Unterschiede und sie markieren das Spektrum der Gruppen, die Gramsci von rechts benutzen und interpretieren. «In der Auseinandersetzung mit rechten Intellektuellen sollte man nicht dem Irrtum erliegen, rechtes Denken müsse aus einem bestimmten System kohärenter Begriffe oder substantieller Ideen bestehen. ‹Echter Konservatismus›, so heißt es etwa in der konservativ-faschistischen Monatszeitschrift *Die Tat* vom Januar 1933, bedeute ‹kein Programm, sondern eine Haltung: die konkrete, nicht analytische Haltung gegenüber dem Leben überhaupt, die staatsmännische, nicht parteiliche Haltung gegenüber Staat und Politik; es ist der rechte Flügel aller Parteien, den es zu aktivieren gilt›.» (Müller 1995: 16f) Es war das Ziel der Vordenker der Neuen Rechten, das «Rechte» vom Rechtsextremen und demnach vom Faschismus in der öffentlichen Wahrnehmung zu entkoppeln. Dieses Ziel gilt heute in Deutschland und vielen ehemaligen Industriestaaten als erreicht. Die Strategie der rechten Positionen in der öffentlichen Debatte und der Dissoziation rechter Ideen vom Faschismus sind inzwischen Alltag geworden.

Der Beginn der Gramsci-Rezeption von rechts liegt in Frankreich, wo sich, auch als strategische Antwort auf die linke Bewegung der 1968er, eine Reihe von rechten Organisationen gründeten und schnell unter der Bezeichnung «Nouvelle Droite» bekannt wurde. Eine der wichtigsten Figuren der Neuen Rechten ist Alain de Benoist, der auch den Begriff «Nouvelle Droite» geprägt hat, und zusammen mit Dominique Venner, Pierre Vial und anderen die «Groupement de recherche et d'études pour la civilisation européenne» (GRECE) ins Leben rief. Fast zeitgleich mit dem Pariser Mai wird GRECE im Januar 1968 in Reaktion auf die Algerienfrage und die enttäuschenden Parlamentswahlen 1965 als rechte Debatten- und Publikationsplattform bzw. als Think Tank gegründet. Nicht die praktische rechte Politik, wie sie in der Le-Pen-Partei ausgeübt oder die militante Aktion, wie sie von faschistischen Gruppierungen bevorzugt wird, sondern der intellektuelle Austausch und die theoretische Arbeit prägen die Organisation. Bei GRECE und De Benoist verbinden sich eine Reihe von Elementen, die gegenüber der «alten» Rechten Neuerungen darstellen. Das militärische und das kämpferisch-aktionistische tritt in den Hintergrund. Die Intellektuellenfeindlichkeit der (alten Faschisten) wird umgedreht und zur Aneignung von Theoretiker*innen und Theoremen aufgerufen. Die Neuen Rechten sehen sich zunehmend als Bewegung, was sich in der Bezugnahme auf die (Konservative) Revolution zeigt. (vgl. Mohler 1999) Dennoch gibt es Kontinuitäten aus der Alten Rechten. So gehörten die meisten Gründungsmitglieder zuvor dem «Mouvement National du Progrès» (MNP) an. Zudem wurde Alain de Benoist als junger Mensch stark von Dominique Venner, einem rechts-nationalistischen Publizisten und Autor, beeinflusst und war sowohl in der «Neuen Nation» sowie der «Fedédération des Étudiants Nationalistes» (FEN) aktiv. (vgl. Pfahl-Traughber 1998: 130f) De Benoist ist auch derjenige, der auf Grundlage gramscianischer Theoreme strategische und taktische Ideen der Neuen Rechten formuliert und mit seinen Schriften international verbreitet.

Die ersten Bezugnahmen auf Gramsci finden sich bei De Benoist in den 1970er-Jahren. In dieser Zeit prägt er auch den Begriff der Metapolitik, der die Strategie der indirekten politischen Einflussnahme der Neuen Rechten beschreibt (vgl. Müller 1995: 17): «Vu de droite» (1977), eine Anthologie, die De Benoists, Arbeiten aus den Jahren zuvor bündelt. Sie enthält auch ein Kapitel zu Gramsci und insbesondere den Abschnitt «Les idées à l'endroit»[117], der sich Gramsci und den sich daraus ergebenden Fragen für die Rechte ausführlich widmet. Die Anthologie kann als das zentrale theoretische Werk der Neuen Rechten aus

117 Auf Deutsch jeweils später erschienen: «Aus rechter Sicht. Eine kritische Anthologie zeitgenössischer Ideen», 2 Bände, Tübingen, 1983–1984; sowie «Kulturrevolution von rechts» (1985).

dieser Zeit angesehen werden. Das Vorwort für die deutsche Ausgabe von «Kulturrevolution von Rechts» stammt von Armin Mohler, der zeitweise als Privatsekretär von Ernst Jünger und später als Redenschreiber für Franz Josef Strauss fungierte. Darin nennt Mohler Egalitarismus «das Problem der Probleme» (Mohler 1985: 12) und positioniert De Benoist sowie die französische Neue Rechte als Vorbild. De Benoist beginnt mit einer Einordnung, was rechts bedeutet und was die Neue Rechte von der Alten Rechten unterscheide. Die Definition «durch ihre Neigung zur Ordnung und Autorität» lehnt er ab, «[d]a jede menschliche Gesellschaft auf diesen Begriffen beruhe, da jede *Macht* eine regierende Minderheit und regierte Mehrheit impliziert». (vgl. De Benoist 1985: 13f) Stattdessen liefert De Benoist eine durchaus originelle Definition, die – isoliert betrachtet und auf den ersten Blick – geradezu humanistisch klingt und der Rechten neue gesellschaftliche Allianzen ermöglicht:

«Ich für meinen Teil würde mich an eine sowohl ideologische als auch psychologische Definition halten. Ich nenne hier – aus reiner Konvention *– die Haltung* rechts, *die darin besteht, die* Vielgestaltigkeit *der Welt und folglich die* relativen *Ungleichheiten, die ihr notwendiges Ergebnis sind, als ein Gut und die fortschreitende Vereinheitlichung der Welt, die durch den Diskurs der egalitären Ideologie seit zweitausend Jahren gepredigt und verwirklicht wird, als ein Übel anzusehen.» (ebd.: 14)*

Konsequenterweise zieht De Benoist die Unterscheidungslinie zwischen Gut und Böse daher auch auf ideologischer Ebene und nicht auf politischer:

«Das heißt, dass in meinen Augen der Feind nicht ‹die Linke› oder ‹der Kommunismus› oder ‹die Subversion› ist, sondern schlichtweg jene egalitäre Ideologie, deren religiöse oder weltliche, metaphysische oder angeblich ‹wissenschaftliche› Formulierungen seit zweitausend Jahren nicht aufgehört haben, Blüten zu treiben, wovon die ‹Ideen von 1789› nur ein Entwicklungsabschnitt waren und wovon die heutige ‹Subversion› und der Kommunismus das unvermeidliche Endergebnis darstellen.» (ebd.: 14)

De Benoist geht so weit, dass er bürgerliche Forderungen und jene von Teilen der Linken, wie Chancengleichheit, bejaht. (vgl. ebd.: 15) Seiner Ansicht nach solle die Gesellschaft aber nicht auf der Anerkennung von Ungleichheit aufbauen, denn dadurch würde allen Menschen der gleiche Wert zugeschrieben. Er vertritt in Bezug auf den Wert von Individuen die Auffassung, «daß sich dieser Wert in den sozialen Beziehungen wesentlich nach den Verantwortlichkeiten bemißt, die jeder auf sich nimmt, bezogen auf die konkreten Befähigungen, über die er verfügt; daß die Freiheit in der tatsächlichen Möglichkeit beschlossen liegt, diese Verantwortlichkeiten auszuüben; daß mit diesen Verantwortlichkeiten entsprechende Rechte einhergehen und daß daraus eine Hierarchie resultiert, die auf dem Prinzip beruht: suum cuique [Jedem das Seine].» (ebd.: 15) Die Konsequenz dieser Gedankengänge ist eine Bejahung und Ausdehnung der historisch gewachsenen Machtverhältnisse, die sich in der aktuellen globalen und durch den Westen geprägten Gesellschaft, auf Besitz, Patriarchat, post-kolonialer Herrschaft und Beibehaltung von Privilegien gründet. Diese Auffassung rechtfertigt den unterschiedlichen Wert der Menschen mit der tatsächlichen Leistung und Bedeutung von einzelnen Menschen und Gruppen in der Welt – in der harmlosesten Lesart mit einer elitär-autoritären «Meritokratie». Es ist leicht zu sehen, wie diese Ablehnung von universellem Humanismus und Unterscheidung zwischen wertvollen und nicht-wertvollen Menschen eine ideologische Grundlage für Rassismus, Misogynie und Eugenik abgeben kann.

De Benoist und die Neue Rechte haben begriffen, dass sie ein anschlussfähiges ideologisches Narrativ brauchen, also eine umfassende Deutung der Welt, um in politischen Kämpfen konkurrenzfähig zu sein. Das schließt, wie es bei Benoist die Bezugnahme auf die «letzten zweitausend Jahre» deutlich macht, den Kampf um Geschichte und seine Deutung explizit mit ein. Die Welt bzw. die Entwicklung des «Abendlandes» (Ende der 1970er-Jahre) sei im Prinzip in sich abgeschlossen, insofern keine grundlegenden Neuerungen mehr zu erwarten seien. (vgl. ebd.: 36f) In dieser Situation gehe es darum, nicht reaktionär, sondern fortschrittlich zu sein: «*Konservativ* nenne ich die Haltung, die darin besteht, sich in der Summe all dessen, was bisher war, auf das Beste zu stützen, was der gegenwärtigen Situation vorausging, um zu einer *neuen* Situation zu kommen. Das heißt, daß in meinen Augen jeder wahre Konservatismus revolutionär ist.» (ebd.: 37) Gleichzeitig habe sich das Politische von der eigentlichen Politik, die nicht mehr programmatisch, sondern ideologisch sei, auf die «vorpolitischen» Bereiche – die Lebensweisen, private Institutionen wie die Familie, auf die Kultur – ausgedehnt und diese in Frage gestellt. «Es ist eine Tatsache, von der man künftig auszugehen hat, daß es keine Neutralität gibt. Zu schweigen läuft nur darauf hinaus, denjenigen, die reden, zusätzliche Macht zu geben.» (ebd.: 40) An dieser Stelle setzt die Auseinandersetzung mit Gramsci ein.

Unabhängig davon, wie man die Bedeutung von Gramsci für die Neue Rechte einschätzt, ist es unstrittig, dass seine Rezeption durch die Neue Rechte in seiner selektiven, verzerrten und opportunistischen Form sehr wenig mit Gramscis Analysen und ihren inhaltlichen Konsequenzen zu tun hat. Die Neue Rechte verdankt der Beschäftigung mit Gramsci in erster Linie ein rudimentäres Verständnis von der Beziehung zwischen politischer Macht (Staat) und kultureller Macht (Zivilgesellschaft) sowie das abgeleitete Konzept der «Metapolitik». De Benoist bezieht sich gelegentlich auch auf die Frankfurter Schule.

Benoist schreibt mit Blick auf den Westen: «in den Gesellschaften, in denen eine spezifisch kulturelle Atmosphäre herrscht, *ist keine Übernahme der politischen Macht möglich ohne eine vorhergehende Übernahme der kulturellen Macht*». (ebd.: 45f) Angesichts der Ausrichtung von GRECE nicht verwunderlich, interessiert er sich besonders für die Rolle der Intellektuellen bei Gramsci: «Er verlangt von ihnen, daß sie ‹den Kulturkrieg› gewinnen.» (ebd.: 47) De Benoist stellt zwar dar, dass die Intellektuellen den Gruppen, mit denen sie organisch verbunden sind, dienen, zieht aber trotzdem den verqueren und elitären Schluss, dass bei Gramsci die intellektuelle Avantgarde «das Subjekt der Geschichte» sei, also der Träger der revolutionären Veränderung und nicht die unterdrückten Gruppen selbst. (vgl. ebd.: 47). Auch lässt Benoist in seiner kurzen Darstellung von Gramscis Konzepten die Behauptung mit einfließen, dass Gramsci sich in den Mitteln des politischen Kampfes «von der anfänglichen Erfahrung des italienischen Faschismus und dessen ersten Erfolgen inspirieren» lassen habe (vgl. ebd: 48), was den Fakten zwar nicht entspricht, aber Gramsci vermutlich für die Rechte anschlussfähiger machen soll. Ähnliches lässt sich generell über die Rezeption von Gramsci durch De Benoist sagen. So spielt Hegemonie, wie sie als Herrschaftsverhältnis von Gramsci entwickelt wird, fast keine Rolle, was eben auch schwer mit den politischen Zielen der Rechten zusammenzubringen wäre. Hegemonie taucht nur am Rande und entstellt auf: «Parallel zur ‹Parteiarbeit›, die eine direkte Arbeit ist, schlägt Gramsci eine ‹kulturelle Arbeit› vor, die darin besteht, die ‹bourgeoise Hegemonie› durch eine ‹kulturelle Hegemonie des Proletariats› zu ersetzen.» (ebd.: 46) Die kurze Darstellung im Kulturkampf von rechts interessiert sich weder für Klassenbeziehungen, die politische Haltung in Gramscis Theoremen noch für die sich daraus ergebenden staatstheoretischen Konsequenzen oder gar subalternen Gruppen. Aber De Benoist und der Neuen Rechten geht es auch nicht um eine kohärente Gramsci-Interpretation, sondern um politische Werkzeuge zur Umsetzung rechter Politik.

De Benoist bezeichnet Gramsci mit Blick auf die gesellschaftlichen Entwicklungen seit Gramscis Tod als prophetisch und nennt den Einfluss von Intellektuellen, die gestiegene Bedeutung von Freizeit und (politischen) Moden. Die kulturelle Dimension einer Gesellschaft wird zum politischen Potential und zum strategischen Mittel:

«Und auch die, ebenfalls wachsende, Anfälligkeit der öffentlichen Meinung für eine metapolitische Botschaft, wobei letztere umso wirkungsvoller ist und umso besser aufgenommen wird, als ihr direktiver und suggestiver Charakter nicht klar als solcher erkannt wird und folglich nicht auf dieselben rationalen und bewußten Widerstände stößt wie eine Botschaft mit einem direkt politischen Charakter. Die ganze Macht der Schauspieler und der Vorführungen, der Unterhaltung und der Moden liegt im übrigen in diesem letztgenannten spezifischen Zug begründet, und zwar insofern als ein Roman, ein Film, ein Theaterstück, eine Fernsehsendung etc. auf lange Sicht politisch umso wirkungsvoller sind, als man sie zu Beginn noch nicht als politisch erkennt, sie aber eine langsame Entwicklung, eine langsame Verschiebung der Mentalitäten von einem Wertsystem in Richtung auf ein anderes verursachen.» (ebd.: 50)

De Benoist formuliert hier nicht nur eine zu entwickelnde opportunistische Strategie der Neuen Rechten, die um die «metapolitische» Arbeit erweitert werden muss, sondern seine Argumentation enthält auch die implizite Forderung nach einer (ständigen) Erneuerung rechter Kultur und Ästhetik. Warum diese Herangehensweise für die Rechten so fruchtbar ist, wird mit der inhärenten Logik des liberalen Systems begründet. Es liege in seiner Natur, gegen diesen Austausch von Mentalitäten nicht gewappnet zu sein. Die pluralistische politische Ordnung müsse nämlich die freie Konkurrenz von Ideologien zulassen und könne gleichzeitig «subversive Ideologien» nur schwer zur

Verantwortung ziehen «ohne selbst tyrannisch zu werden». (vgl. ebd.)

«Aufgrund dieser Tatsache läuft die liberale Gesellschaft Gefahr, sich langsam selbst umzubringen, da sie auf dem Pluralismus begründet ist, da dieser Pluralismus nur Bestand hat, wenn ihm ein Konsens von Seiten der Mehrheit der Gesellschaftsmitglieder zuteil wird, und da die Gesellschaft diesem Pluralismus kein Ende setzen kann, ohne ihre eigenen Grundlagen in Frage zu stellen.» (ebd.)

Der kulturelle Selbstmord des Westens ist hier schon Teil der Diagnose, Jahrzehnte bevor er Thilo Sarrazin als Schlagwort für seine Bestseller diente. De Benoist neigt in seiner Darstellung allerdings dazu, die Erosion des Status quo durch kulturelle Handlungen zu überschätzen. Er geht so weit, zu sagen, dass die Logik des liberalen Staates die «Substitution der Werte» unterstützt und es so zu einer «Umkehrung der ideologischen Mehrheit» komme. (vgl. ebd.: 51) De Benoist erkennt die Selbsterhaltungskräfte westlicher Demokratien bzw. dass sich die Kräfteverhältnisse und der Konsens zu Herrschaft ständig erneuern nicht an. Auch lässt er außer Acht, dass notfalls auch Elemente von Zwang die Herrschaft sichern. Möglicherweise ist das Element von Zwang hier auch einfach abwesend, weil Gewalt und Zwang für bestimmte rechte Strömungen ein legitimes politisches Mittel darstellen und die historische Verklärung von Polizei und Militär zum rechten Inventar gehören.

Die Arbeiten von De Benoist und seiner Mitstreiter wie Guillaume Faye fanden in der Folge internationale Verbreitung. In Deutschland wurden sie unter anderem im Umfeld des sogenannten Thule-Seminars und der Zeitschrift *Elemente* aufgegriffen.[118] Ein kurzer Artikel in der zweiten Ausgabe von *Elemente*, der unter anderem Gramscis Geburtsjahr mit 1851 angibt und die Entstehung der Gefängnishefte auf die Insel Ustica verlegt, setzt das Thule-Seminar mit ihm in Beziehung: «Was das Thule-Seminar mit den Auffassungen Gramscis verbindet, sind die theoretischen Grundlagen einer metapolitischen Strategie.» (Krebs 1987: 4)

118 Das Thule-Seminar wurde 1980 von Pierre Krebs gegründet. Elemente (Untertitel: «Elemente der Metapolitik zur europäischen Wiedergeburt») erschien von 1986–1998. Zur ersten Ausgabe trug neben De Benoist auch Guillaume Faye bei. Vergleiche zum Thule-Seminar auch: Heller, Friedrich Paul / Maegerle, Anton 1998.

Nach französischem Vorbild distanzieren sich die Mitglieder des Thule-Seminars vordergründig vom Nationalsozialismus. Liberalismus, Kommunismus und die globalisierte Welt werden von Pierre Krebs auch abgelehnt und ursächlich auf das «Judäochristentum» zurückgeführt. Er bezieht sich stattdessen positiv auf das «Germanische» bzw. propagiert ein neoheidnisches Germanentum, eine «Neue Kultur», die deutlich an die Gedankenwelt der Neonazis, wie sie beispielsweise in der *NPD* zu finden ist, anschließt. Diese Ausrichtung ist der Versuch, neue Bezugspunkte für rassistische und antisemitische Ideen aufzuzeigen, die als Grundlage und Rechtfertigung für rechte Politik diskursiv erprobt werden. De Benoists Ideen wurden außerdem durch die rechts-konservative Zeitung *Junge Freiheit* diskutiert, wo auch Teile der rechtsradikalen Parteien *DVU* und *NPD* ein intellektuelles Zuhause fanden. Seit den 2000er-Jahren und dem gesellschaftlichen Rechtsdruck, der sich in Deutschland beispielsweise durch Organisationen wie *PEGIDA* und Parteien wie der *AfD* sowie in Österreich durch die *FPÖ* manifestiert hat, stellen De Benoists Arbeiten eine Grundlage der aktuellen rechten Bewegungen dar. In einer Rede vom 20. Januar 2018 in Eisleben, die vor allem wegen ihrer islamfeindlichen Inhalte beachtet wurde, erklärte der Fraktionsvorsitzende der Thüringer *AfD* und Mitbegründer des völkisch-nationalistischen «Flügels» Björn Höcke, was er von Gramsci gelernt habe:

«Einer der Theoretiker, die mich in den letzten Jahren begleitet haben, das ist Antonio Gramsci. […] Ich habe drei große Impulse von Antonio Gramsci gekriegt. Der erste nennt sich Hegemonie durch Assimilation. […] Das zweite, was Antonio Gramsci mir mitgegeben hat, ist die Sensibilität für die Notwendigkeit des Kampfs um die Begriffe. […] Und das dritte und letzte, was mir Antonio Gramsci mitgegeben hat, das ist die klassische Entscheidung [sic] der bürgerlichen Gesellschaft und der politischen Gesellschaft. Liebe Freunde, jenseits der Parlamente, jenseits der Verwaltungsapparate des Staates wird der Zeitgeist geprägt. Nur wenn man den Zeitgeist beherrscht, kann man die kulturelle Hegemonie erwerben.» (vgl. Höcke 2018)

Zu den aktiven und wirkmächtigen neurechten Organisationen gehören auch das *Institut für Staatspolitik* und der *Antaios Verlag*, die beide von Götz Kubitschek gegründet wurden und für die deutschsprachige Szene rechtsradikaler Intellektueller eine wichtige Plattform bilden.[119] Besonders für die sich selbst als Bewegung verstehenden «Identitären», die ihren Ursprung in Frankreich haben, aber in Österreich wahrscheinlich am aktivsten sind, wo Martin Sellner als führendes Mitglied heraussticht. Die «Identitäre Bewegung» greift auf Positionen und Theoriekonzepte der Neuen Rechten zurück, macht aber insbesondere durch politische Aktionen, die Formen linken Aktivismus' ähneln, wie etwa Besetzungen öffentlicher Gebäude und Stören öffentlicher Veranstaltungen auf sich aufmerksam und orientieren sich ästhetisch und beim Design von Logos oder Flyern bewusst am jeweiligen Zeitgeist.[120]

In den USA gibt es eine parallele Entwicklung durch die sogenannte *Alt-Right*, die allerdings eher auf der Ebene praktischer Politik Bezüge zur Metapolitik erkennen lässt und sich von «Cultural Marxism», zu dem die Frankfurter Schule und auch Gramsci gezählt wird, und als Kampfbegriff Seite an Seite mit Political Correctness benutzt wird, abgrenzt. So schreibt Andrew Breitbart, Gründer des einflussreichen rechten Medienportals Breitbart, über den Einfluss des US-Bürger*innenrechtlers Saul Alinsky und Antonio Gramsci:

«The people, Alinsky thinks, are like happy sheep. In order to steer them in the politically correct direction, they must first be made unhappy, and that unhappiness will result in passivity, then finally in discontent, and then, in the end, revolution. Incrementalism, as Frankfurt School's Antonio Gramsci taught, is the name of the game. And the only way to begin opening the door to the revolution is to make people unhappy with the status quo.» (Breitbart 2011: 58)

Die amerikanische *Alt-Right* arbeitet mit ähnlichen Mitteln wie die Neuen Rechten in Europa und war besonders erfolgreich darin, sich Online im Kampf um Öffentlichkeit zu organisieren: Mit Steve Bannon, der «Breitbart» nach dem Tod seines Gründers weiterführte, wurde ein prominenter Vertreter der *Alt-Right* erst Wahlkampfmanager von Donald Trump und anschließend Chefstratege im Weißen Haus.[121]

---

119 Einblicke in das Selbstverständnis von Kubitschek und des Umfelds in Schnellroda, wo sowohl der Antaios Verlag als auch das Institut für Staatspolitik angesiedelt sind, bietet insbesondere: Kositza, Ellen et al. (2015).

120 Für Hintergründe zur Identitären Bewegung siehe unter anderem: Bruns, Julian et al (2016) sowie Speit et al (2018).

121 Zum US-Wahlkampf 2016 und Steve Bannons Rolle siehe: Hawley, George (2017) Making sense of the Alt-Right, New York, S. 126–131.

Der realpolitische Einfluss von Gramscis Theorien, sei es durch progressive und demokratische Bewegungen oder als strategische Verzerrung durch reaktionäre Kräfte, ist seit ihrer Veröffentlichung stetig gewachsen. Die Rezeption Gramscis hat sich in den letzten Jahrzehnten spürbar verbreitert und findet an immer neuen Orten Anschluss. Die Verwirklichung von Gramscis Vision – selbstbestimmte, partizipative und selbstorganisierte Gesellschafts- und Wirtschaftsformen zu entwickeln, die parlamentarische Demokratie und Kapitalismus ablösen – ist allerdings ein aktuelles Begehren geblieben und Aufgabe unserer Zeit.

Literatur

Werke Antonio Gramscis

Gramsci, Antonio (1947) Lettere dal carcere, herausgegeben von Palmiro Togliatti und Felice Platone, Turin.

Gramsci, Antonio (1948) Il materialismo storico e la filosofia di Benedetto Croce, Turin.

Gramsci, Antonio (1949) Il Risorgimento, Turin.

Gramsci, Antonio (1949) Gli intellettuali e l'organizzazione della cultura, Turin.

Gramsci, Antonio (1949) Note sul Machiavelli, sulla politica e sullo Stato moderno, Turin.

Gramsci, Antonio (1950) Letteratura e vita nazionale, Turin.

Gramsci, Antonio (1951) Passato e presente, Turin.

Gramsci, Antonio (1954) L'Ordine Nuovo, 1919–1920, Turin.

Gramsci, Antonio (1958) Scritti giovanili, 1914–1918, Turin.

Gramsci, Antonio (1960) Sotto la mole, 1916–1920, Turin.

Gramsci, Antonio (1967) Philosophie der Praxis. Eine Auswahl, herausgegeben von Christian Riechers, Frankfurt/Main.

Gramsci, Antonio (1967) Socialismo e fascismo. L'Ordine Nuovo, 1921–1922, Turin.

Gramsci, Antonio (1971) Selections from the Prison Notebooks, herausgegeben von Quintin Hoare und Geoffrey Nowell Smith, New York

Gramsci, Antonio (1972) La construzione del Partito comunista, 1923–1926, Turin.

Gramsci, Antonio (1973) Sul fascismo, herausgeben von Enzo Santarelli, Rom.

Gramsci, Antonio (1975) Letters from Prison, herausgegeben von Lynne Lawne. London.

Gramsci, Antonio (1977) Selections from Political Writings, 1910–1920, herausgegeben von Quintin Hoare, London.

Gramsci, Antonio (1978) Selections from Political Writings, 1921–1926, herausgegeben von Quintin Hoare, London.

Gramsci, Antonio (1982) La città futura, Turin.

Gramsci, Antonio (1991–2002) Gefängnishefte. Kritische Gesamtausgabe, 10 Bände, herausgegeben von Klaus Bochmann und Wolfgang Fritz Haug, Hamburg.

Gramsci, Antonio (1991) Antonio Gramsci – vergessener Humanist? Eine Anthologie, herausgegeben von Harald Neubert, Berlin.

Gramsci, Antonio (1992) Briefe 1908–1926: Eine Auswahl, herausgegeben von Antonio Santucci, Wien

Gramsci, Antonio (1995) Gefängnisbriefe I, Briefwechsel mit Giulia Schucht, herausgegeben von Ursula Apitzsch, Peter Kammerer und Aldo Natoli, Hamburg.

Gramsci, Antonio (1999) Gramsci a Roma, Togliatti a Mosca: il carteggio del 1926, herausgegeben von Chiara Daniele, Turin.

Gramsci, Antonio (2000) The Gramsci reader: Selected Writings 1916–1935, herausgegeben von David Forgacs, New York.

Gramsci, Antonio (2004) Erziehung und Bildung: Gramsci-Reader, herausgegeben von Andreas Merkens, Hamburg.

Gramsci, Antonio (2007) Quaderni del carcere: Quaderni di traduzioni (1929–1932), herausgegeben von Giuseppe Cospito und Gianni Francioni, Rom.

Gramsci, Antonio (2008) Gefängnisbriefe II, Briefwechsel mit Tatjana Schucht 1926–1930, herausgegeben von Ursula Apitzsch, Peter Kammerer und Aldo Natoli, Hamburg.

Gramsci, Antonio (2013) Gramsci lesen: Einstiege in die Gefängnishefte, herausgegeben von Florian Becker, Mario Candeias, Janek Niggemann und Anne Steckner, Hamburg.

Gramsci, Antonio (2014) Gefängnisbriefe III, Briefwechsel mit Tatjana Schucht 1931–1935, herausgegeben von Ursula Apitzsch, Peter Kammerer und Aldo Natoli, Hamburg.

Sekundärliteratur

Adamson, Walter L. (1980) Hegemony and Revolution: A Study of Antonio Gramsci's Political and Cultural Theory, Berkeley.

Agnew, Andrew / Corbridge, Stuart (1994) Mastering Space. Hegemony, Territory and International Political Economy, London.

Aldo Natoli (1993) Tanja Schucht und Antonio Gramsci. Eine moderne Antigone, Frankfurt/Main.

Althusser, Louis (1968) Für Marx, Frankfurt/Main.

Althusser, Louis (1977) Ideologie und ideologische Staatsapparate. Anmerkungen für eine Untersuchung, in: Ders, Ideologie und ideologische Staatsapparate. Aufsätze zur marxistischen Theorie, Hamburg; S. 108–153.

Altvater, Elmar (1987) Gramsci in der BRD: Eine Theorie wird gefiltert, in: Prokla. Zeitschrift für Kritische Sozialwissenschaft, 17, 66, S. 161–168.

Anderson, Perry (1976) The Antinomies of Antonio Gramsci, in: New Left Review, S. 5–78.

Apitzsch, Ursula (2016) Gramsci's «philosophy of praxis» and the topic of migration, in: Agustín, Óscar García / Jørgensen, Martin Bak (hrsg.) Solidarity without Borders: Gramscian Perspectives on Immigration and Civil Society Alliances, London; S. 23–40.

Apitzsch, Ursula / Kammerer, Peter (2014) Die Kommunikation zwischen Antonio Gramsci, Tanja Schucht und Piero Sraffa 1931–

1935: Ein Circulus Virtuosus, in: Gramsci, Antonio (2014) Gefängnisbriefe: Band III: Briefwechsel mit Tatjana Schucht 1931–1935, Hamburg; S. 7–37.

Armin Mohler (1999) Die konservative Revolution in Deutschland 1918–1932, Graz/Stuttgart.

Bakker, Isabella (2003) Neo-Liberal Governance and the Reprivatization of Social Reproduction: Social Provisioning and Shifting Gender Orders, in: Bakker, Isabella / Gill, Stephen (Hrsg.): Power, Production and Social Reproduction, Toronto, S. 66–82.

Baratta, Giorgio (2003) Das dialogische Denken Antonio Gramscis; Frankfurt am Main.

Barfuss, Thomas / Jehle, Peter (2014) Gramsci zur Einführung, Hamburg.

bell hooks (1989) Talking Back: thinking feminist, thinking black, London.

Bergami, Giancarlo (1977) Il giovane Gramsci e il marxismo. 1911–1918, Mailand

Berger, Axel (2007) Liebling Gramsci, in: Jungle World, 25, 2007, zuletzt abgerufen 28. Juni 2020:

https://jungle.world/artikel/2007/25/liebling-gramsci

Bhabha, Homi (1994) The location of culture, New York.

Bhabha, Homi hrsg. (1990) Nation and Narration, New York.

Bieling, Hans-Jürgen (2007) Internationale Politische Ökonomie. Eine Einführung, Wiesbaden.

Bieling, Jürgen / Deppe, Frank (1996) Gramscianismus in der internationalen politischen Ökonomie, in: Das Argument, 217, S. 729–740.

Bischoff (1981) Einführung Gramsci; Hamburg.

Borg, Erik (2001): Steinbruch Gramsci. Hegemonie im internationalen politischen System. In: iz3w, H. 256. Online verfügbar unter http://www.sopos.org/aufsaetze/3bbdcd9ea0c9f/1.phtml zuletzt abgerufen am 28. Juni 2020.

Brand, Ulrich (2007) Die Internationalisierung des Staates als Rekonstitution von Hegemonie. Zur staatstheoretischen Erweiterung Gramscis, in: Buckel, Sonja / Fischer-Lescano, Andreas hrsg.: Hegemonie gepanzert mit Zwang. Zivilgesellschaft und Politik im Staatsverständnis Antonio Gramscis, Baden-Baden; S. 161–180.

Brand, Ulrich (2005) Gegenhegemonie. Perspektiven globalisierungskritischer Strategien, Hamburg.

Brand, Ulrich et al (2000) Global Governance. Alternative zur neoliberalen Globalisierung? Münster.

Breitbart, Andrew (2011) Righteous indignation. Excuse Me While I Save the World, New York.

Brunello Mantelli (2008) Kurze Geschichte des italienischen Faschismus, Berlin 2008.

Bruns, Julian et al. (2016) Die Identitären: Handbuch zur Jugendbewegung der Neuen Rechten in Europa, Münster.

Bucharin, Nikolai Iwanowitsch (1922) Theorie des historischen Materialismus. Gemeinverständliches Lehrbuch der marxistischen Soziologie, Hamburg.

Buci-Glucksmann, Christine (1981) Gramsci und der Staat. Für eine materialistische Theorie der Philosophie, Köln.

Buckel, Sonja / Fischer-Lescano, Andreas hrsg. (2007) Hegemonie gepanzert mit Zwang: Zivilgesellschaft und Politik im Staatsverständnis Antonio Gramscis, Baden-Baden.

Buttigieg, Joseph A. (1986) The Legacy of Antonio Gramsci, in: boundary 2, 14, 3; S. 1–17.

Buttigieg, Joseph A. (1990) Gramscis method, in: boundary 2, 17, 2; S. 60–81.

Buttigieg, Joseph A. (1992) Introduction, in: Antonio Gramsci, Prison Notebooks, Vol. I, New York.

Buttigieg, Joseph A. (1993): Philologie und Politik. Zurück zum Text der «Gefängnishefte» von Antonio Gramsci. In: Borek, Johanna/ Krondorfer, Birge / Mende, Julius hrsg: Kulturen des Widerstands. Texte zu Antonio Gramsci, Wien; S. 181–220.

Cammett, John M. (1967) Antonio Gramsci and the Origins of Italian Communism, Stanford.

Campbell, Neil / Kean, Alasdair (2016) American cultural studies: An introduction to American culture, London.

Castro Varela, Maria do Mar (2008) Feministische postkoloniale Theorie, in: Olympe. Postkolonialismus. Feministische Arbeitshefte zur Politik, 27; S. 20–25.

Castro Varela, María do Mar / Dhawan, Nikita (2005) Postkoloniale Theorie. Eine kritische Einführung, Bielefeld.

Césaire, Aimé (1968) Über den Kolonialismus, Berlin.

Chaturvedi, Vinayak hrsg. (2000) Mapping Subaltern Studies and the Postcolonial, London / New York.

Choudhury, Bibhash hrsg. (2016) Reading Postcolonial Theory Key texts in context, London.

Cospito, Guiseppe (2017) Traducibilità dei linguaggi scientifici e filosofia della praxis, in: Filosofia italiana, 2, 2017; S. 47–65.

Cox, Robert W. (1983) Gramsci, Hegemony and International Relations: An Essay in Method, in: Millenium – Journal of International Studies, 12, S. 162–175.

Cox, Robert W. (1996) A Perspective on Globalization, in: Mittelman, James H. hrsg.: Globalization: Critical Reflections, Boulder; S. 21–30.

Cox, Robert W. (1999) Civil Society at the Turn of the Millenium: Prospects for an Alternative World Order, in: Review of International Studies, 25, 1; S. 3–28.

Cox, Robert W. (1977) Labor and Hegemony, in: International Organization, 31, 3, S. 385–424.

Cox, Robert W. (1981) Social Forces States and World Orders: Beyond International Relations Theory, in: Millenium – Journal of International Studies, 10; S. 126–155.

Cox, Robert W. hrsg. (1997): The New Realism. Perspectives on Multilateralism and World Order, Basingstoke.

Cox, Robert W. / Jacobson, Harold K. (1996) Decision Making, in: Cox, Robert W. / Sinclair, Timothy hrsg.: Approaches to World Order, Cambridge; S. 349–375.

Davidson, Alastair (1977) Antonio Gramsci: Towards an Intellectual Biography, London.

De Benoist, Alain (1983–1984) Aus rechter Sicht. Eine kritische Anthologie zeitgenössischer Ideen, 2 Bände, Tübingen.

De Benoist, Alain (1985) Kulturrevolution von rechts, Krefeld.

Demirovic (2010) Materialistische Staatstheorie und die Transnationalisierung des kapitalistischen Staates, in: Adolphs, Stephan et al hrsg: Das Staatsverständnis von Nicos Poulantzas. Der Staat als gesellschaftliches Verhältnis, Baden-Baden; S. 53–80.

Dipesh Chakrabarty (2000) Provincializing Europe. Postcolonial Thought and Historical Difference, New Jersey.

Dörr, Nikolas (2006) Wandel des Kommunismus in Westeuropa: eine Analyse der innerparteilichen Entwicklungen in den Kommunistischen Parteien Frankreichs, Finnlands und Italiens im Zuge des Eurokommunismus, Berlin.

Edward Said (1978) Orientalism, New York.

Engels, Friedrich (1962) Herrn Eugen Dührings Umwälzung der Wissenschaft, in: Karl Marx / Friedrich Engels – Werke, Band 20. Berlin; S. 1–303.

Fanon, Frantz (1966) Die Verdammten dieser Erde, Frankfurt/Main.

Fanon, Frantz (1980) Schwarze Haut, weiße Masken, Frankfurt/Main.

Feldbauer, Gerhard (1996) Von Mussolini bis Fini. Die extreme Rechte in Italien, Berlin.

Feldbauer, Gerhard (2008) Geschichte Italiens. Vom Risorgimento bis heute, Köln.

Fiori, Giuseppe (1979) Das Leben des Antonio Gramsci, Berlin

Fiori, Giuseppe (1991) Gramsci Togliatti Stalin, Rom/Bari.

Forschungsgruppe «Staatsprojekt Europa» hrsg (2014): Kämpfe um Migrationspolitik. Theorie, Methoden und Analysen kritischer Europaforschung, Bielefeld.

Foucault, Michel (1977) Intellectuals and power, in: Bouchard, Donald F. ed.: Language, counter-memory, practice: selected essays and interviews, Ithaca; S. 205–217.

Francioni, Gianni (1984) L'officina gramsciana: Ipotesi sulla struttura dei «Quaderni del carcere»; Napoli.

Frosini, Fabio (2003) Gramsci e la filosofia: saggio sui «Quaderni del carcere», Rom.

Galli, Giorgio (1958) Storia del partito comunista italiano, Mailand.

Germino, Dante 1990: Antonio Gramsci: Architect of New Politics, Baton Rouge.

Gerratana, Valentino (1972) Ricerche di storia del marxismo, Rom.

Gerratana, Valentino (1991) Einleitung, in: Gramsci, Antonio: Gefängnishefte, Band 1, herausgegeben von Klaus Bochmann, Hamburg; S. 21–41.

Ghandi, Leela (2019) Postcolonial Theory: A Critical Introduction, New York.

Gill, Stephen (1992) Economic Globalization and the Internationalization of Authority: Limits and Contradictions, in: Geoforum, 23, 3; S. 269–283.

Gill, Stephen (1992) The Emerging World Order and European Change: The Political Economy of European Union, in: Miliband, Ralph / Panitch, Leo hrsg.: The Socialist Register 1992: New World Order? London; S. 157–195.

Gill, Stephen (1995) Globalisation, Market Civilization, and Disciplinary Neoliberalism, in: Millennium – Journal of International Studies, 24; S. 399–423.

Gill, Stephen (2000) Toward a Postmodern Prince? The Battle in Seattle as a Moment in the New Politics of Globalisation, in: Millennium – Journal of International Studies, 29, 1; S. 131–140.

Gill, Stephen (2001) Das Globale Panopticon. Finanzwesen und Überwachung nach dem Kalten Krieg, in: Prokla – Zeitschrift für kritische Sozialwissenschaft, 124; S. 353–382.

Gill, Stephen (2003) Übermacht und Überwachungsgewalt im globalen Kapitalismus, in: Das Argument, 249; S. 21–33.

Gill, Stephen hrsg. (1993) Gramsci, Historical Materialism and International Relations, Cambridge.

Gill, Stephen hrsg. (1997) Globalization, Democratization and Multilateralism, Basingstoke.

Go, Julian (2016) Postcolonial Thought and Social Theory, Oxford.

Gobetti, Piero (1960[1924]) Uomini e idee: Gramsci, in: La Rivoluzione Liberale.

Green, Marcus (2002) Gramsci Cannot Speak: Presentations and Interpretations of Gramsci's Concept of the Subaltern in: Rethinking Marxism, 14, 3, S. 1–24.

Gruppi, Luciano 1977: Gramsci – Philosphie der Praxis und die Hegemonie des Proletariats, Berlin.

Hall, Stuart (1986a) The Problem of Ideology – Marxism without Guarantees, in: Journal of Communication Inquiry, 10, 2; S. 28– 44.

Hall, Stuart (1986b) Gramsci's relevance for the study of race and ethnicity, in: Journal of Communication Inquiry, 10, 2; S. 5–27.

Hall, Stuart (1988). The hard road to renewal: Thatcherism and the Crisis of the Left, London.

Hall, Stuart (2018a) Rethinking the «Base and Superstructure» Metaphor, in: Ders.: Essential Essays, Volume 1: Foundations of Cultural Studies, herausgegeben von David Morley; S. 143–171.

Hall, Stuart (2018b) Cultural Studies: Two Paradigms, in: Ders.: Essential Essays, Volume 1: Foundations of Cultural Studies, herausgegeben von David Morley; S. 47–70.

Haug, Wolfgang Fritz (1994) Einleitung, in: Gramsci, Antonio: Gefängnishefte, Band 6, herausgegeben von Wolfgang Fritz Haug, Hamburg; S. 1195–1221.

Hawley, George (2017) Making sense of the Alt-Right, New York.

Heller, Friedrich Paul / Maegerle, Anton (1998): Thule: vom völkischen Okkultismus bis zur Neuen Rechten, Stuttgart.

Hirsch et al (2015) Die Staatstheorie des ‹westlichen Marxismus›. Gramsci, Althusser, Poulantzas und die so genannte Staatsableitung, in: Dies. hrsg.: Der Staat der bürgerlichen Gesellschaft. Zum Staatsverständnis von Karl Marx. Baden-Baden; S. 93–119.

Hirsch, Joachim (2005) Materialistische Staatstheorie: Tramsformationsprozesse des kapitalistischen Staatensystems, Hamburg.

Höcke, Björn (2018) Rede von Björn Höcke am 20.01.2018 vor der AfD-Bürgerversammlung in Eisleben, siehe:
https://www.youtube.com/watch?v=igclAdLcG7o
Minute 20:55–32:20, letzter Zugriff: 16. Juli 2020.

Hoggart, Richard (1957) The Uses of literacy. Aspects of working-class life, with special references to publications and entertainments, London.

Holman, Otto (2001) The Enlargement of the European Union towards Central and Eastern Europe: The Role of the Supranational and Transnational Actors, in: Bieler, Andreas / Morton, Adam David hrsg.: Social Forces in the making of the New Europe. The Restructuring of European Social Relations in the Global Political Economy, Basingstoke; S. 161–184.

Institut für Marxismus-Leninismus beim Zentralkomitee der Sozialistischen Einheitspartei Deutschlands hrsg. (1959) Leitsätze über die Bedingungen der Aufnahme in die Kommunistische Internationale, in: Der I. und II. Kongreß der Kommunistischen Internationale. Dokumente der Kongresse und Reden W. I. Lenins, Berlin; S. 236–242.

Istituto Antonio Gramsci hrsg. (1958) Studi gramsciani: atti del Convegno tenuto a Roma nei giorni 11–13 Gennaio 1958, Rom.

Jessop, Bob (2006) Gramsci as a Spatial Theorist, in: Bieler, Andreas / Morton, Adam hrsg.: Images of Gramsci. Connections and Contentions in Political Theory and International Relations, London; S. 27–43.

Kammerer, Peter (2008) Gramscis erste Gefängnisjahre im Briefwechsel mit Tatjana Schucht, in Gramsci, Antonio, Gefangnisbriefe: Bd. II: Briefwechsel mit Tatjana Schucht 1926–1930, Hamburg, S. 7–38.

Kebir, Sabine (1979) Die Kulturkonzeption Antonio Gramscis. Auf dem Wege zur antifaschistischen Volksfront, Berlin.

Keohane, Robert (1984) After Hegemony: Cooperation and Discord in the World political Economy, Princeton.

Keohane, Robert O. hrsg. (1986) Neorealism and its Critics, New York.

Kerner, Ina (2012) Postkoloniale Theorien zur Einführung, Hamburg.

Kositza, Ellen et al (2015) Tristesse Droite: die Abende von Schnellroda, Schnellroda.

Kramer, Annegret (1975) Gramscis Interpretation des Marxismus, in: Gesellschaft, Beiträge zur Marxschen Theorie, 4, Frankfurt/Main.

Krebs, Pierre (1987) Die Flucht nach vorn – Gramscis metapolitische Wandlung, in: Elemente zur Metapolitik, 2; S. 4.

Kristeva, Julia (1974) About Chinese Women, London.

Labriola, Antonio (1974) Über den historischen Materialismus, herausgegeben von Anneheide Ascheri-Osterlow und Claudio Pozzoli, Frankfurt/Main.

Laclau, Ernesto / Mouffe, Chantal (1991) Radikale Demokratie. Zur Dekonstruktion des Marxismus, Wien.

Lauggas, Ingo (2013) Hegemonie, Kunst und Literatur: Ästhetik und Politik bei Gramsci und Williams, Wien.

Lenin, Wladimir Illitsch (1978) Der Reformismus in der russischen Sozialdemokratie, in: Ders.: Lenin Werke Bd. 17, Dezember 1910 – April 1912, herausgegeben vom Institut für Marxismus-Leninismus beim ZK der KPdSU, Berlin; S. 216–229.

Liguori, Fabio / Frosini, Fabio hrsg. (2004) Le parole di Gramsci: Per un lessico dei «Quaderni del carcere», Rom.

Liguori, Guido (1991) La prima recezione di Gramsci in Italia (1944–1953), in: Studi storici, 33, 2; S. 663–700.

Linklater, Andrew (1996) The Achievements of Critical Theory, in: Smith, Steve et al hrsg.: International Theory: Positivism and Beyond, Cambridge; S. 279–298.

Losurdo, Domenico (2000) Der Marxismus Antonio Gramscis: Von der Utopie zum «Kritischen Kommunismus», Hamburg.

Lussana, Fiamma (2002) «L'Unità» 1924–1939: Un giornale «nazionale» e «popolare», Turin.

Martin, James (2008) Piero Gobetti and the Politics of Liberal Revolution, New York.

Martin, James (1998) Gramsci's Political Analysis: A Critical Introduction; Basingstoke / New York, 1998.

Merkens, Andreas / Diaz, Victor Rego hrsg. (2007) Mit Gramsci arbeiten: Texte zur politisch-praktischen Aneignung Antonio Gramscis, Hamburg.

Morgan, Philip (2004) Italian Fascism, 1915–1945, New York.

Müller, Jost (1995) Mythen der Rechten, Nation, Ethnie, Kultur, Berlin/ Amsterdam.

Murphy, Craig N. (1994) International Organization and Industrail Change: Global Governance since 1850, London.

Mussolini, Benito (1953) Dalla neutralità assoluta alla neutralità attiva ed operante, in: Der.: Opera omnia di Benito Mussolini, herausgegeben von Edoardo Susmel und Duilio Susmel, 22 November 1913 – 14 November 1914, Florenz; S. 393–403.

Na, Jong-Seok (2002) Praktische Vernunft und Geschichte bei Vico und Hegel, Würzburg.

Neubert, Harald (2000) Antonio Gramsci: Hegemonie, Zivilgesellschaft, Partei – eine Einführung, Hamburg.

Neubert, Harald (2009) Linie Gramsci – Togliatti – Longo – Berlinguer: Erneuerung oder Revisionismus in der kommunistischen Bewegung?, Hamburg.

Neufeld, Mark 1994: Reflexivity and International Relations Theory; in: Sjolander, Claire / Cox, Wayne S. (Hrsg.): Beyond Positivism. Critical Reflections on International Relations, Boulder, S. 11–37.

Nonhoff, Martin (2007) Politische Diskursanalyse als Hegemonieanalyse, in: Ders. hrsg: Diskurs – radikale Demokratie – Hegemonie: Zum politischen Denken von Ernesto Laclau und Chantal Mouffe, Bielefeld; S. 173–194.

Opratko, Benjamin (2012) Hegemonie: Politische Theorie nach Antonio Gramsci, Münster.

Palmiro Togliatti (1962) La formazione del gruppo dirigente del Partito comunista italiano nel 1923–1924, Rom.

Pertini, Sandro (1990) Mit Gramsci im Gefängnis, in: Hirschfeld, Uwe hrsg.: Utopie und Zivilgesellschaft: Rekonstruktionen, Thesen und Informationen zu Antonio Gramsci, Berlin; S. 120–125.

Pfahl-Traughber, Armin (1998) Konservative Revolution und Neue Rechte. Rechtsextremistische Intellektuelle gegen den demokratischen Verfassungsstaat, Opladen.

Poulantzas, Nicos (1978) Staatstheorie. Politischer Überbau, Ideologie, sozialistische Demokratie, Hamburg.

Pozzoli, Claudio (1974) Vorwort, in: Labriola, Antonio: Über den historischen Materialismus, herausgegeben von Anneheide Ascheri-Osterlow und Claudio Pozzoli, Frankfurt/Main; S. 7–56.

Prakash, Gyan (2000) Can the ‹Subaltern› Ride? A Reply to O'Hanlon and Washbrook, in: Chaturvedi, Vinayak hrsg.: Mapping Subaltern Studies and the Postcolonial, London / New York, S. 218–238.

Ranjit Guha hrsg. (1982) Subaltern Studies I Writings on South Asian History and Society, Delhi.

Reuter, Julia, Karentzos, Alexandra hrsg. (2012) Schlüsselwerke der Postcolonial Studies, Wiesbaden.

Riechers, Christian (1970) Antonio Gramsci. Marxismus in Italien; Frankfurt/Main.

Righi, Maria Luisa (2011) Gramsci a Mosca tra amori e politica (1922–1923), in: L'edizione Nazionale e gli Studi Gramsciani, 52, 4, S. 1001–1038.

Rosa Luxemburg (1986) Massenstreik, Partei und Gewerkschaften, Dies.: Gesammelte Werke, Bd. 2, Berlin; S. 93–170.

Roth, Gerhard (1972) Gramscis Philosophie der Praxis: Eine neue Deutung des Marxismus, Düsseldorf.

Rupert, Mark (1995) Producing Hegemony. The Politics of Mass Production and American Global Power, Cambridge.

Ryner et al (1998) Guest Editor's Introduction, in: International Journal of Political Economy, 28, 1; S. 3–11.

Santucci, Antonio A. (2010) Antonio Gramsci, New York.

Scherrer, Christoph (2003) Internationale Politische Ökonomie als Systemkritik, in: Hellmann, Gunther et al hrsg: Die Neuen Internationalen Beziehungen. Forschungsstand und Perspektiven in Deutschland, Baden-Baden; S. 465–494.

Schieder, Wolfgang (2010) Der italienische Faschismus 1919–1945, München.

Schreiber, Ulrich (1982) Die politische Theorie Antonio Gramscis, Berlin.

Smith, Kylie (2010) Gramsci at the margins: subjectivity and subalternity in a theory of hegemony, International Gramsci Journal, 1, 2; S. 39–50.

Speit, Andreas et al (2018) Das Netzwerk der Identitären: Ideologie und Aktionen der Neuen Rechten. Sonderausgabe für die Bundeszentrale für politische Bildung, Bonn.

Spiegel, Hermes (1997) Gramsci und Althusser: Eine Kritik der Althusserschen Rezeption von Gramscis Philosophie, Hamburg.

Spivak, Gayatri Chakravorty (1981) French Feminism in an International Frame; in: Yale French Studies, 62; S. 154–184.

Spivak, Gayatri Chakravorty (1985), Three Women's Texts and a Critique of Imperialism, in: Critical Inquiry, 12, 1; S. 243–261.

Spivak, Gayatri Chakravorty (1988) Can the subaltern speak, Basingstoke.

Spivak, Gayatri Chakravorty (1999) A Critique of Post-Colonial Reason: Toward a History of the Vanishing Present, New York.

Spivak, Gayatri Chakravorty (2000) The New Subaltern: A Silent Interview, in: Chaturvedi, Vinayak hrsg.: Mapping Subaltern Studies and the Postcolonial, London / New York; S. 324–340.

Spivak, Gayatri Chakravorty (2007): Feminism and Human Rights, in: Shaikh, Nermeen hrsg: The Present as History: Critical Perspektives on Global Power, New York; S. 172–201.

Spivak, Gayatri Chakravorty (2010) In Response: Looking Back, Looking Forward, in: Morris, Rosalind ed.: Can the Subaltern Speak:

Reflections on the History of an Idea, Columbia, Columbia; S. 227–236.

Spriano, Paolo (2002) Gramsci and Gobetti, in: Antonio Gramsci (2002) Critical Assessments, herausgegeben von James Martin; New York / London: Routledge, 2002; S. 60–82.

Stratton, Jon / Ang, Ien (1996) On the impossibility of a global cultural studies: «British» cultural studies in an «international» frame. In: Morley, David / Kuan-Hsing, Chen hrsg: Stuart Hall: Critical Dialogues in Cultural Studies. New York, S. 361–391.

Tasca, Angelo (1950) Nascita e avvento del fascismo: L'Italia dal 1918 al 1922, Florenz.

Thomas, Peter (2009) The Gramscian Moment: Philosophy, Hegemony and Marxism, Leiden.

Thomson, Edward Palmer (1963) The Making of the English Working Class, London.

Vacca, Giuseppe (1991) Appunti su Togliatti editore delle Lettere e dei Quaderni, in: Studi Storici, 32, 3; S. 639–662.

Van Apeldoorn, Bastiaan (2002) Transnational Capitalism and the Struggle over European Integration, London.

Van der Pijl, Kees (1984) The Making of an Atlantic Ruling Class, London.

Vanzulli, Marco (2013). Il marxismo e l'idealismo. Studi su Labriola, Croce, Gentile, Gramsci, Rom.

Viglongo, Andrea (1977) Vita torinese di Gramsci, in: Almanacco piemontese, S. 21–29.

Votsos, Theo (2001) Der Begriff der Zivilgesellschaft bei Antonio Gramsci: ein Beitrag zur Geschichte und Gegenwart politischer Theorie, Hamburg.

Wagner, Birgit (2001) Denken (und Schreiben) in Netzwerken: Antonio Gramsci, Walter Benjamin und Antonio Machado, in: Göttlicher et al hrsg.: Die Werkzeugkiste der Cultural Studies. Perspektiven, Anschlüsse und Interventionen, Bielefeld; S. 223–242.

Williams, Gwyn A. (1975) Proletarian Order: Antonio Gramsci, Factory Councils and the Origins of Italian Communism, 1911–1921, London.

Williams, Raymond (1958) Culture and society, 1780–1950, London.

Wissel, Jens (2007) Die Transnationalisierung von Herrschaftsverhältnissen. Zur Aktualität von Nicos Poulantzas Staatstheorie, Baden-Baden.

Žižek, Slavoj (2010) A permanent economic emergency, in: New Left, 64, July–August, S. 85–95.

Zunino, Pier Giorgio (1988) «Il popolo delle scimmie» e la lettura gramsciana del fascismo negli anni venti, in: Italia Contemporanea, 171; S. 67–85.

Diethard Behrens /
Kornelia Hafner
Westlicher Marxismus
902 Seiten, engl. Broschur,
39,80 EUR, ISBN 3-89657-083-8

Die AutorInnen gehen einem schillernden Begriff auf den Grund, dem üblicherweise so unterschiedliche Denker wie Althusser, Antonio Gramsci, Horkheimer und Adorno zugerechnet werden.

Von dem Philosophen Merleau-Ponty bereits in den 1950ern aufgebracht, wurde der Begriff vor allem durch Perry Andersons vielbeachtete Studie «Über den Westlichen Marxismus» (1978) populär und avancierte so zum Synonym für einen «philosophischen» Marxismus, der die Marx-Rezeption im 20. Jahrhundert entscheidend beeinflusste. In der hier vorliegenden problemorientierten Einführung zeichnen die AutorInnen diese Rezeption sowie ihre politischen und theoretischen Ursprünge nach. Dabei wird auf die Vorgeschichte der Neuen Linken sowie auf einzelne Autoren wie Althusser und Gramsci eingegangen. Da für ein Verständnis der Auseinandersetzungen, die in der Neuen Linken über Ökonomie und Philosophie, Staat und Politik, Kultur und Ästhetik herrschen, eine genaue Kenntnis der «Westlichen Marxisten» unerlässlich ist, wird mit diesem Buch ein wertvolles Standardwerk zur Verfügung gestellt.

Urs Lindner
Marx und die Philosophie
Wissenschaftlicher Realismus, ethischer Perfektionismus und kritische Sozialtheorie
ISBN 3-89657-060-9,
424 Seiten,
kartoniert,
29,80 EUR,

schmetterling verlag